GW01377213

LES OLIGARQUES

Du même auteur

Dans le secret des princes, Stock, 1986
Duel, Hachette, 1988
Les Uns et les Autres, Éditions de l'Aube, 1993
Portraits d'ici et d'ailleurs, Éditions de l'Aube, 1994
La Mémoire du cœur, Fayard, 1997
Les Grands Patrons, avec Jean-Pierre Sereni, Plon, 1998
L'Europe racontée à mon fils, Robert Laffont, 1999
La Double Vie d'Hillary Clinton, Robert Laffont, 2001
Françoise Giroud, Fayard, 2003
Bush-Kerry, les deux Amérique, Robert Laffont, 2004
Le Livre noir de la condition des femmes, avec Sandrine Treiner, XO Éditions, 2006
Madame la... Ces femmes qui nous gouvernent, Plon, 2007

CHRISTINE OCKRENT

LES OLIGARQUES

ROBERT LAFFONT

© Éditions Robert Laffont, S.A. Paris, 2014
ISBN : 978-2-221-14142-7

« Pire c'est, mieux c'est. »
Dicton russe

« Au centre et ailleurs. »
Dicton russe

« Il y a oligarchie quand les détenteurs de la fortune ont l'autorité suprême dans l'État. »
Aristote, *La Politique*

Note de l'éditeur

La translittération du russe a été réalisée selon deux principes :
1) Pour le corps du texte, nous avons choisi la conversion courante du russe en français (Dostoïevski, Gorbatchev, Sotchi...).
2) Les références en note de bas de page sont données selon la norme de translittération internationale ISO 9 simplifiée : й (j), ц (c), у (u), e (e), г (g), ш (š), щ (šč), з (z), х (h), ф (f), ы (y), ж (ž), э (è), я (ja), ч (č), с (s), ь ('), ю (ju).

Les dirigeants de l'URSS et de la Fédération de Russie

1985-1991 :   Mikhaïl Gorbatchev, dernier président de l'URSS

1991-1999 :   Boris Eltsine, président de la Fédération de Russie

2000-2008 :   Vladimir Poutine, président
Dimitri Medvedev, Premier ministre

2008-2012 :   Dimitri Medvedev, président
Vladimir Poutine, Premier ministre

Depuis 2012 : Vladimir Poutine, président
Dimitri Medvedev, Premier ministre

1

L'apothéose

« Poutine a raison ! »

Il sait qu'il a désormais gravé son empreinte dans l'histoire.

« Tous, nous sommes unis derrière Poutine ! »
« J'aime Poutine ! »

L'air est froid sur la place Rouge en ce début de printemps russe, mais dans leur ardeur les manifestants n'en ont cure. Le long de la façade du grand magasin Goum, ornée d'immenses panneaux publicitaires griffés Prada et Armani, des banderoles et des portraits du président de la Fédération de Russie ont été placés à leur disposition.

Ce 18 mars 2014, Vladimir Poutine annonce solennellement l'annexion de la Crimée – cette péninsule sur la mer Noire offerte à l'Ukraine par Nikita Khrouchtchev en 1954 –, qu'il vient d'arracher sans coup férir aux nouveaux dirigeants de Kiev.

« Nous sommes ensemble ! Gloire à la Russie ! » lance-t-il à la foule en liesse.

Au Kremlin, s'adressant aux membres du Conseil de la Fédération et aux députés du Parlement russe, le président, dans un long discours, exalte l'héritage impérial et soviétique pour mieux accabler l'Occident. « La Crimée a toujours été une partie intégrale de la Russie dans les esprits et dans les cœurs. Nous réparons une erreur de l'histoire ! » affirme-t-il dénonçant « l'infâme politique d'endiguement conduite au XVIIIe, au XIXe et au XXe siècle » pour affaiblir et humilier Moscou. L'Ukraine n'aurait jamais dû être séparée de la Russie, ajoute-t-il, accusant les Occidentaux de l'avoir « trompé et franchi une ligne rouge ». « Nous nous engageons à protéger toutes les populations russes [...]. Le peuple russe est devenu l'un des plus grands, voire le plus grand peuple dispersé du monde ! » lance-t-il encore, interrompu par les vivats et les cris « Russie ! Russie ! » tandis que, dans l'immense salle Saint-Georges, certains en ont les larmes aux yeux[1].

À Kiev, le mois précédent, les manifestants de la place Maïdan, brandissant le drapeau étoilé de l'Union européenne, ont chassé du pouvoir Viktor Ianoukovitch, considéré comme le fantoche de Moscou, président depuis quatre ans d'un pays miné par l'incurie et la corruption. Le Kremlin masse alors des troupes le long de la frontière. À l'est, dans le Donbass, des mouvements séparatistes ont surgi, encadrés et armés par des hommes aux uniformes sans insignes. Les trois principaux commandants sont russes, anciens des services secrets et des guerres tchétchènes. Des combats ont lieu. Il y a des morts par dizaines, et des réfugiés par milliers. Une guerre civile larvée s'installe, sur le terrain et dans les esprits, réveillant de vieilles blessures dans cette partie de l'Europe où l'histoire n'est jamais en paix. Le conflit

---

1. *International New York Times*, 19 mars 2014.

va durer des mois, comme entretenu à feu doux par Moscou, tandis qu'à Kiev un gouvernement de transition, soutenu sans enthousiasme excessif par les Occidentaux, tente de faire face et d'organiser des élections.

À Moscou, les médias s'en donnent à cœur joie, ressuscitant un vocabulaire soviétique que l'on croyait disparu : bandits, fascistes, cinquième colonne, contre-révolutionnaires, traîtres nationaux – les qualificatifs pleuvent dans un torrent d'invectives et de désinformation. L'opinion publique s'embrase, les rares opposants se manifestent à peine, la popularité de Vladimir Poutine est au pinacle.

Hésitants, divisés, les Occidentaux décident coup sur coup de deux salves de sanctions pour punir les personnalités russes et ukrainiennes impliquées dans le coup de force de Crimée.
Les premières mesures de rétorsion ne mordront pas jusqu'au sang. L'interdépendance économique avec la Russie est devenue trop étroite, beaucoup d'intérêts sont en cause, surtout dans les secteurs clés du gaz et du pétrole. Certes, dans un premier temps, les indices financiers russes ont accusé le coup, les capitaux ont fui, la Bourse de Moscou a plongé, mais au sommet économique de Saint-Pétersbourg, en mai 2014, les grands patrons européens étaient là, et même quelques Américains.
En ciblant l'entourage proche du président russe, les sanctions décidées par Washington ont pourtant valeur de symbole : elles visent au cœur le système Poutine, un pouvoir fondé sur l'étroit contrôle de l'oligarchie par le maître du Kremlin. N'y trouve-t-on pas, aux côtés de

certains responsables de l'administration présidentielle, deux des dirigeants les plus puissants du secteur pétrolier, deux de ses amis d'enfance devenus richissimes, le banquier du Kremlin, le président des chemins de fer et le patron du développement des hautes technologies ? Comme si, en France, pour atteindre l'Élysée, on frappait nommément les patrons de Total, d'EDF, d'Axa, de la BNP ou de la SNCF...

En juillet 2014, les Occidentaux tirent une troisième salve de sanctions. Les États-Unis interdisent l'accès au marché des capitaux américains et entravent tout financement à moyen et long terme à quatre des plus importantes sociétés russes – deux géants du pétrole et du gaz et deux des principales banques du pays, tous détenus et dirigés par des amis du Kremlin[1]. À son tour, l'Union européenne décide d'interdire aux banques publiques russes l'accès à ses marchés financiers, bannit toute exportation de technologies pétrolières, impose un embargo sur les nouveaux contrats d'armement et vise individuellement plusieurs proches du président russe.

La riposte occidentale aux menées russes en Ukraine a beau s'intensifier, elle va paradoxalement servir les intérêts du Kremlin en renforçant encore l'emprise du pouvoir sur les oligarques. Insistant sur leur vulnérabilité par rapport à l'Occident, ses capacités de financement et ses carcans juridiques, Vladimir Poutine fait la leçon aux hommes d'affaires russes.

Voilà vingt-cinq ans, depuis l'écroulement du système communiste, qu'ils doivent leur fortune aux richesses

---

1. *The New York Times* et *Financial Times*, 17 juillet 2014.

souterraines de leur immense pays, aux privatisations sauvages, à l'élasticité – pour ne pas dire à l'absence – de toute règle de droit. Vingt-cinq ans qu'une oligarchie a tiré parti des bouleversements du monde russe. Vingt-cinq ans que lui, Vladimir Poutine, né à Leningrad dans la misère, ancien officier du KGB, les observe, les craint, les combat, les flatte, les rabroue et les utilise. L'histoire tourne. « Rapatriez les sièges de vos entreprises ! leur lance-t-il lors d'un colloque réunissant à Moscou, en avril 2014, une bonne partie des oligarques. Investissez au pays ! Il y va de votre survie, et de la grandeur de la Russie. »

Vladimir Poutine le répète à l'envi : la dissolution de l'Union soviétique a été « la plus grande catastrophe géopolitique du XXe siècle ». Il lui revient donc de restaurer la Russie dans sa gloire, d'effacer ses humiliations, de redorer son Église orthodoxe, d'embrasser les icônes et de brûler les encens, de lui rendre son statut de puissance globale, d'exalter sa victoire contre le fascisme, de célébrer les symboles de sa force ancienne, quitte à ressusciter ceux du communisme. Le 9 mai 2014, jour anniversaire de la victoire, Moscou était décoré des gigantesques étoiles rouges de l'armée qui défila sur la place Rouge comme aux plus belles heures de l'Union soviétique.

Au pouvoir depuis près de quinze ans, Vladimir Poutine renouvelle ainsi son pacte avec le peuple. D'abord, il lui a promis l'ordre et la sécurité, après l'instabilité sanglante des années Eltsine, les guerres tchétchènes, les attentats qui terrorisaient les écoles et les villes. Puis il lui a garanti la prospérité, en tout cas un meilleur niveau de vie, la possibilité pour la nouvelle classe moyenne de voyager à l'Ouest, de skier dans les Alpes, de profiter des plages artificielles et des centres commerciaux de Dubaï. Il s'est engagé à éradiquer la corruption, cette graisse qui colle à tous les niveaux du système, lui permettant certes de fonctionner, mais gangrenant la vie collective. Il a juré à voix haute de mettre au pas ces hommes d'affaires louches qui font étalage de leurs richesses au nez des humbles et des besogneux, ces oligarques arrogants, ces bandits qui ont volé les richesses du pays en profitant sans vergogne de l'écroulement du communisme, des privatisations hâtives, de la grande braderie orchestrée par la famille de son prédécesseur et ses affidés. « Je vais les remettre au pas, leur faire rendre gorge ! proclame-t-il, je démonterai leurs combines qui leur permettent d'acheter la Côte d'Azur et les plus beaux quartiers de Londres avec des capitaux blanchis ! Je vous rendrai votre dû ! »

Et la foule applaudit. Elle n'a guère le choix – les libertés publiques, entrevues sous Eltsine, ont été rognées au fil du temps, les ONG interdites ou entravées pour cause de financement étranger, les médias progressivement muselés et les réseaux sociaux de plus en plus contrôlés. Les dépenses militaires augmentent plus vite que le niveau de vie. Mais Vladimir Poutine reste populaire. Il n'y a pas de « mémoire démocratique » en Russie ; de génération en génération pas d'autres souvenirs que ceux de l'oppression et de la tutelle des puissants, les tsars, les boyards à fourrure, les commissaires politiques et les concierges d'immeuble préposés à l'espionnage.

Président pendant deux mandats, puis Premier ministre, à nouveau président depuis 2012, Poutine reste sur ses gardes. La campagne profonde lui reste fidèle mais des mouvements de protestation ont agité les villes, et d'abord Moscou, défiant le Kremlin et la verticale du pouvoir qu'il a mis grand soin à consolider à son profit. La contestation va de pair avec l'occidentalisation des esprits et des mœurs – il doit les contenir. Pas de pitié pour les homosexuels, les dépravés, les libertaires. Lui qui se présentait comme le père de la nation, le président de tous les Russes, le voilà président de ceux qui pensent droit. L'embellie économique due à l'envolée des cours des matières premières, seules ressources d'une économie en mal d'infrastructures et d'industrialisation raisonnée, ralentit. La faveur populaire risque de s'effriter, il lui faut conforter son image.

Pour les dernières élections, la communication présidentielle s'érotise. Mâle dominant façon slave, Vladimir Poutine affiche ses muscles, montant à cheval à cru, pêchant torse nu, godillant à skis sur la neige, maniant, casqué, la crosse de hockey sur glace. Il est l'homme idéal de toutes les saisons. À la télévision, des filles enamourées chantent qu'elles en sont folles. Il ne boit pas, il ne fume pas, il travaille dur, pour elles le rêve se prénomme Vladimir !

Le président, lui, s'est attelé à de grands chantiers. Les crises internationales l'accaparent, mais ses priorités restent intérieures. Il lui faut conforter ses troupes, et d'abord les élites économiques. La campagne anti-corruption les a déstabilisées. Pourquoi tant de raffut, de menaces judiciaires alors que le pacte établi – corruption contre loyauté – fonctionne si bien ?

Sa garde prétorienne – ces *siloviki*, ces hommes à épaulettes issus comme lui des services de renseignement – sont tous devenus riches. La plaisanterie court à Moscou que les femmes, après avoir longtemps rêvé d'épouser un oligarque, préfèrent désormais un bureaucrate haut placé : autant d'argent, mais plus de sécurité !

Autour de Poutine sont apparus des oligarques d'État. Il attise leurs rivalités pour mieux les contrôler. Ils ont en commun, à ses yeux, une qualité éminente : ils sont plus foncièrement russes, plus nationalistes, moins cosmopolites que cette poignée d'aventuriers des affaires qui avaient émergé dans les années 1990 et qu'il n'a cessé de tenir à l'œil. Certains de ceux-ci ont disparu, exilés ou pendus, mais d'autres continuent de prospérer en Occident, avec leurs bateaux de plus en plus grands, leurs femmes de plus en plus jeunes et leurs clubs de football de plus en plus coûteux.

Il devient urgent de nationaliser, de russifier les élites. Il faut les convaincre de gré ou de force de rapatrier leurs affaires, de prouver leur patriotisme, d'investir au pays. C'est leur intérêt. À Guatemala City en 2007, s'exprimant pour une fois en français, langue olympique, Vladimir Poutine n'a-t-il pas décroché l'organisation des Jeux d'hiver ? D'énormes contrats seront alloués pour construire et équiper les sites – d'autant que le président a choisi Sotchi, une station balnéaire fréquentée en famille, au cœur d'une région au climat subtropical, peu propice à l'enneigement et dépourvue de toute infrastructure appropriée.

Qu'importe ! Le chantier sera pharaonique, mais il sera mené à bien. Il va coûter cinquante milliards de dollars – deux ou trois fois les prévisions, on ne sait plus – en tout cas, il s'agira des Jeux les plus chers de l'histoire. Les athlètes n'en seront pas les seuls bénéficiaires.

Outre les prestataires étrangers, et d'abord allemands – le président a gardé un bon souvenir de ses années passées à Dresde pour le KGB, et sa ville natale, Saint-Pétersbourg, est historiquement liée à l'Allemagne –, la liste des sociétés russes sélectionnées établit la carte de Tendre du Kremlin. Tous les amis du président, tous ceux qui veulent témoigner de leur fidélité et de leur attachement à la grandeur de la patrie ont répondu présent : Vladimir Potanine, Alicher Ousmanov, Oleg Deripaska, Viktor Vekselberg, les frères Rotenberg, Guennadi Timtchenko et quelques autres. Ils figurent tous parmi les plus grandes fortunes du monde, classées chaque année par le magazine américain *Forbes*. Et plusieurs d'entre eux, parmi les plus proches de Poutine, seront bientôt visés par les mesures occidentales de rétorsion face à la politique du Kremlin en Ukraine.

À Sotchi, le système de rémunération sera à la fois simple et ingénieux. Il a un nom : ROZ – *rospil* (le gonflement des budgets) ; *otkat* (les commissions) ; *zanos* (les enveloppes). Sur les cinquante milliards de dollars affichés au titre d'investissements, on estime le montant des détournements à quelque trente milliards – des sommes astronomiques réparties par strates inégales, allant du responsable local et régional jusqu'aux oligarques, nichés au sommet du pouvoir russe.

Décembre 2013. Les réjouissances peuvent commencer.

2

Action de grâce

Jeudi 19 décembre 2013. Dans quelques semaines, les Jeux olympiques braqueront sur Sotchi les regards du monde. Vladimir Vladimirovitch Poutine est de bonne humeur. Au cours des derniers mois, jouant au mieux des hésitations et des freins démocratiques qui entravent son rival Obama, renchérissant sans peine sur les velléités orientales de l'Union européenne, il s'est imposé dans l'arène internationale comme un acteur majeur, rendant à la Russie le rang de ses ambitions : celui d'une superpuissance. Tenant en laisse son sanglant vassal syrien, participant avec ses faux amis occidentaux aux transactions iraniennes, jouant des prix du gaz pour asservir l'Ukraine et l'éloigner de Bruxelles, abritant Edward Snowden et son arsenal de révélations sur le système informatique occidental, le président russe a été sacré « personnalité de l'année 2013 » par le magazine *Forbes* et le *Times* de Londres. Il lui faut maintenant se préoccuper de son image.

À Moscou, lors de son interminable conférence de presse de fin d'année dans les dorures du Kremlin, Vladimir Poutine annonce, badin, qu'en l'honneur du vingtième anniversaire de la Constitution, il a demandé à la Douma d'amnistier quelque vingt-cinq mille prisonniers, dont des militants de Greenpeace et deux membres des Pussy Riot. Puis, comme il l'avait fait pour confirmer son divorce, il prend à part quelques journalistes et leur apprend la grâce de Mikhaïl Khodorkovski : « Mikhaïl Borissovitch devait, conformément à la loi, écrire une demande. Il ne le faisait pas. Mais, tout récemment, il a écrit cette lettre et s'est adressé à moi pour me demander sa grâce. Il a déjà passé plus de dix ans en détention, c'est une punition sérieuse. Il invoque des circonstances d'ordre humain – sa mère est malade –, et j'estime que l'on peut prendre cette décision[1]. »

Le ton est étale, le regard en biais, la mine faussement contrite. Vladimir Poutine savoure sa victoire. Il a fait plier l'homme qui était jadis le plus riche du pays et qui osait ouvertement défier le Kremlin, au risque de faire de l'ancien oligarque, aux yeux du monde et de l'intelligentsia, le prisonnier politique le plus célèbre de Russie, l'incarnation de son propre absolutisme, la victime expiatoire d'un système qu'il veut entièrement à sa main et à son profit. Il lui aura fallu dix ans pour considérer que Mikhaïl Khodorkovski n'était plus en état de lui nuire.

Trait d'humour ou pas, le décret présidentiel est signé un 20 décembre – le « jour du tchékiste », la fête annuelle du KGB-FSB, corps d'origine du président de la Fédération de Russie.

---

1. Journal de TF1, 19 décembre 2013.

2003. Voilà près de trois ans que le lieutenant-colonel de réserve Vladimir Poutine, au terme d'une ascension éclair, a succédé à Boris Eltsine. Il a cinquante ans. Pour asseoir son pouvoir et sa popularité, il a réprimé par la guerre l'indépendantisme tchétchène, quitte à entretenir les soupçons d'une participation active de ses services aux attentats qui ont ensanglanté Moscou de façon à démontrer sa capacité à rétablir l'ordre. Les *siloviki* – les « hommes de force » – font partout la loi.

Vladimir Poutine instaure un système de pouvoir vertical resserré autour des rares fidèles auxquels il accorde sa confiance – la plupart originaires comme lui de Saint-Pétersbourg. Imposer l'autorité du Kremlin aux membres rétifs de la Fédération, restaurer l'ordre public mais aussi réguler l'économie, sombrée dans l'anarchie avec la décomposition du système soviétique et les privatisations sauvages favorisées par le clan Eltsine : la tâche est immense, et urgente.

Les oligarques – ces industriels et ces financiers qui en dix ans se sont approprié l'essentiel des richesses du pays – menacent son pouvoir, et d'abord le plus riche et le plus occidentalisé d'entre eux : Mikhaïl Khodorkovski. À quarante ans, à la tête du groupe pétrolier Ioukos, introduit dans les milieux d'affaires américains, soucieux de participer à la vie civique par le biais de sa fondation caritative, Russie ouverte, où siègent Henry Kissinger et lord Rothschild, il subventionne des représentants de l'opposition et laisse entendre qu'il pourrait lui-même se mêler davantage de politique.

Ce jour de février 2003, Poutine reçoit au Kremlin une délégation des milieux d'affaires. Khodorkovski est leur porte-parole. Les caméras sont là, en nombre. Lisant un texte rédigé à l'avance, le patron de Ioukos dénonce la corruption qui gangrène le pays jusqu'au sommet de l'État : « Nous avons amorcé la corruption, déclare-t-il, c'est à nous d'y mettre un terme. Elle mine la croissance du pays. »

« Mon intervention avait été discutée en amont avec l'administration présidentielle, se souviendra-t-il plus tard. J'avais même demandé avant la réunion s'ils étaient sûrs que je devais intervenir pendant la partie filmée[1] ! »

Sourire en coin, le président répond longuement, insistant sur les besoins de financement du secteur public et les difficiles rentrées fiscales. Puis il lance : « Monsieur Khodorkovski, votre entreprise s'est arrangée avec le fisc. Êtes-vous sûr d'être en règle ? » « Oui, absolument ! » répond l'oligarque, non sans arrogance[2].

Quelques mois plus tard, la foudre du Kremlin s'abat sur son groupe pétrolier. Au début de l'été 2003, le numéro deux de Ioukos, Platon Lebedev, est arrêté et emprisonné pour fraude fiscale et escroquerie. Les autres dirigeants prennent le large – Leonid Nevzline en Israël, certains à Londres. Inconscience ou provocation délibérée ? Interrogé à l'Institut d'études politiques de Moscou, qu'il finance, sur les menaces pesant sur son groupe, Khodorkovski répond : « Je préfère pourrir en prison plutôt que négocier avec ces criminels. C'est mon

---

1. Mikhaïl Khodorkovski, conférence de presse à Berlin le 22 décembre 2013, cité par Serge Michel, « Les trois vies de Khodorkovski », *Le Monde*, 23 décembre 2013.
2. Voir le film documentaire de Cyril Tuschi *Khordorkovski*, Allemagne, 2011, et « Khodorkovski, un roman russe », *Libération*, 23 décembre 2013.

droit de citoyen d'organiser un mouvement d'opposition politique[1]. »

Il décide de maintenir ses tournées des sites d'exploitation. En octobre 2003, les *spetsnaz,* les forces spéciales russes, l'interpellent sur le tarmac de l'aéroport de Novossibirsk, en Sibérie. Commentaire de Vladimir Poutine, recueilli à l'époque par l'un de ses proches : « Cet homme m'a fait bouffer plus de boue que je ne peux en avaler[2]. »

Décembre 2013. Khodorkovski a cinquante ans. Il est au bagne depuis dix ans, enfermé avec des prisonniers de droit commun dans l'un des camps d'internement dont le nombre et la carte ont peu varié depuis Staline – d'abord à l'extrême est du pays, à Krasnokamensk, aux confins de la Sibérie et de la Chine, près d'une mine d'uranium aux émanations mortifères, puis en Carélie, à la frontière finlandaise, à proximité d'une usine de pulpe à papier à l'odeur insupportable.

Il lui a fallu attendre six ans avant de pouvoir recevoir la visite de ses proches – trois jours tous les trois mois comme le veut la réglementation pénitentiaire. L'ancien magnat du pétrole, enfermé dans une cage, a eu droit à deux procès qui, même à l'aune des critères locaux, ont tourné à la caricature : en 2005, il est condamné à huit ans de prison pour évasion fiscale et escroquerie ; en 2010, il écope à nouveau de quatorze ans pour détournement de fonds, vol de pétrole et blanchiment d'argent à

---

1. Mark Hollingsworth et Stewart Lansley, *Londongrad. From Russia with Cash : The Inside Story of the Oligarchs*, London, Fourth Estate Ltd, 2010.
2. Serge Michel, « Les trois vies de Khodorkovski », art. cit.

hauteur de 23,5 milliards de dollars. En 2010, Vladimir Poutine, alors Premier ministre, va jusqu'à l'accuser de meurtre. Au grand intellectuel et journaliste polonais Adam Michnik qui l'interroge sur le maintien en détention de l'ancien homme d'affaires au mépris de toute règle de droit, il répondra : « Mais enfin, cet homme a du sang sur les mains ! Tout ça pour protéger ses intérêts[1] ! »

Lors de son second procès, assurant lui-même sa défense, pimentant les arguments juridiques de quelques sarcasmes, Mikhaïl Khodorkovski dénonce l'incompétence des procureurs et l'absurdité de leurs accusations. S'agit-il d'une nouvelle stratégie recommandée par ses conseillers londoniens ? De sa prison, soutenu par le principal journal russe d'opposition, *Novaïa Gazeta*, il envoie des lettres témoignant d'une lucidité nouvelle : « Nous avons fait beaucoup d'erreurs à force de stupidité, d'ambition, d'incompréhension. Pardonnez-nous si vous le pouvez, et permettez nous de nous racheter.[2] »

Relayé par les médias occidentaux qui voient dans l'affaire la démonstration du tempérament autocratique de Vladimir Poutine, l'ancien « *nouvorich* » change progressivement de stature, réussissant à publier régulièrement des commentaires et des essais qui témoignent de ses préoccupations morales et civiques.

En janvier 2011, la correspondante du *Monde* à Moscou, Marie Jégo, parvient à s'entretenir avec lui par le truchement de ses avocats :

---

1. Entretien avec Adam Michnik, Varsovie, 10 février 2014.
2. Mark Hollingsworth et Stewart Lansley, *Londongrad...*, *op. cit.*

« Dans votre adresse au tribunal, le dernier jour du procès, vous avez dit que vous étiez prêt à mourir pour vos idées. Quelles idées ?

— Je crois que la Russie sera un pays démocratique libre de l'arbitraire des fonctionnaires corrompus, qu'elle aura une justice indépendante, un Parlement, des élections libres. Je crois que les forces de l'ordre défendront le peuple et non la bureaucratie corrompue. Nous devons tous le souhaiter.

— Si vous étiez libéré de prison, que feriez-vous, des affaires ou de la politique ?

— Il m'est difficile de m'imaginer libre alors que Vladimir Poutine a fait savoir au tribunal, avant le délibéré, que je devais être emprisonné. En prison ou en liberté, je vais poursuivre mon activité militante. Les affaires, c'est du passé. Néanmoins, si mon pays a besoin de mon expérience professionnelle et même de ma vie, je les lui donne. Je suis Russe, chez nous en Russie c'est comme ça !

— Vous dites que la Russie est entrée dans une période de stagnation. Quel est, selon vous, l'obstacle principal à son développement ? Que faut-il faire pour réveiller la population ?

— Indiscutablement, notre apathie est l'ennemi principal du développement de la Russie. Poutine et son élite d'entrepreneurs illustrent l'absence de société civile. Il faut dire qu'ils ont fait beaucoup pour éliminer les germes de l'initiative sociale et supprimer les institutions démocratiques (justice indépendante, élections libres) en les remplaçant par des coquilles vides. Pour tirer la population de sa léthargie, il faut lui dire la vérité et se poser en modèle[1]. »

Un an plus tard, les proches du procureur général répandent la rumeur d'un troisième procès. Pour faire bonne figure, Dimitri Medvedev – alors président, aujourd'hui Premier ministre selon la pantomime institutionnelle imaginée par Poutine – nomme une commission d'experts « indépendants » pour vérifier la solidité des charges contre lui. Sont désignés, aux côtés d'un Allemand, l'une des rares juristes respectés de Russie, Tamara Morchtchakova, juge à la Cour constitutionnelle, et un économiste réputé, Sergueï Gouriev. La commission conclut à l'ineptie des accusations du parquet. Mme Morchtchakova devient la cible de tracasseries administratives[2], l'Allemand renonce à ses contrats russes et Gouriev préfère en avril 2013 se réfugier à Paris, où l'Institut d'études politiques lui offre aussitôt un poste.

Fin novembre 2013, au Lanesborough, l'un des hôtels chic de Londres où il a ses habitudes, l'avocat canadien Robert Amsterdam, qui a défendu Mikhaïl Khodorkovski lors du premier procès avant d'être brutalisé et expulsé de Moscou, n'imaginait pas d'issue favorable pour son ancien client : « Entre Vladimir Poutine et lui, il y a énormément d'animosité personnelle. Khodorkovski pensait jouir d'un certain niveau d'impunité. Il n'avait pas compris que Poutine, lui, ne pouvait survivre au

---

1. « Khodorkovski : "Poutine me considère comme son opposant personnel" », propos recueillis par Marie Jégo, *Le Monde*, 26 janvier 2011.
2. « Tamara Morščakova : ja ne mogu ostavit' svoju zemlju na kotoroj ja vyrosla », *Novaïa Gazeta*, 11 juin 2013.

pouvoir qu'à condition d'être le seul à en bénéficier. Mikhaïl Khodorkovski est un prisonnier politique, l'emblème du système de coercition et d'intimidation construit par le maître du Kremlin. Il est devenu un vrai héros russe – il y en a peu ces temps-ci –, dans la tradition de ces décembristes qui en 1825 voulaient obtenir du futur tsar Nicolas Ier une Constitution. Il a vu juste, au fil des années, dénonçant la banqueroute d'un pouvoir gangrené par la corruption, incapable de développer la Russie dans l'économie mondialisée du XXIe siècle. Regardez ce qui se passe autour des JO de Sotchi... Quels qu'aient été les excès et les dérives des privatisations menées depuis la décomposition de l'Union soviétique, Mikhaïl Khodorkovski n'est pas un criminel. Et c'est un nationaliste : il aurait pu fuir cent fois, comme certains de ses congénères à l'époque... Poutine ne le lâchera pas, mais il a commis une erreur majeure : il a fait de Khodorkovski un martyr[1]. » Amsterdam y est pour beaucoup, contribuant au fil des années aux efforts des réseaux mis en place par le groupe pétrolier du temps de sa splendeur pour entretenir l'indignation en Europe et aux États-Unis.

« Il devrait être libéré le 25 août 2014, précise Maria Ordjonikidzé, qui dirige à Londres le site d'information dédié à l'ancien patron de Ioukos et une petite société de relations publiques qui peine à trouver des clients. Platon Lebedev, son ancien associé, arrêté en 2003 quelques mois avant lui et jugé en même temps, devrait sortir en avril prochain. La Cour européenne des droits de l'homme a condamné la Russie dans le cas de Lebedev,

---

1. Entretien avec Robert Amsterdam, Londres, 27 novembre 2013.

mais cela n'a rien changé pour lui. En juillet 2013, elle a jugé que le procès de Khodorkovski était inéquitable. S'il doit y avoir un troisième procès, leurs cas seront dissociés. Oui, je sais, Pavel, le fils aîné de Khodorkovski qui vit à New York, a dit à la BBC qu'il espérait un "effet Sotchi" – un geste de clémence avant les JO. Moi, je n'ose y croire, je ne crois plus à rien...[1] »

Les yeux de la jeune femme s'embuent. À partir de 2001, à Moscou, elle s'occupait des relations publiques de Russie ouverte, la fondation financée par Mikhaïl Khodorkovski. « Nous nous occupions d'une quinzaine de projets, surtout pour les jeunes : éducation civique, cours de langues et de cultures étrangères, apprentissage informatique... Après l'arrestation, le centre n'a pas été fermé, mais les menaces et les pressions sont devenues insupportables. Je ne me sentais plus en sécurité, les enfants ne pouvaient pas être scolarisés normalement. » Maria s'est réfugiée à Londres avec son mari et son fils. Proche des milieux d'opposition moscovites, elle milite en faveur d'Alexeï Navalny, le jeune avocat et activiste russe qui incarne aujourd'hui le mouvement de contestation du pouvoir absolu façon Poutine. « Navalny se bat contre la corruption sous toutes ses formes – c'est un homme politique, un tribun. Il parle souvent de Khodorkovski et dénonce publiquement son interminable détention. Lui-même, vous vous en souvenez, a été condamné à cinq ans de bagne pour des raisons absurdes : il a été accusé d'avoir détourné les fonds d'une société publique d'exploitation forestière, mais il était candidat aux dernières élections à la mairie de

---

1. Entretien avec Maria Ordjonikidzé, Londres, 27 novembre 2013.

Moscou – le pouvoir a pensé qu'il n'avait pas besoin d'un martyr politique de plus et l'a laissé en liberté... relative ! Vous savez, les méandres de nos raisonnements à la russe ne sont pas faciles à comprendre à l'Ouest ! Khodorkovski, c'est autre chose : il ne fait pas de politique, mais il réfléchit aux problèmes de notre société, à notre culture civique défaillante, à notre addiction au pouvoir fort... Ce pouvoir dont il est la victime la plus symbolique[1] ! »

Depuis Londres, Maria s'efforce d'informer et de mobiliser le réseau international qui soutient la famille Khodorkovski. Les moyens ne manquent pas, mais la flamme s'amenuise. « Même Marina, la mère de Mikhaïl, qui a toujours eu sur lui une influence prédominante et qui s'occupe encore de la fondation, a perdu espoir. Elle s'affaiblit, elle a soixante-dix-neuf ans et souffre d'un cancer. C'est elle qui a tenu notre tribu à bout de bras... Son mari est juif, mais elle est orthodoxe, très pratiquante. Mikhaïl n'en parle pas, mais je suis convaincue qu'en détention lui aussi est devenu très croyant. Et puis il lit énormément, dans les limites de ce que lui accorde l'administration pénitentiaire. Il est devenu un véritable penseur, un philosophe à sa façon. Vous avez lu ses textes ? Certains ont été publiés en français[2]. »

« C'est bien connu, la prison est un lieu où l'on rencontre les gens les plus insolites. Toutes ces années, j'ai vu défiler toutes sortes de types et des destinées passionnantes. On est souvent pris d'horreur face à tout ce gaspillage de vies humaines. Des destins brisés par

---
1. *Ibid.*
2. *Ibid.*

leurs propres mains ou par l'impitoyable système... »
En décembre 2011 puis en septembre 2012, le *New York Times* et *Libération* publient des extraits de plusieurs textes de Khodorkovski, intitulés « Chroniques de la maison des broyés » et « Écrits et châtiments »[1]. En une série de croquis, habilement brossés, de ses codétenus, il y peint autant de visages de la misère russe, des vignettes qui racontent le quotidien du camp, la versatilité de ses lois, l'ordre social qui y règne, et les rapports de force ambigus entre les « observateurs », c'est-à-dire les caïds des mafias, les gardiens, les délateurs et lui, ce *zek,* ce prisonnier à part – ce Mikhaïl Borissovitch que certains vont prendre pour confesseur et qui découvre chez les autres comme en lui-même des dimensions méconnues.

« Pour ne pas déjanter, ni perdre le fil de la vie durant ces longues années de prison, expliquera-t-il plus tard à Alexandre Minkine, journaliste au quotidien russe *Moskovski Komsomolets*, je me suis donné pour but de saisir ce qui peut arriver à l'homme, je me suis contraint à lire des revues sérieuses, des ouvrages de philosophie ; je mentirais en disant que cela me plaisait, je me suis forcé. Et peu à peu, j'ai constaté que sur un thème ou un autre, quelqu'un avait réfléchi bien plus avant que moi, que seul, je ne serais jamais parvenu à me porter aussi loin. C'est une curieuse impression que de pouvoir lire sur ce qui vous paraissait inatteignable. J'ai plongé dans la littérature, je n'avais jamais lu

---

1. « Chroniques de la maison des broyés », *Libération*, 1er décembre 2011, et « Écrits et châtiments », *Libération*, 4 septembre 2012, traduits du russe par Veronika Dorman.

autant auparavant. Je ne savais presque rien de l'histoire de Russie, par exemple. J'ai découvert un auteur français, une femme, et sa théorie sur "l'inaccessibilité du but". Remarquable. Elle arrive à la conclusion que le but est souvent inatteignable et que ce qui importe, ce sont les moyens de s'en approcher. Le chemin. Il faut parler des moyens. Des moyens moraux rendent le but moral. Et des moyens immoraux rendent le but immoral, indépendamment de ce qu'il semblait être initialement[1]. »

Natalia Gevorkyan, journaliste russe indépendante, vit aujourd'hui à Paris. Longtemps active à Moscou, elle a décidé d'en partir quand l'emprise du Kremlin sur la plupart des médias lui est devenue insupportable. Elle avait écrit un ouvrage sur l'ascension de Vladimir Poutine – le ton n'avait pas plu. Elle connaît Mikhaïl Khodorkovski depuis ses débuts, et a entretenu avec lui une longue correspondance dont elle a fait un livre[2].

« C'est un esprit très pragmatique. Il n'aime pas ruminer le passé, il préfère se projeter dans l'avenir – imaginer le futur du pays sur le plan économique, social, sur le plan de l'éducation, un sujet qui l'obsède. Il a suivi de près la situation dans le pays. Tout au long de ces dix ans, il a réussi à rester très affûté intellectuellement, mettant à profit le moindre moment d'inactivité – il n'y en a pas beaucoup au camp, ils font tout pour vous empêcher de penser. Mais Khodorkovski n'est pas un émotif, il a une

---
[1]. Alexandre Minkine, « Mikhail Khodorkovski : "Ma vie derrière les barbelés" », *Le Monde*, 26 janvier 2014.
[2]. Mikhaïl Khodorkovski et Natalia Gevorkyan, *Prisonnier de Poutine*, Denoël, Paris, 2011.

extraordinaire capacité à s'abstraire de son environnement. Il faut l'imaginer en train de coudre ces vêtements misérables dont on confie la confection aux prisonniers, l'esprit ailleurs, réfléchissant méthodiquement à la problématique qu'il s'est assignée à ce moment-là[1]... »

Natalia observe un moment les Parisiens qui se pressent aux terrasses de la place des Vosges, son quartier d'adoption, et reprend : « Je suis convaincue qu'il a choisi d'aller en prison. Oui, choisi ! Platon Lebedev, son bras droit, a été arrêté trois mois avant lui. Mikhaïl aurait pu fuir sans difficulté, dès ce moment-là, comme l'ont fait tous ses autres associés. C'est là, en décidant de rester, de poursuivre ses activités et ses visites aux installations pétrolières, que de façon délibérée, à mon avis, il a commencé sa carrière politique. Mais il a commis une erreur d'appréciation majeure : il ne pensait pas que sa détention durerait si longtemps. Il envisageait quelques mois, un an au pire... Puis il s'est préparé mentalement à y passer toute sa vie[2]. »

En octobre 2013, pour marquer le dixième anniversaire de son arrestation, le *New York Times* publie une lettre de Mikhaïl Khodorkovski qui ne cache plus sa lassitude et sa tristesse[3]. « Beaucoup de choses ont changé depuis dix ans, écrit-il. Mon fils aîné a maintenant une fille, qui n'est plus un bébé, mon premier petit-enfant, que je n'ai jamais vu. Le monde aussi a bien changé. Je ne peux que lire dans les magazines qu'il y a des

---

1. Entretien avec Natalia Gevorkyan, Paris, 1er février 2014.
2. *Ibid.*
3. Dépêche AFP du 25 octobre 2013 citée dans *Le Point*.

lecteurs d'e-book et des tablettes numériques. La même chose pour Facebook, Google, Twitter et beaucoup d'autres choses devenues ordinaires comme les moteurs hybrides et les voitures électriques. [...] En Russie aussi, de nombreuses choses ont changé depuis, poursuit-il. Si les revenus de la population ont augmenté, les prix ont aussi explosé, plus de deux millions de personnes ont quitté le pays, et trois millions d'entrepreneurs ont fait l'objet de poursuites criminelles.

Aujourd'hui, le système de gestion du pays s'appelle "Vladimir V. Poutine". Peut-il changer ? [...] Les chances sont minces [...] que M. Poutine cède ses pouvoirs présidentiels, même temporairement, une deuxième fois. Il ne pourra pas contrôler ce qui lui succédera[1]. »

À deux heures du matin, dans la nuit du jeudi au vendredi 20 décembre 2013, Mikhaïl Khodorkovski est réveillé par ses gardiens. En dix ans, il s'est habitué aux caméras placées au-dessus de sa couchette, de son poste de travail, de sa place à la cantine, et à l'enregistrement de ses conversations avec sa famille comme avec ses avocats. Il a appris sa libération la veille, mais n'a pu s'en entretenir avec eux. À Korallovo, dans les environs de Moscou, siège du centre éducatif de sa fondation, son petit monde tombe des nues. Sa mère n'y croit pas.

Un premier vol de nuit en hélicoptère pour Saint-Pétersbourg. Le prisonnier sait-il où on l'emmène ? À l'aéroport de Poulkovo, son escorte lui déniche une parka pour couvrir sa tenue de détention. Sur le tarmac, un

---

1. Mikhaïl Khodorkovski, « Ten Years a Prisoner », *The New York Times*, 24 octobre 2013.

Cessna 525 frappé du pavillon allemand. Son propriétaire est un ami de Hans-Dietrich Genscher – l'inusable ministre des Affaires étrangères allemand de 1974 à 1992, celui qui, aux côtés du chancelier Kohl, a œuvré à la fin de l'empire soviétique et à la chute du Mur. À quatre-vingt-six ans, Genscher n'a cessé de cultiver ses réseaux à Moscou. Encouragé par Angela Merkel, il va passer plus de deux ans à travailler à l'élargissement du prisonnier. La chancelière, qui parle russe, s'est préoccupée plusieurs fois du sort de ce dernier auprès de Vladimir Poutine, et du symbole qu'il représente en Occident. Genscher, en toute discrétion, est reçu deux fois au Kremlin.

À l'aéroport de Berlin-Schönefeld, c'est lui qui va accueillir l'ancien prisonnier en compagnie d'Alexander Rahr, l'un des meilleurs experts allemands de la Russie, membre du Club Valdaï, un forum de discussion organisé chaque année par le Kremlin au bénéfice de quelques journalistes occidentaux soigneusement choisis.

Le vendredi soir, moins de vingt-quatre heures après avoir quitté le camp de Segueja, Mikhaïl Khodorkovski est installé dans le fastueux hôtel berlinois Adlon. Son fils Pavel l'attend. Des membres de son équipe de soutien, qu'il rencontre pour la première fois, sont allés en toute hâte lui acheter costume, chaussures et pyjama. L'Allemagne lui a accordé un visa d'un an, ce qui lui permet de voyager ou de s'établir dans l'espace Schengen.

Mikhaïl Khodorkovski publie aussitôt un communiqué : « Le 12 novembre, j'ai demandé au président de la Fédération de Russie de me gracier, du fait de la situation de ma famille, et j'ai été heureux que sa décision soit positive. La question d'une reconnaissance de culpabilité n'a pas été évoquée[1]. »

Dimanche 22 décembre 2013, conférence de presse. Le lieu choisi est un symbole : le musée du Mur, près de l'ancien Checkpoint Charlie, jadis poste-frontière entre la zone libre et la RDA. Dédié aux victimes du joug soviétique et financé par une fondation qui avait couronné Khodorkovski en 2011 pour son combat pour la liberté, le site comporte une salle entièrement consacrée à l'affaire Ioukos – c'est-à-dire à celui qui était jusqu'à l'avant-veille le prisonnier politique le plus célèbre de Russie.

L'air épuisée et heureuse, sa mère le couve des yeux. Soignée quelques semaines auparavant à Berlin à l'hôpital de la Charité fréquenté par de nombreux patients russes, dont Mikhaïl Gorbatchev, Marina Khodorkovskaïa, accompagnée de Boris, son mari, est revenue la veille dans la capitale allemande. « Nous avons survécu au malheur, mais c'est apparemment dur de survivre aussi à la joie ! » lance-t-elle à la ronde[2]. Costume bleu sombre, chemise blanche, le cheveu clairsemé et rasé, façon pénitentiaire, mais le regard vif sous de fines lunettes, le sourire curieusement serein, presque timide, Mikhaïl Khodorkovski choisit de s'adresser d'abord à une vingtaine de journalistes russophones ayant couvert son affaire au fil des années. Parmi eux, Alison Smale, longtemps correspondante du *New York Times* à Moscou et aujourd'hui à Berlin.

---

1. Pierre Delannoy, « Mikhaïl Khodorkovski, un homme libre », *Paris Match*, 26 décembre 2013.
2. *Ibid.*

« Ce n'était pas vraiment Dostoïevski au sortir de la colonie pénitentiaire, raconte-t-elle. Mais il était stupéfiant de calme, exprimant par petites touches une sorte de conversion spirituelle… Pas de fierté bravache, aucune exaltation héroïque de son propre exploit à avoir tenu bon. Plus frappant encore, pas une once d'amertume, encore moins de haine vis-à-vis d'une épreuve qui, m'a-t-il dit à la fin de l'entretien alors que l'humour n'est pas son fort, lui a au moins permis d'arrêter de fumer[1] ! »

S'adressant ensuite à l'ensemble des journalistes qui se pressaient dans la salle de conférences du musée, Khodorkovski a tenu à affirmer d'entrée son renoncement à toute action politique : « Je suis un pragmatique, dit-il en substance. La quête du pouvoir ne m'intéresse pas. En Russie, la politique suppose forcément de ne pas être sincère. Moi, j'ai acquis un droit très précieux, celui de ne pas dire ce que je ne crois pas[2]… » La prison, résume-t-il, il l'a vécue comme un défi qui lui a révélé d'autres possibles. Là encore, pas de pathos, aucun retour sur les humiliations, les brimades, les punitions subies pour avoir accepté deux citrons de sa femme ou oublié de mettre les mains dans le dos durant la promenade[3]. Aucun rappel de ses grèves de la faim, ni du travail obligatoire – il sait désormais confectionner des chemises et des gants comme ses anciens codétenus. C'est leur sort qui le préoccupe et dont il fait désormais sa mission, à commencer par celui de Platon Lebedev,

---

1. Entretien avec Alison Smale, Paris, 26 janvier 2014.
2. Veronika Dorman, « Khodorkovski : la quête du pouvoir ne m'intéresse pas », *Libération*, 22 décembre 2013.
3. Serge Michel, « Les trois vies de Khodorkovski », art. cit.

son ancien associé. Les affaires ? « Je n'ai pas de temps à perdre, affirme-t-il à plusieurs reprises, j'ai vieilli de dix ans... Si j'avais besoin d'argent pour vivre, je m'y remettrais, mais ce n'est pas le cas, je ne veux pas perdre mon temps à recommencer les mêmes aventures [...]. Les actifs de mon ancienne entreprise ne m'intéressent pas. Le Kremlin compte-t-il sur moi pour calmer la lutte des autres actionnaires ? [...] En tout cas personne ne m'en a fait mission[1]. »

On comprend son obsession : il lui faut convaincre l'opinion russe et internationale qu'il n'y a pas eu marchandage, que sa demande de grâce n'est pas synonyme d'aveu de culpabilité dans la façon dont il a conduit ses affaires. Il a accepté de l'envoyer au Kremlin à la mi-novembre contre l'assurance des intermédiaires allemands qu'il ne s'agissait pas d'admettre ses fautes. Démentant ainsi la rumeur lancée la veille par le journal moscovite *Kommersant* qui faisait état de pressions des services secrets, Mikhaïl Khodorkovski refuse à Vladimir Poutine ce que le président russe avait laissé entendre : pas question de reconnaître les griefs de fraude et d'évasion fiscale. Conséquence : il lui est impossible de retourner en Russie où il reste depuis 2005 sous le coup d'une condamnation au civil à payer quatre cents millions d'euros au Trésor russe.

Est-il reconnaissant à Vladimir Poutine pour la grâce qui lui a été accordée ? lui demande-t-on encore. « Toutes ces années, les décisions définitives me concernant n'étaient prises que par un seul homme,

---

1. Veronika Dorman, « Khodorkovski : la quête du pouvoir ne m'intéresse pas », art. cit.

Vladimir Poutine. Il m'est difficile de lui être reconnaissant aujourd'hui... J'ai longtemps réfléchi à ce que je pourrais dire à ce sujet. Je suis heureux de sa décision, disons-le ainsi[1]... » Et il ajoute : « Je considère qu'en Russie le problème n'est pas tant le président en tant qu'individu, mais le fait que nos concitoyens, dans leur grande majorité, ne comprennent pas qu'ils doivent être personnellement responsables de leur destin, qu'ils doivent le prendre en main[2]. »

Cette maîtrise de soi, vingt-quatre heures à peine après avoir échappé au bagne, ce sens de la mesure, cet esprit de conciliation ne laissent pas d'étonner ceux qui, en Europe, gardent la nostalgie de rescapés du goulag plus romantiques.

Ainsi Bernard-Henri Lévy écrit-il dans son bloc-notes : « Boukovski [...], Plioutch [...], Sakharov, Charansky, Gorbanevskaïa [...]. On ne pouvait pas ne pas songer à tous ces dissidents dont les noms sont, aujourd'hui, oubliés mais dont l'arrivée à l'Ouest, les premières phrases qu'ils prononçaient, les silences, l'ironie cinglante ou glacée, étaient comme autant de coups de tonnerre [...]. [Khodorkovski] est-il une autre sorte d'homme, tout simplement, saisie dans un autre métal, plus businessman que dissident, plus cynique que militant ? [...] Ou est-ce nous qui sommes comme ces dreyfusards qui, lorsque leur héros revint de l'île du Diable, le trouvèrent "décevant" ? et aurions-nous commis l'erreur d'idéaliser un personnage somme toute assez ordinaire et qui n'aurait,

---
1. *Ibid.*
2. *Ibid.*

maintenant qu'il est sorti de l'enfer, d'autre projet que de passer la suite de sa vie – et pourquoi pas – à jouir, en famille, de ce qui lui reste de fortune ? » Non, conclut le polémiste, qui voit le danger de se tromper sur lui comme on le fait sur Poutine. « On croit le poutinisme fragile, colosse aux pieds d'argile, miné par la corruption, la démographie négative, la misère : erreur, nous dit Khodorkovski avec son sourire mécanique et d'autant plus énigmatique [...]. Il serait, lui, un dissident du troisième type et de la nouvelle époque dont la prudence serait à l'image de la violence de l'état des choses en Russie : un opposant au grand souffle[1]... »

Au même moment, à Moscou, la presse russe se perd en conjectures sur la signification à accorder à la libération de l'ancien oligarque.

Poutine miséricordieux ? Cet acte de grâce permet de neutraliser la menace d'un boycott occidental des JO, avancent la plupart des commentateurs. Mikhaïl Emelianov, de *Russie juste*, ajoute : « En réalité, la libération de Khodorkovski a précisément lieu parce qu'il ne représente aucun risque politique pour le régime[2]. » *Kommersant*, le quotidien économique repris en main par des proches du Kremlin depuis 2007, s'interroge sur l'avenir politique de l'ancien oligarque. Personne ne doute que Khodorkovski puisse devenir un « leader d'opinion publique », peut-on y lire, mais les démocrates comprendront qu'il ne veuille plus faire de politique[3].

---

1. Bernard-Henri Lévy, « Le bloc-notes », *Le Point*, 2 janvier 2014.
2. Cité dans *Kommersant*, 23 décembre 2013.
3. *Ibid.*

Son statut d'« opposant » laisse songeur. Boris Nemtsov, un ancien ministre d'Eltsine, toujours actif dans l'opposition aux côtés de Garry Kasparov, et candidat malheureux à la mairie de Sotchi dont il a obstinément dénoncé les corruptions olympiques, ne voit en Mikhaïl Khodorkovski « ni un Sakharov, ni un Soljenitsyne », ni champion des libertés civiles, ni référence morale et intellectuelle[1].

Cette libération ne sert-elle pas avant tout Poutine ? Le 30 décembre, *Nezavissimaïa Gazeta* relève que Khodorkovski affirme qu'il ne ferait plus de business, qu'il ne se battrait pas pour récupérer ses anciens actifs et qu'il ne se mêlerait pas de politique. « Sa libération a donc pour principal effet d'être un élément de désintégration des rangs de l'opposition ! » commente le journal. Dans la même veine, le célèbre écrivain Boris Akounine, qui utilise Facebook pour afficher son opposition au régime, considère qu'il s'agit d'une stratégie du pouvoir « pour provoquer un schisme au sein de l'opposition entre radicaux et modérés : les premiers se montreront intransigeants envers le régime, les seconds commenceront un dialogue citoyen[2]. »

Les observateurs russes remarquent que Khodorkovski a accordé sa toute première interview à Xenia Sobtchak, la fille de l'ancien maire de Saint-Pétersbourg, qui travaille pour la chaîne Dojd, l'un des seuls médias encore indépendants, qui sera menacé de fermeture quelques

---

1. *Ibid.*
2. Boris Akounine, « Effekt Golema », *Liubov k istorii*, blog, 26 janvier 2014.

semaines plus tard. « Vous ne me confondez pas avec Navalny ? » répond-il quand les questions se font trop politiques, renvoyant son interlocutrice à l'avocat contestataire qui incarne à Moscou l'opposition politique au Kremlin[1].

Khodorkovski rejoint les positions de cet ancien candidat à la mairie de Moscou en se disant converti au « nationalisme », relève le magazine *Snob*, et semble critiquer le peuple russe, qui serait infantile par nature : « Les Russes aspirent au paternalisme. Et Poutine répond parfaitement à cette attente[2]. »

Les admirateurs du maître du Kremlin, tel Piotr Akopov dans *Vzgliad* le 23 décembre, interprètent tout autrement ses propos : l'« ancien oligarque cynique », devenu pendant sa détention une « idole anti-Poutine », est un perdant qui n'a rien compris à la Russie : « Sa conception des voies de développement de la Russie, et du droit des oligarques à diriger ce pays, se heurte non seulement aux plans du président mais aussi au cours de l'histoire russe et aux aspirations du peuple russe[3]. »

The New Times, le journal d'opposition qui a régulièrement publié ses lettres écrites en prison, remarque que l'ex-oligarque parle avec un certain respect de Vladimir Vladimirovitch Poutine. Dans l'entretien qu'il lui accorde, Khodorkovski aura ce mot : « Vladimir et

---

[1]. Xenia Sobtchak, entretien avec Mikhaïl Khodorkovski, Dojd, 22 décembre 2013.
[2]. Xenia Sokolova, « Mixail Xodorkovski : Sečin èto byvšij Xodorkovski », *Snob*, 23 décembre 2013.
[3]. Piotr Akopov, « Mikhaïl Khodorkovski n'est pas un saint », *Vzgliad*, cité par *Courrier international*, 2 janvier 2014.

moi, nous nous connaissons depuis longtemps. Nous n'avons pas besoin de trop nous en dire[1]. »

Le 23 janvier 2014, deux semaines avant l'ouverture des JO de Sotchi, la Cour suprême russe décide de libérer à son tour, trois mois avant l'échéance prévue, Platon Lebedev, l'ancien associé de Mikhaïl Khodorkovski. Arrêté avant le patron de Ioukos, condamné comme lui pour évasion fiscale à grande échelle, blanchiment d'argent et détournement dans le cadre de deux procès dénoncés par la Cour européenne des droits de l'homme, il purgeait sa peine dans un camp de détention de la région d'Arkhangelsk, dans le nord de la Russie.

À cinquante-sept ans, Lebedev aura passé en prison dix ans et six mois de sa vie. La Cour suprême a par ailleurs refusé d'annuler la condamnation des deux hommes au civil à s'acquitter d'un redressement fiscal de cinq cent cinquante millions de dollars – ce qui leur rend impossible tout retour en Russie. Le centre Khodorkovski a aussitôt qualifié ce jugement « absurde » : « Tant que ce redressement est en vigueur, un rideau de fer peut retomber derrière Khodorkovski à n'importe quel moment », souligne le communiqué, qui précise que ses avocats vont « continuer à user de tous les mécanismes judiciaires pour obtenir son annulation[2] ».

À Moscou, les commentaires officieux corroborent sans fausse pudeur les motivations du Kremlin : « L'annonce de la libération de M. Lebedev est tout à fait

---

1. Ievguenia Albats, « Mikhail Khodorkovsky : I will return to Russia », *The New Times*, 22 décembre 2013.
2. AFP, 24 janvier 2014.

logique et s'inscrit – tout comme la grâce accordée à M. Khodorkovski – dans les efforts de la Russie pour améliorer son image à l'étranger », a déclaré à l'AFP Mikhaïl Remizov, de l'Institut de la stratégie nationale. Et l'analyste d'ajouter : « Comme le redressement fiscal est maintenu, Khodorkovski ne pourra que rester à l'étranger… Le Kremlin ne sait pas à quoi s'attendre de sa part […] et préfère qu'il reste à une bonne distance[1]. »

Depuis sa libération, Mikhaïl Khodorkovski vit tranquillement près de Zurich avec sa famille. Il s'exprime rarement – un entretien accordé en janvier 2014 au journaliste russe Alexandre Minkine ne porte que sur la vie quotidienne au bagne, sur les méthodes qu'il a utilisées pour survivre[2].

Pas de déclarations publiques, pas de posture héroïque, peu d'apparitions – il s'est rendu brièvement en Israël pour embrasser son ancien numéro deux, Leonid Nevzline, qui avait fui à Tel-Aviv dès 2003 et pris la nationalité israélienne.

« On s'est parlé d'homme à homme, comme de vrais amis, a commenté ce dernier. On a parlé des enfants… Après dix ans de prison, il n'a aucune envie de se replonger dans ces histoires[3]. » On peut penser qu'ils ont aussi parlé affaires. C'est Nevzline qui gère les actifs personnels de Khodorkovski : quelque deux cent cinquante millions de dollars, assez pour vivre sans travailler, comme le disait en souriant l'ancien prisonnier lors de sa

---
1. AFP, 23 janvier 2014, cité par *Libération*.
2. Alexandre Minkine, « Mikhail Khodorkovski : "Ma vie derrière les barbelés" », art. cit.
3. Lenta.ru, 10 janvier 2014.

conférence de presse à Berlin. Il avait précisé à l'époque qu'il n'avait aucunement l'intention de se préoccuper ou de se mêler des différentes actions en justice intentées contre l'État russe par les anciens actionnaires de Ioukos.

Serait-ce la vraie nature du marchandage imposé par Vladimir Poutine pour accorder sa grâce à l'ancien oligarque ? C'est ce que laisse entendre sur son blog l'économiste russe Andreï Illarionov, qui avait conseillé le Kremlin au moment de la mise en liquidation du groupe pétrolier[1].

Les sommes réclamées sont gigantesques, sans précédent dans le droit des affaires. GML, la holding de Khodorkovski basée à Gibraltar, réclame 113 milliards de dollars devant la Cour d'arbitrage de La Haye. « Nous sommes très contents que M. Khodorkovski soit libre, mais cela n'a aucune répercussion sur l'affaire », déclare de son côté le directeur exécutif de GML, Tim Osborne, interrogé par l'AFP, rappelant que l'ex-oligarque « a cédé tous ses intérêts financiers dans GML et donc dans le groupe pétrolier[2] ». S'appuyant sur un traité international protégeant les investissements énergétiques, les plaignants estiment que la liquidation de Ioukos, dépecé et vendu à la découpe en grande partie au pétrolier Rosneft, relève de l'expropriation. Les attaques judiciaires se concentrent contre ce groupe public, dont les intérêts sont chers au Kremlin et qui est dirigé par un proche de Vladimir Poutine, Igor Setchine, issu comme lui des services de renseignement.

---

1. AFP, 15 janvier 2014.
2. Cité par Marie Jégo, « L'État russe rattrapé par l'affaire Ioukos », *Le Monde*, 17 janvier 2014.

De leur côté, les ex-dirigeants de Ioukos, représentant les actionnaires et créanciers, ont créé en 2005 deux fondations de droit néerlandais afin de protéger les actifs de la société hors de Russie. Ils ont aussi saisi la Cour européenne des droits de l'homme, qui leur avait partiellement donné raison sur le fond en 2011, pour obtenir le versement de milliards de dollars de dommages et intérêts.

Fin juillet 2014, coup de théâtre : estimant une fois pour toutes que le traitement réservé à Ioukos et à Khodorkovski ne s'explique que par des raisons politiques, la cour d'arbitrage de la Haye condamne la Russie à verser à la holding GML et au fonds de pension Ioukos une amende de 50 milliards de dollars – un record, vingt fois le montant le plus élevé atteint précédemment dans les annales de la justice commerciale internationale, 10 % du budget national russe, l'équivalent du coût des JO de Sotchi[1]. Deux jours plus tard, c'est au tour de la Cour européenne des droits de l'homme de condamner la Russie à verser 2,5 milliards de dollars à l'ensemble des actionnaires de l'ancien groupe pétrolier.

C'est un avocat français, Emmanuel Gaillard, responsable mondial du pôle arbitrage au sein du grand cabinet américain Shearman & Sterling, qui a remporté la victoire à La Haye au nom des plaignants. « Dix ans d'efforts ! Normal : il s'agissait après tout de la plus grande expropriation de l'histoire depuis la Révolution russe de 1917... Nous avons d'abord pu prouver la compétence sous l'effet de la Charte de l'énergie, puis nous avons choisi de raconter les faits grâce à différents

---

1. *Financial Times*, 29 juillet 2014.

témoignages, surtout ceux de l'ancien management occidental de Ioukos. Contrairement aux allégations des autorités russes qui faisaient valoir leur souveraineté fiscale, nous avons prouvé que la gestion du groupe était tout à fait transparente. Maintenant que nous avons gagné sur le fond, nous passons à la troisième phase : l'exécution de la sentence. Il ne peut y avoir d'appel, mais nous n'avons guère d'illusion : Moscou cherchera tous les recours possibles, notamment sur la question de la compétence. Dans le climat actuel, ajoute-t-il, un accord semble peu probable[1] ! Ironie de l'histoire : les autorités russes avaient choisi elles aussi, pour les défendre, l'équipe parisienne de Cleary Gottlieb, un autre grand cabinet américain – la bataille juridique s'est préparée pendant des années dans le huitième arrondissement de Paris.

Le principal bénéficiaire de la décision de La Haye est Leonid Nevzline, devenu le premier actionnaire des trusts, établis à Guernesey, qui détiennent la holding GML, basée à Gibraltar. Mikhaïl Khodorkovski, lui, n'y a pas droit – il avait cédé ses parts à son principal collaborateur dès sa mise en détention, et s'était engagé dix ans plus tard auprès du Kremlin à abandonner toute plainte financière en échange de la libération de Platon Lebedev. La sentence d'arbitrage apparait néanmoins comme sa victoire, à la fois politique et morale. « Du début à la fin, l'affaire Ioukos a constitué un cas exemplaire du pillage sans réserve d'une entreprise brillante par une mafia liée à l'État, écrit-il sur son site internet. C'est en revanche un peu triste que les dédommagements

---

1. Entretien, Paris, 9 août 2014.

doivent provenir des coffres de l'État et non des poches des mafiosi liés au pouvoir ou de celles des oligarques de Poutine[1]... »

Quelle que soit désormais la difficulté des bénéficiaires à obtenir l'exécution des sentences internationales, beaucoup d'observateurs estiment que l'affaire Khodorkovski a pesé de façon déterminante sur l'évolution du capitalisme à la russe. Le quotidien économique *Vedomosti* juge que cette affaire a « rompu les relations entre l'État et le milieu des affaires, et a déterminé en grande partie la suite du développement du pays [...]. Au nom des objectifs de certains, le pouvoir a sacrifié [...] la création en Russie d'une justice indépendante et le renforcement de la propriété privée[2]. » « C'est précisément depuis l'épisode Khodorkovski que la prison est devenue (pour le régime) un moyen universel de résoudre des problèmes insolubles, aussi bien politiques, économiques, qu'idéologiques[3] », affirme le journal d'opposition *Novaïa Gazeta*. « La lutte contre Ioukos et en général contre des hommes d'affaires libéraux et indépendants est devenue l'idéologie du régime », estiment certains défenseurs des droits de l'homme, parmi lesquels les ex-dissidents Lioudmila Alexeeva et Serguei Kovalev, dans une déclaration commune[4].

---

1. *Libération*, 30 juillet 2014.
2. AFP, « Il y a dix ans Mikhaïl Khodorkovski était arrêté », *Libération*, 26 octobre 2013.
3. *Ibid.*
4. *Ibid.*

L'histoire de Mikhaïl Khodorkovski ne se résume pas à son affrontement avec Vladimir Poutine, et au sort que lui a réservé pendant dix ans le maître du Kremlin. Elle décrit à elle seule l'extraordinaire et chaotique métamorphose de la Russie, née des décombres fumants de l'Union soviétique.

3

Un parcours exemplaire

Novembre 1988. Le président Mitterrand se rend en Union soviétique pour assister, à Baïkonour, au lancement d'une mission spatiale franco-soviétique. Le président Mikhaïl Gorbatchev le reçoit au Kremlin. Les deux chefs d'État nous accordent un entretien diffusé en direct sur la chaîne de télévision qu'on appelait alors Antenne 2.

À l'époque, le chef de l'État soviétique apparaît aux yeux de l'Occident et du président français, avec qui il entretient des relations particulièrement cordiales, comme le partenaire de la fin de la guerre froide, un visionnaire, le courageux réformateur d'un système politique qui paraissait à jamais figé sous les masques de ses prédécesseurs. On loue la mutation qu'il impose au communisme soviétique au nom de la *perestroïka* – la « reconstruction » – et de la *glasnost* – l'ouverture. L'homme a de la vigueur, du charme, et sur le crâne dégarni cette tache lie-de-vin qui me fascine tant elle semble dessiner les contours de l'Empire. Ce jour-là, étouffés par les murs épais du Kremlin, on en perçoit pourtant les premiers craquements – des émeutes à Bakou, en Azerbaïdjan. Un an plus tard, le mur de Berlin s'effondrera.

Dernier secrétaire général du PCUS[1], dernier président de l'Union soviétique, Mikhaïl Gorbatchev, affaibli, isolé après le putsch raté de quelques généraux, démissionnera en décembre 1991. Le bouleversement qu'il a imposé au système dont il était à la fois le pur produit et le plus lucide censeur en a précipité l'agonie sans lui valoir, à ce jour, la moindre reconnaissance de ses concitoyens.

Comme l'écrivait Andreï Kolesnikov, éditorialiste de Gazeta.ru, à l'occasion du quatre-vingtième anniversaire de l'ancien homme d'État : « Gorbatchev a entrouvert les vannes, espérant donner un visage humain au socialisme, mais c'est le barrage entier qui a cédé, en un rien de temps, et il ne restait alors plus qu'à se noyer sous les flots ou à s'efforcer de surfer sur la vague pour avoir l'illusion de diriger ce déferlement. Mais le torrent déchaîné a pris son libérateur de vitesse et l'a entraîné à l'endroit qu'indiquait la main invisible du marché, vers le capitalisme[2]. »

« Nous savions, nous, en Pologne, qu'il était impossible de réformer le communisme, raconte aujourd'hui, Lech Walesa, le héros de Solidarność, avec une ironie jubilatoire. Alors on disait : vas-y, réforme donc ! On guettait les fissures, on attendait l'effondrement. Rien de ce qu'il a voulu n'a réussi. Il n'a pas sauvé le communisme, il n'a pas sauvé l'Union soviétique, il a échoué

---
1. Parti communiste de l'Union soviétique.
2. Cité dans *Courrier international*, 2 mars 2011.

sur tous les sujets. Alors on nous a donné le prix Nobel de la paix : à lui pour l'échec, à moi pour la victoire[1]... »

Le chantier de la perestroïka, immense et courageux, s'avère impossible à maîtriser : restitution de la terre aux paysans, refonte institutionnelle et judiciaire, premières élections libres en 1989, libération de prisonniers politiques, libéralisation culturelle et abolition de la censure – *Le Docteur Jivago* de Boris Pasternak, jusque-là interdit, est autorisé en 1985 ; Andrei Sakharov, en résidence surveillée à Gorki, peut rentrer à Moscou en 1986 ; Alexandre Soljenitsyne recouvre la citoyenneté soviétique et *L'Archipel du goulag* est publié à partir de 1989.

La catastrophe nucléaire de Tchernobyl, en avril 1986, a aussi été la métaphore de l'état réel du système soviétique : tissu social défaillant, services publics inopérants, infrastructures désastreuses, appareil industriel délabré.

Les réformes économiques du Kremlin accumulent les incohérences. Velléitaires aux yeux des libéraux, hérétiques aux yeux des communistes, Gorbatchev et ses conseillers ne savent pas comment concilier la planification centralisée et l'économie de marché. Les entreprises d'État sont incapables de gérer l'autonomie financière qui leur est accordée. Le système bancaire fait faillite. Les magasins ne sont plus approvisionnés, les queues s'allongent, la pauvreté s'aggrave, les inégalités sociales se creusent, le mécontentement se généralise. La population perd ses repères – ceux qu'avaient forgés pour plusieurs générations l'idéologie, les souffrances, les privations, les peurs et les fiertés partagées.

---

1. Entretien, Paris, 24 juin 2014.

Svetlana Alexievitch décrit admirablement le vertige provoqué par la perestroïka et le fracas des années 1990 dans sa fresque *La Fin de l'homme rouge* :

« "Le communisme, c'est un objectif qui dépasse les forces humaines... Ça se passe toujours comme ça chez nous : des fois on voudrait une Constitution, et des fois on voudrait de l'esturgeon avec du raifort !

[...]

— Nous parlons tout le temps de la souffrance... C'est notre voie à nous vers la connaissance. Les Occidentaux nous paraissent naïfs parce qu'ils ne souffrent pas comme nous, ils ont des médicaments pour le moindre petit bouton. Alors que nous, nous avons connu les camps, nous avons recouvert la terre de nos cadavres pendant la guerre, nous avons ramassé du combustible atomique à mains nues à Tchernobyl. Et maintenant, nous nous retrouvons sur les décombres du socialisme".

[...]

Nous n'avons encore rien compris au monde dans lequel nous vivions il n'y a pas si longtemps, et nous voilà dans un monde nouveau. C'est toute une civilisation qui a été flanquée à la poubelle[1]... »

Protégé puis rival de Mikhaïl Gorbatchev qui le traitera d'« escroc politicard » en plein Parlement, Boris Eltsine joue la carte de la Russie contre l'Union soviétique, en désintégration, et l'emporte. En décembre 1991, au terme d'une année chaotique, alors que plusieurs républiques

---

1. Svetlana Alexievitch, *La Fin de l'homme rouge ou le temps du désenchantement*, traduit du russe par Sophie Benech et Michèle Kahn, Arles, Actes Sud, 2013.

proclament leur indépendance, le président de la Fédération russe impose son pouvoir. Il dissout le PCUS et crée la Communauté des États indépendants avec dix des 15 anciennes républiques, s'appropriant au passage l'arsenal nucléaire et la Banque centrale soviétiques. Une partie des réserves d'or disparaît – impossible de déclencher une enquête, les fonctionnaires de la Sécurité s'y refusent. Le pays est dans un état désastreux. Quelques-uns des nouveaux États du flanc sud sont en proie à des conflits armés. Un ancien général d'aviation, héros de l'Union soviétique, Djokhar Doudaïev, prend le pouvoir en Tchétchénie, région musulmane du Caucase du Nord, dont les traditions identitaires et claniques ont toujours fourni un foyer de contestation hostile au pouvoir central et de recrutement pour le crime organisé. Il se montrera particulièrement habile dans les transactions financières, réussissant à voler plus d'un milliard de dollars à la Banque centrale russe via de fausses lettres de change[1].

Dans cet immense désordre, sans morale publique, sans règles de droit, sans autorité reconnue autre que l'arbitraire d'administrations disloquées, tout s'achète et tout se vend. Les plus malins prospèrent. Ils n'ont plus peur, sauf du lendemain. C'est la fin de l'économie administrée. Le vieil adage soviétique dont s'étaient contentés leurs parents – « on fait semblant de travailler, ils font semblant de nous payer » – n'est plus de mise. C'est à qui rivalise d'ingéniosité et d'entregent pour mettre à profit l'effondrement d'un monde qui ne leur offrait aucun espoir. Prenant le pas sur la nomenklatura

---

1. AFP, dans *Le Soir*, 2 janvier 1995, et *L'Express*, 2 mai 1996.

traditionnelle dont les privilèges s'amenuisent, ils vont former une nouvelle caste, à mi-chemin entre bourgeoisie d'affaires et crime organisé, qui va à la fois défier un pouvoir politique affaibli et lui devenir indispensable.

À l'écart des convulsions politiques et des bouillonnements de l'ancien Empire, encore inconnu du nouveau Kremlin, un jeune Moscovite de vingt-huit ans, yeux de braise, grosses lunettes et moustache noire, a déjà fait fortune.

Mikhaïl Khodorkovski naît à Moscou en juin 1963. Leonid Brejnev est sur le point d'évincer Nikita Khrouchtchev. Ses parents travaillent à l'usine Kalibr qui fabrique des outils de précision. Son père, Boris, est juif – ce qui interdit au fils toute perspective de carrière dans la hiérarchie académique ou administrative, et plus encore dans le secteur qui l'intéresse, l'industrie de la défense.

Mikhaïl est brillant. Étudiant à l'Institut Mendeleiev de chimie, il a parfaitement compris le fonctionnement du système. Il s'inscrit au Komsomol, les jeunesses communistes, dont il est chargé de récolter les cotisations. L'organisation n'a plus guère d'emprise, mais elle a désormais le droit, grâce à Mikhaïl Gorbatchev, de se livrer à des activités commerciales. Ce sera, pour toute une génération d'étudiants dégourdis, l'apprentissage des marchandages et le tremplin vers le capitalisme.

À partir de 1987, les jeunes du parti, qui pouvaient déjà contribuer à des coopératives de construction de logements (MZK), sont encouragés à créer des centres techniques et scientifiques (NTTM), censés accélérer l'informatisation du pays. De fait, ces centres vont très vite diversifier leurs activités, et les responsables s'approprier les profits : achat de matériaux divers au tarif des magasins d'État avant d'être écoulés au marché noir, ou encore revente de matériel informatique venu d'Occident – parfois contre une voiture tant il y a pénurie[1].

Mikhaïl Khodorkovski a vingt-trois ans. Typique de ces « capitalistes Komsomol », il commence par ouvrir un café dans l'enceinte de son Institut. Puis il vend du cognac, des jeans, des manuels scientifiques. Les roubles s'empilent. Il se marie avec une camarade d'études, Elena, qui lui donne un fils. Diplômé en 1986, il se lance dans l'importation d'ordinateurs, qu'il revend six fois plus cher. Le marché noir s'étale au grand jour. Les affaires de Khodorkovski sont tellement prospères et voyantes qu'il finit par être expulsé du Komsomol. Il n'en a cure. Son réseau inclut plusieurs ministères et emploie de façon informelle quelque cinq mille personnes. Son chiffre d'affaires annuel atteint déjà quatre-vingt millions de roubles[2]. En 1987, pour absorber ces flux d'argent inattendus que génèrent ces circuits improvisés et qui engorgent le système, une nouvelle loi autorise les coopératives semblables à la sienne à créer des banques. Khodorkovski fonde Menatep et commence à faire fortune en convertissant en liquidités les roubles administratifs distribués aux entreprises par les organismes d'État[3].

L'établissement bancaire grandit rapidement. Mikhaïl Khodorkovski sait trouver des protecteurs et des

---

[1]. Voir Dana Jurgelivevica, « Les élites d'ex-URSS, du Komsomol à la City », Nouvelle-Europe.eu
[2]. Mark Hollingsworth et Stewart Lansley, *Londongrad...*, *op. cit.*
[3]. Serge Michel, « Les trois vies de Khodorkovski », art. cit.

complices, les flatter ou les maîtriser – qu'il s'agisse de fonctionnaires à la dérive ou de mafieux dont il monnaie les services. Il observe avec intérêt le trafic des quotas d'exportations, qui permettent en particulier de vendre du pétrole et d'autres matières premières sur le marché mondial en profitant des gigantesques écarts de cours par rapport aux tarifs en roubles.

Les opérateurs comme les fonctionnaires qui accordent ces quotas s'enrichissent sans vergogne. Début 1992 s'organise ainsi l'importation de produits alimentaires contre des devises acquises à 1 % du taux de change officiel. Les *nouvorichi* prêtent quatre fois plus cher aux entreprises les fonds que la Banque centrale leur accorde à 20 % par an – moins que le taux d'inflation mensuel. Les relations mutuellement avantageuses entre ce nouveau secteur privé et les administrations leur permettent d'obtenir le statut de banques agréées chargées notamment de gérer les mouvements de fonds publics puisqu'il n'y a pas d'établissement du Trésor. La spéculation bouillonne sur le marché des changes comme sur celui des emprunts d'État.

Le pouvoir encourage l'émergence de cette nouvelle « bourgeoisie ». Il veut éviter de solder les avoirs du pays à des groupes étrangers dont les investissements sont découragés, et il craint par-dessus tout le retour du communisme, dont la nostalgie s'exprime déjà au sein d'une population en plein désarroi.

En phase avec l'air du temps, Khodorkovski décide de proposer des services bancaires dédiés aux clients disposant d'au moins dix millions de dollars – l'« oligarchie financière et industrielle », selon les communiqués de la banque. C'est ainsi que le terme « oligarque » fait son apparition dans le vocabulaire russe.

Ces richesses soudaines attirent et attisent les activités criminelles. De nouvelles mafias apparaissent sous l'autorité des rois de la pègre, ces *vory v zakone* (« voleurs dans la loi ») qui sont au cœur de la tradition russe et soviétique. Il s'agit de grands criminels cooptés par leurs pairs, à l'autorité incontestée, refusant habituellement de coopérer avec l'autorité et avec l'État, mais prêts à moderniser leurs pratiques. Leur code ressemble à celui de la mafia sicilienne et américaine – il est le seul à faire régner l'ordre dans les prisons et dans les camps de détention. Là, ce sont les tatouages qui traduisent les appartenances.

Au cours des années 1990, huit syndicats de crime organisé vont ainsi se partager Moscou. À l'échelle du pays, on comptera quelque six cents groupes organisés, et 3 300 bandes criminelles. L'irruption de l'argent privé et la redistribution des propriétés de l'État vont donner lieu à de véritables guerres urbaines et à une recrudescence sans précédent des assassinats[1].

Tantôt de structure mafieuse classique, combinant répartition ethnique et territoriale, tantôt fondés sur les liens claniques propres aux Caucasiens et en particulier aux Tchétchènes, ces réseaux vont aussi se développer sous une forme nouvelle à l'appellation trompeuse : « organisation gouvernementale ». Dans ce genre de structures aux contours poreux vont opérer des criminels qui découvrent le secteur rentable de la protection

---

1. Alexandre Gentelev, film documentaire *L'Honneur des brigands : reportage sur la mafia russe*, Arte, 2010.

privée, des cadres des grands ministères et des officiers des services de sécurité (la police intérieure avec le MVD et l'espionnage avec le FSB) impliqués dans les trafics internationaux[1].

Selon la sociologue Olga Krychtanovskaïa, spécialiste russe des oligarques, l'explosion de la propriété privée ouvre ou élargit de multiples créneaux. Ils vont du simple racket, de la protection (*krycha* ou *krasnaïa krycha* – « le toit rouge » selon l'expression traditionnelle) imposée aux nouveaux capitalistes jusqu'à l'exécution de « contrats » pour leur compte, ou même de guerres locales pour imposer leur loi dans des régions précises[2].

« On a commencé grâce à Gorbatchev, en taxant les premières coopératives, raconte sans vergogne à la télévision Vitaly "Bondar" Diomotchka – "parrain" de la région d'Extrême-Orient. 20 %, 30 %, et tout de suite de l'argent liquide ! On n'avait jamais vu ça. Le bon temps... On cognait d'abord, pour bien faire comprendre aux récalcitrants qu'ils n'avaient pas le choix. Plus les gros malins se goinfraient en s'appropriant tout ce qu'ils pouvaient, plus on montrait nos muscles. Là, on a tous changé d'échelle. Les oligarques, et nous avec eux. Sans protection, ils ne sont rien ! » sourit Dimotchka avec gourmandise[3].

---

1. Arnaud Kalika, « Russie : le crime organisé, évolutions et perspectives », *MCC d'Alerte*, n° 5, octobre 2005, département de recherche sur les menaces criminelles contemporaines, Institut de criminologie de Paris, université Paris-II-Panthéon-Assas.

2. Olga Krychtanovskaïa, « Nelegalnye struktury v Rossii » [« Les formations illégales en Russie »], Sociologičeskie Issledivanija, n° 8, 1995, cité par Georges Sokoloff, *Métamorphose de la Russie, 1984-2004*, Paris, Fayard, 2003.

3. Alexandre Gentelev, *L'Honneur des brigands...*, *op. cit.*

Les gangs tchétchènes – environ cinq mille membres dans les années 1990 – sont particulièrement craints et appréciés pour leurs méthodes expéditives. Leur spécialité : extorsion de fonds, contentieux commercial, protection et meurtre sur contrat à l'échelle planétaire, sans oublier la prostitution, le trafic de drogue et le commerce des armes. Ils s'affrontent violemment aux gangs slaves, qui contrôlent des quartiers entiers de la capitale et qui vont profiter à leur manière de l'ouverture du pays en internationalisant leurs opérations grâce à leurs connexions avec la mafia américaine.

Les mafieux en tous genres et de toutes origines vont ainsi s'imbriquer dans les liens étroits tissés entre le nouveau monde des affaires et les milieux politiques. Commençant par prélever leur dîme sur les trafics ordinaires, ils vont progressivement s'intégrer dans le système légal. De « protecteurs » ils deviendront partenaires, de « parrains » ils se mueront en hommes d'affaires à la façade respectable ou en députés élus veillant aux intérêts de leur clan[1].

« Cela n'arrêtait pas de tirer dans les rues. Énormément de gens se sont fait tuer. Il y avait des règlements de comptes tous les jours. Prendre, s'approprier, rafler, arriver le premier, avant tout le monde... Certains ont été ruinés, d'autres se sont retrouvés en prison. On dégringolait du haut d'un trône jusqu'au fond d'une cave. Et d'un autre côté, c'était génial : tout ça se produisait sous nos yeux[2]... Tout le monde était pris d'une frénésie

---
1. *Ibid.*
2. Svetlana Alexievitch, *La Fin de l'homme rouge, op. cit.*

sauvage, inexplicable. Une odeur d'argent flottait dans l'air. Et la liberté totale : pas de Parti, pas de gouvernement. Tout le monde voulait "se faire du blé", et ceux qui ne savaient pas enviaient ceux qui savaient. Les uns vendaient, les autres achetaient, certains "couvraient", d'autres rackettaient[1]. »

Parmi les témoignages recueillis par Svetlana Alexievitch, deux récits anonymes donnent la mesure des gouffres qui vont se creuser dans une société accoutumée jusque-là au nivellement des modes de vie et des espérances. D'abord celui de l'étudiant pauvre qui saisit sa chance et préside aujourd'hui un groupe médical :

« À l'école, je revendais des jeans, et à l'institut, des uniformes soviétiques et toutes sortes de trucs symboliques. C'étaient les étrangers qui achetaient ça. Les trafics habituels. À l'époque soviétique, on écopait de trois à cinq ans de prison pour ça. Mon père me courait après avec une ceinture en hurlant : "Espèce de sale spéculateur ! Dire que j'ai versé mon sang devant Moscou, et que j'ai pour fils un petit salopard pareil !" Ce qui était un crime hier, aujourd'hui, c'est du business. J'ai acheté des clous quelque part, des talons ailleurs, j'ai fourré le tout dans un sac en plastique, et j'ai vendu ça comme une nouvelle marchandise. J'ai rapporté l'argent à la maison et j'ai rempli le réfrigérateur. Mes parents s'attendaient à ce qu'on vienne m'arrêter. (Il éclate de rire.) Je revendais des batteries de cuisine... Des poêles à frire, des cocottes-minute... Je suis revenu d'Allemagne avec

---

1. *Ibid.*

une remorque remplie de ce genre de trucs. Les gens se jetaient dessus... J'avais dans mon bureau un vieux carton qui avait servi d'emballage pour un ordinateur, il était rempli d'argent, c'est uniquement comme ça que je comprenais ce que c'était. On puise dedans, on puise dedans, et il y en a toujours... J'avais déjà tout acheté : une bagnole, un appartement... Une montre Rolex... Je me souviens de cette ivresse[1]... »

Et celui d'une femme que ces bouleversements ont plongée dans la misère et le désarroi :

« Je me souviens de ce que disait Gaïdar à la télé : Apprenez à faire du commerce... L'économie de marché nous sauvera... On achète une bouteille d'eau minérale à un endroit, on la revend quelques rues plus loin – et voilà, c'est du business ! Les gens écoutaient, ils étaient abasourdis. Je rentrais chez moi. Je fermais la porte et je pleurais. Maman a eu une attaque tellement tout cela lui faisait peur. Peut-être qu'ils voulaient faire quelque chose de bien, mais ils n'avaient aucune compassion envers leur propre peuple. Jamais je n'oublierai ces vieux qui mendiaient, alignés le long de la route. Avec leurs bonnets délavés et leurs vestons raccommodés[2]... »

En 1992, les hommes de Boris Eltsine sont en place à Moscou. Le Premier ministre Egor Gaïdar, économiste brillant, frotté aux théories occidentales, s'entoure de

---
1. *Ibid.*
2. *Ibid.*

jeunes gens issus comme lui de la recherche universitaire, à commencer par Anatoli Tchoubaïs. « Un tueur ! Rapide ! Il savait admirablement manipuler les statistiques… », raconte aujourd'hui, sous couvert d'anonymat, l'un des rares Européens à avoir fait partie du Conseil de sécurité économique instauré par Eltsine.

Tchoubaïs, qui parle couramment anglais et se passionne pour l'informatique, devient l'intermédiaire favori des Occidentaux, qui peinent à comprendre le degré de décomposition du système. Représentants officiels ou consultants appointés à la manière des étrangers jadis à la cour des tsars, certains n'hésiteront pas à pratiquer le mélange des genres, se lançant à leur tour dans des affaires lucratives.

En coulisses, des conseillers américains, suédois, allemands et britanniques accompagnent les dons ou les prêts octroyés par le FMI, la BERD et leurs gouvernements – en particulier plusieurs « Harvard boys », dont Jeffrey Sachs. À trente-sept ans, ce brillant spécialiste de la macroéconomie vient de contribuer en Pologne à la mutation du système économique avec libération immédiate des prix et contrôle de l'inflation. Washington et le FMI avaient accepté d'annuler la dette extérieure du pays et de mettre en place un fonds de stabilisation pour amortir le choc. L'opération, brutale, a réussi et fait figure d'exemple.

« C'est alors que Gaïdar, le Premier ministre de Eltsine, m'a demandé de venir l'aider, raconte Jeffrey Sachs. C'était un homme honnête et intelligent, courageux, entouré de quelques conseillers de premier ordre dont Piotr Aven. Aven était l'un des très rares Soviétiques à avoir été formé dans les années 1970 à l'IIASA, cet institut créé à Vienne en pleine guerre froide pour rapprocher les experts des deux bords. Gaïdar en a fait son ministre du Commerce extérieur. Tchoubaïs, lui, s'occupe des privatisations. Fin 1991, la Russie était réellement au bord du gouffre : une crise financière aigüe s'ajoutait à l'effondrement du système économique, social et politique. Une crise financière ressemble à une crise cardiaque. Pour éviter le pire, il vous faut une médecine d'urgence : vous obtenez de ne plus rembourser vos dettes, vous recevez une injection massive de liquidités, vous arrêtez la panique en mettant en place un cadre, un environnement politique qui crée de l'optimisme. Alors l'hyperinflation s'arrête, l'économie repart. La Pologne a eu droit à ce genre de traitement, pas la Russie. »

Aujourd'hui encore, Sachs ne cache pas son amertume. « Je me souviens du visage de Gaïdar, gris cendre, quand le G7 lui annonce qu'il n'y aura pas de moratoire de la dette. Je vais plaider la cause à Washington auprès du FMI et de la Maison Blanche. Double refus. Comment ? Mais ça a marché en Pologne ! Oui mais la Russie n'est pas la Pologne. Varsovie va entrer dans l'Otan ; Moscou est l'adversaire qui a perdu la guerre froide... Mes interlocuteurs adoraient Gorbatchev, ils se méfient de Eltsine. Ils ne sont pas mentalement prêts pour les réalités russes. Et puis, en 1992, les États-Unis sont en année électorale : pas question d'accorder aux Russes le moindre dollar. Dans vingt ans, quand les archives seront déclassifiées, on verra à quel point personne à l'époque n'a compris l'importance des enjeux[1]... ».

---

1. Entretien, Brazzaville, 25 juillet 2014.

En Russie, la situation économique continue de se dégrader.

Le gouvernement opte pour une thérapie de choc : « décongélation » des prix, suppression des droits de douane à l'importation, privatisations massives pour élargir ou entériner les opérations sauvages qui se multiplient. Aussitôt l'inflation devient vertigineuse, passant au cours du seul mois de janvier 1992 de 200 % à 2600 %. Les Russes dépensent leur épargne, les entreprises n'ont plus de trésorerie, les traitements des fonctionnaires et les transferts sociaux sont réduits. Le choc est profond, les conséquences durables. De 1990 à 1994, l'espérance de vie reculera de cinq ans pour les hommes et de trois ans pour les femmes. Le nombre de suicides augmentera de 53 %. La pauvreté s'étendra massivement : 23,8 % de la population vivra avec moins de deux dollars par jour en 1998 contre 2 % en 1989[1].

« Les années 1990, les années Eltsine… Quels souvenirs on en a ? C'était une époque heureuse… des années folles… une décennie épouvantable… le temps de la démocratie rêveuse… les désastreuses années 1990… un moment tout simplement béni… l'heure des grandes espérances… une époque féroce et abjecte… éclatante… agressive… des années d'effervescence[2]… »

L'ancien empire, disloqué, gronde aux frontières, les accrochages armés se multiplient. La situation dégénère

---

1. Joseph Stiglitz, *La Grande Désillusion*, Paris, Fayard, 2002, et Lionel Chamontin, *L'Empire sans limites*, éditions de l'Aube, 2014.
2. Svetlana Alexievitch, *La Fin de l'homme rouge*, *op. cit.*

en Tchétchénie où le Kremlin ne tarde pas à envoyer l'armée et les forces spéciales. L'opération s'enlise. La situation économique et sociale reste catastrophique, la pauvreté s'aggrave à vue d'œil. Le FMI exige des réformes de structures et refuse de faire crédit. Le président russe fait valser ses équipes et organise un référendum pour conforter sa légitimité. Le Parlement conteste ouvertement sa politique et dénonce les groupes mafieux qui l'entourent. En octobre 1993, des tanks tirent sur le siège de l'Assemblée, la « Maison blanche ». Bilan : cent cinquante morts. Eltsine reprend le dessus et impose une nouvelle Constitution qui accroît ses pouvoirs. Les libertés sont sacrifiées sur l'autel des réformes.

Pour dynamiser une économie qui survit à peine grâce à l'exportation de ses ressources naturelles, en particulier les hydrocarbures, le gouvernement s'attaque au chantier principal : les privatisations. Après soixante-dix ans de communisme, le terme ne fait pas encore partie du vocabulaire courant. Mais à Moscou, une expression va faire florès : « La privatisation à la Tchoubaïs : pour rien et très vite ! » Bientôt, l'humour moscovite répandra une autre saillie : « Quoi qu'il arrive, c'est toujours la faute à Tchoubaïs ! » L'économiste, que les connaisseurs décrivent comme un parangon de cynisme et d'habileté, survivra à plusieurs remaniements et même à la disgrâce. Ancien vice-gouverneur de Saint-Pétersbourg, il avait eu la bonne idée de faire venir au Kremlin un jeune lieutenant-colonel du KGB, un certain Vladimir Poutine. Sous son règne, Tchoubaïs deviendra président, de 2001 à 2008, du monopole national de distribution d'électricité avant de diriger un conglomérat d'État chargé du développement des nanotechnologies.

À l'époque, Anatoli Tchoubaïs a trente-huit ans et déclenche une première vague de privatisations. Les municipalités sont chargées de contrôler, tant bien que mal, la vente des commerces en tous genres. Les amateurs ne manquent pas : ils ne sont pas obligés de justifier l'origine des fonds. Fin 1994, cent dix mille magasins, restaurants, cafés et autres débits sont ainsi devenus propriété privée[1].

Comment procéder en revanche pour les grosses unités – le maquis des quelque six mille à sept mille entreprises d'État établies dans des secteurs divers ? Effrayés par l'instabilité politique et par l'improvisation avec laquelle procède le clan Eltsine, les investisseurs étrangers attendent d'y voir clair. Les autorités ne font rien pour les encourager. Mais les *nouvorichi* russes, qui ont accumulé des liquidités, cherchent des placements lucratifs à court terme. Constatant le succès d'une opération semblable expérimentée en Tchécoslovaquie, l'équipe Tchoubaïs a alors l'idée de lancer une distribution massive de bons, d'une valeur de dix mille roubles, destinés à être investis dans le capital des entreprises. En échange, chaque citoyen russe doit payer vingt-cinq roubles par bon. Plus de cent quarante-six millions de papiers sont ainsi distribués – une façon équitable, affirme le Kremlin, de partager la richesse nationale[2].

Seulement voilà : la plupart des Russes ne comprennent pas ce que peut être la propriété privée. Le plan

---

1. Georges Sokoloff, *Métamorphose de la Russie, 1984-2004*, *op. cit.*
2. *Ibid.*

ne fonctionne pas. Pour assurer leur survie au quotidien, ils se débarrassent de ces bons contre quelques billets en vrais roubles, une bouteille de vodka, des cigarettes ou des boîtes de conserve proposés par ceux qui ont compris l'ampleur de l'incroyable braderie ainsi offerte.

« C'est vrai, quarante millions de Russes haïssaient Tchoubaïs ! » conviendra, non sans complaisance, l'intéressé en donnant une rare interview à la télévision[1]. « En 1991-1992, la pénurie était telle qu'il y avait des émeutes pour le tabac et le pain. La famine menaçait. Les gens achetaient du papier toilette avec des bons de dix mille roubles ! Mais au moins chaque usine vendue était un clou dans le cercueil de l'Union soviétique. Ce n'était pas le prix qui avait de l'importance, mais bien la création d'une nouvelle classe d'entrepreneurs[2]. » Au responsable de la commission de la propriété publique qui le met en garde contre le climat pré-révolutionnaire créé par la disette, il aurait répondu : « Si trente millions de gens meurent parce qu'ils ne trouvent pas leur place dans l'économie de marché, tant pis : il y en aura toujours d'autres pour réussir[3] ! » Le vocabulaire russe s'enrichit d'un nouveau mot : la démocratie devient *merdocratsia* – « merdocratie ».

À l'époque, Marie-Hélène Bérard dirige l'équipe du Crédit commercial de France, qui après un appel d'offres faisait partie des conseils du ministère Tchoubaïs : « En 1992, avec ces coupons en main, les Russes pouvaient

---

1. Alexandre Gentelev, film documentaire *Rise and Fall of Russian Oligarchs*, 2006.
2. *Ibid.*
3. *Ibid.*

soit acquérir des parts des entreprises dans les ventes aux enchères organisées par l'État et les collectivités locales, soit les placer dans des fonds d'investissement, genre Sicav, ou bien les vendre. Les secteurs stratégiques étaient exclus, et les étrangers n'avaient pas le droit de prendre part aux opérations. C'est là où on vérifie la grande intelligence et le sens du risque de tous ces gens que je me refuse à qualifier d'oligarques : ces futurs chefs d'entreprise ont racheté à tout-va ces bons et ont acquis aux enchères, pour rien, des entreprises sclérosées, bourrées de dettes, dont personne ne voulait. Quand on les traite de profiteurs, favorisés par le régime, c'est faux. Ils ont été capables, eux, de saisir les opportunités et de développer des pans entiers d'activité. Tous n'ont pas réussi. Certains ont été ruinés[1]. »

En 1994, 60 % du PIB ressortit désormais au secteur privé, mais seuls 8 % des Russes sont devenus actionnaires des sociétés pour lesquelles ils travaillent. En moins de deux ans, près de la moitié des activités économiques ont été privatisées.

Ceux qui ont tiré le meilleur parti sont d'abord les cadres des entreprises concernées – des ingénieurs qui savent manier les chiffres et souvent des anciens du KGB.

« Le KGB et le FSB ? Ce sont aujourd'hui encore les meilleures écoles du pays, l'équivalent de votre ENA ou de l'Insead ! lance en souriant Ivan Krastev, politologue bulgare, l'un des meilleurs experts de l'ancien empire soviétique. N'oubliez pas que cette génération-là, qui l'avait servi, méprisait l'État soviétique et en connaissait mieux que quiconque les failles et les porosités. Ils ont

---

1. Entretien, Paris, 12 août 2014.

maîtrisé très facilement les subtilités de l'import-export, comme un certain Vladimir Poutine, lieutenant-colonel du KGB, à qui Anatoli Sobtchak, alors maire de Saint-Pétersbourg et son ancien professeur d'université, confie les relations économiques extérieures – en particulier les ressources et l'approvisionnement d'une ville qui ne peut plus compter sur un État central en faillite. Il s'en occupera de 1992 à 1996, au milieu des remous et de l'immense désordre du règne de Boris Eltsine, dont il rejoindra l'administration présidentielle sur recommandation de Sobtchak et de Tchoubaïs. Là, il passera aux choses vraiment sérieuses : les relations avec les régions, et le Service fédéral de sécurité, le redoutable FSB, successeur du KGB[1]. »

À l'époque, Khodorkovski est devenu un acteur financier de premier plan. Il fraye, lui aussi, avec le Kremlin. Conseiller économique du Premier ministre Ivan Silaev en 1991, il devient même en mars 1993, pour quelques semaines, adjoint au ministre du Pétrole et de l'Énergie. Pour autant, il ne cherchera jamais à faire partie de la « famille » – du clan qui entoure, protège et étouffe Eltsine, dont l'alcoolisme et les sautes d'humeur paralysent la lucidité.

Khodorkovski se méfie du système, mais il sait le mettre à profit. Il traite les nouveaux potentats avec largesse, les reçoit dans les plus beaux clubs privés qui surgissent à Moscou sous le contrôle des mafias ou dans les « datchas » appartenant à sa banque, Menatep, dans le quartier résidentiel de Roublevskoïe. Son groupe

---

1. Entretien, Berlin, 22 janvier 2014.

ne cesse de croître et accumule de gros bénéfices dans le commerce du pétrole, des céréales, des métaux et du sucre. Les comptes off shore facilitent les cadeaux – *vzyat* ou *kapousta* – aux hauts fonctionnaires compréhensifs.

Khodorkovski est au cœur du troc pétrole contre sucre avec Cuba, et explore avec avidité le monde du business à l'américaine. Il noue des relations d'affaires avec Marc Rich, l'as du négoce de matières premières, qui sera bientôt extradé des États-Unis et se réfugiera en Suisse. Avant les autres oligarques, il comprend qu'il lui faut organiser et internationaliser ses affaires pour être moins tributaire de la décomposition ambiante. Dès 1994, le groupe s'affiche sur une pleine page du *Wall Street Journal* et du *New York Times*. Coût : un million de dollars. Khodorkovski commande un audit à Arthur Andersen. Avec une certaine candeur, il confie à un journaliste de télévision américain : « La loi russe nous a permis de faire des choses qui seraient impensables dans le monde du business à l'occidentale[1]. »

En 1995, le gouvernement russe engage une nouvelle phase de privatisations. À court de ressources, il ne peut creuser davantage le déficit du budget fédéral et ne parvient plus à payer les arriérés de salaire des fonctionnaires, des militaires et les pensions des retraités. Les capitaux fuient, la spéculation sévit. Le Kremlin décide de mettre aux enchères des participations dans les conglomérats de l'énergie, des métaux

---

1. Mark Hollingsworth et Stewart Lansley, *Londongrad...*, *op. cit.*

et des télécommunications. Grâce à l'opération « prêts contre actions », les banques privées qui ont surgi en nombre sans autorité de contrôle vont accorder à l'État des crédits gagés sur des participations importantes ou majoritaires dans les meilleures industries du pays prenant ainsi le contrôle de pans entiers de l'économie.

C'est à ce moment-là que Mikhaïl Khodorkovski va réussir son coup le plus spectaculaire.

Il obtient du gouvernement que sa banque soit chargée de procéder à la privatisation de la deuxième compagnie pétrolière de Russie, Ioukos. Puisque la méthode retenue est la mise aux enchères, plusieurs consortiums déposent des offres. La banque Menatep n'en tient pas compte et s'attribue à elle-même pour une somme inférieure – trois cent cinquante millions de dollars – une entreprise qui, deux ans plus tard, pèsera en Bourse neuf milliards de dollars.

À la fin de 1995, le patron de Menatep, qui gère les fonds collectés pour les victimes de Tchernobyl et compte aussi plusieurs clients officiels comme la ville de Moscou et le ministère des Finances, crée sa propre holding[1]. Le groupe, dénommé Rosprom, contrôle désormais une quarantaine d'entreprises et détient des participations dans une bonne centaine d'autres.

Milhaïl Khodorkovski a trente-deux ans. Il n'a plus de moustache, ses lunettes sont plus fines. À le voir, cependant, il n'a rien du nouveau riche – « l'allure d'un étudiant soucieux de réussir son doctorat », écrira Paul

---

1. Paul Klebnikov, *Parrain du Kremlin. Boris Berezovski et le pillage de la Russie*, Paris, Robert Laffont, 2001.

Klebnikov, le correspondant du magazine américain *Forbes* à Moscou[1]. Il a divorcé et s'est remarié avec Inna. Ils auront trois enfants. Le couple n'aime pas le luxe ostentatoire : pas de voitures ni de mises extravagantes, simplement une grosse maison dans le parc résidentiel où habitent aussi ses principaux collaborateurs.

Le siège du groupe, en revanche, affiche sa puissance : une sorte de château de style victorien en plein centre de Moscou entouré d'un mur fortifié et gardé par une pléthore de gardes armés en bottes et uniforme noir[2]. L'ambiance est quasi militaire. À l'époque, chaque conglomérat industriel et financier crée son propre mini-KGB. D'innombrables membres des anciens services de sécurité soviétiques (KGB, GRU, MVD, etc.) se sont reconvertis dans le « service » au secteur privé. « La Russie d'Eltsine reste un état policier, mais un état privatisé ! » remarque Klebnikov[3].

Les méthodes de Mikhaïl Khodorkovski illustrent les mœurs du moment. « Il se met en défaut de paiement pour des crédits de deux cent cinquante millions de dollars, change le lieu des assemblées générales à la dernière minute, fait paniquer ses actionnaires en envoyant des grosses sommes sur des comptes off shore et dilue leurs parts lors de soudaines augmentations de capital. Et lorsque la justice ouvre une enquête sur sa banque, un camion plein d'archives coule mystérieusement dans la Doubna[4]. »

---

1. *Ibid.*
2. Mark Hollingsworth et Stewart Lansley, *Londongrad...*, *op. cit.*
3. Paul Klebnikov, *Parrain du Kremlin...*, *op. cit.*
4. Serge Michel, « Les trois vies de Khodorkovski », art. cit.

UN PARCOURS EXEMPLAIRE

Khodorkovski veut consolider son empire et protéger sa fortune qui atteint maintenant plusieurs milliards de dollars. Comme tous ses congénères, il répugne à payer le moindre impôt. Avec l'aide de conseillers financiers européens, il va exporter la plupart de ses avoirs dans des paradis fiscaux et les convertir en devises plus fiables que le rouble. Sa banque Menatep, enregistrée à Gibraltar, n'y dispose que d'une boîte postale. Elle n'en demeure pas moins l'établissement préféré des notables du Kremlin et des services de renseignement. Une enquête du Congrès américain décrira dès 1999 les opérations de blanchiment conduites par Menatep au profit du KGB[1].

Quelques années plus tard, Mikhaïl Khodorkovski livrera sans fioritures sa philosophie des affaires à la journaliste Chrystia Freeland : « Tout le monde bénéficiait des mêmes conditions au départ. N'importe qui pouvait réussir. Si un type n'est pas devenu oligarque à ce moment-là, c'est qu'il avait quelque chose qui clochait[2]. »

Il sera encore plus explicite dans la lettre étonnante qu'il adressera, près de vingt ans plus tard, à Lioudmila Oulitskaïa, l'une des romancières les plus connues de Russie[3]. Il y décrit la façon dont il a vécu les années

---

1. Mark Hollingsworth et Stewart Lansley, *Londongrad...*, op. cit.
2. Chrystia Freeland, *Plutocrats. The Rise of the New Global Super-Rich and the Fall of Everyone Else*, New York, Penguin Books, 2012.
3. Lioudmila Oulitskaïa sera poursuivie en février 2014 pour propagande homosexuelle – elle avait édité une série de livres pour enfants sur les traditions familiales dans le monde.

Eltsine – cette période folle pendant laquelle une poignée d'hommes, à commencer par lui, dépeçaient le pays :

« Boris Nikolaïevitch (Eltsine) était une personnalité. Un monolithe. Un vrai tsar russe avec tous les avantages et les inconvénients qui vont de pair. Il a fait beaucoup de bonnes choses et beaucoup de mauvaises aussi. Quelqu'un d'autre aurait-il pu transformer la Russie de manière plus efficace ? Sans un "thermidor[1]", sans nouvelle période de stagnation, sans le retour des "camarades des organes", autrement dit des services secrets, sans la guerre en Tchétchénie, sans l'assaut de la Maison Blanche[2] ? Certainement. Mais nous n'avons pas réussi. Non pas "lui", Eltsine – aucun d'entre nous. Lorsque nous avons fait connaissance, j'avais vingt-trois ans... À l'époque de Gaïdar, je n'avais aucune idée de la façon de transformer le pays sur le plan historique, mais j'avais une vision de la transformation possible de l'économie. J'ai été un partisan de la création et de la privatisation, non pas des petites entreprises, mais de grands complexes de recherche et d'industrie type Gazprom. Au gouvernement, on appelait ça une politique industrielle active – pas seulement la création d'entreprises, mais aussi la manière de fixer leurs objectifs. Quand mes idées n'ont pas plu à la "cour", je suis parti, non sans les avertir que j'allais utiliser leurs lois idiotes – à commencer par l'échange des bons contre des espèces. […] Plus tard – c'est sans doute à la limite de l'admissible –

---

1. Khodorkovski fait référence à la chute de Robespierre le 9 thermidor (27 juillet 1794), qui scelle la fin de la Terreur. Le terme « thermidor » peut désigner en russe une contre-révolution.

2. En octobre 1993, Boris Eltsine a ordonné l'assaut de l'armée contre le Parlement.

j'ai utilisé les lacunes de la loi. J'ai toujours expliqué personnellement aux membres du gouvernement quelles étaient les lacunes que j'avais trouvées dans la législation et comment je les utilisais. Oui, c'était ma petite vengeance, peut-être un péché de vanité. Mais je dois dire qu'ils se sont comportés correctement, colmatant les trous avec de nouveaux règlements, mais sans jamais m'accuser de tricherie. C'était une joute permanente. À la fin, ai-je eu raison ? Je n'en suis pas sûr. D'une part, j'ai objectivement réussi à relancer l'industrie. Mais d'autre part, je n'ai cessé d'asticoter un gouvernement qui n'était pas si mauvais que ça. J'ai réinvesti tout l'argent que j'ai pu gagner. Je ne me suis pas enfui à l'étranger, et je n'ai pas permis à mes collaborateurs de le faire. Mais en même temps je n'ai pas vraiment pensé aux autres, à ma responsabilité sociale plus large. La façon de prendre et de redistribuer les sociétés était-elle brutale ? En fait, c'était amusant. Les affaires, je les regardais comme un jeu, c'est tout. Il fallait gagner[1]... »

En 1997, conseillé par un Britannique, Stephen Curtis, qui périra mystérieusement quelques années plus tard dans un accident d'hélicoptère, Khodorkovski restructure le groupe Ioukos en une myriade de sociétés enregistrées à Gibraltar, à l'île de Man, aux Caïmans, en Irlande ou encore au Liberia. Des intermédiaires alimentés en liquide sont chargés de faciliter les affaires en gratifiant en Europe

---

1. Lettre de Mikhaïl Khodorkovski à Lioudmila Oulitskaïa, 5 juin 2009, citée sur http://khodorkovski.blogspot.fr/2010/09/lioudmila-oulitskaia-et-mikhail.html.

et ailleurs tous ceux qui peuvent se révéler utiles. Un bureau à Genève abrite l'ensemble, mais les entités juridiques demeurent distinctes. L'architecture du réseau et les flux financiers qu'il génère deviennent impénétrables[1].

Le système permet d'éviter de payer les taxes mais aussi de diminuer les dividendes versés aux actionnaires minoritaires – des fonds occidentaux, voulant profiter eux aussi de la grande braderie, ont commencé à investir massivement en Russie. Le plus important est le Hermitage Capital Management créé par Bill Browder en partenariat avec Edmond Safra – le banquier d'origine libanaise mort asphyxié dans son appartement de Monaco en 1999.

« Quand je suis arrivé pour la première fois en Russie en 1996, c'était comme le Far West – un désordre complet, pas de règles, aucune visibilité, raconte aujourd'hui Bill Browder. Une vingtaine de types se sont lancés dans ce "vacuum" – ils en ont tiré parti et volé à leur profit 40 % au moins de la richesse nationale. Ils ont ainsi concentré entre leurs mains l'essentiel du pouvoir économique et politique, alors que cent quarante-cinq millions de Russes étaient plongés dans la misère et le désespoir[2]. »

La Russie, ou plutôt l'Union soviétique, hante la famille : le grand-père de Bill, earl Russell Browder, fut la grande figure du parti communiste américain à la fin des années 1930, maître espion à la solde de Moscou, deux fois candidat à l'élection présidentielle, et brièvement emprisonné au moment du pacte germano-soviétique.

Le petit-fils, lui, maîtrise parfaitement le capitalisme financier : il prend des participations minoritaires dans

---

1. Mark Hollingsworth et Stewart Lansley, *Londongrad…*, *op. cit.*
2. Entretien, Paris, 3 avril 2014.

les groupes ou les banques de ces oligarques, enquête sur leurs pratiques, les encourage à les régulariser, les promeut auprès des médias occidentaux et fait ainsi monter leur cours en Bourse. La démarche n'est pas sans risques – il vit à l'époque entouré de ses quinze gardes du corps, mitraillette AK-47 en bandoulière –, mais le financier et ses clients vont emporter jusqu'à trente fois leur mise[1].
Il faut aimer les toboggans : l'action Ioukos passera de six dollars à huit cents sous l'effet des manœuvres frauduleuses du groupe, mais aussi de la crise mondiale[2].

En 1998, la Russie subit une secousse financière sans précédent. Le pays devient insolvable. Pour colmater les brèches, le FMI envoie 4,8 milliards de dollars – qui disparaissent avant d'atteindre Moscou. La banque Menatep n'y serait pas étrangère. L'ascension éclair de son fondateur ne s'est pas faite sans coups tordus. L'ancien officier du KGB chargé de la sécurité de la banque puis du groupe pétrolier, Alexeï Pitchouguine, sera même accusé de plusieurs meurtres, dont celui d'un élu local hostile à l'extension d'un champ pétrolifère, liquidé le jour de l'anniversaire du patron, en juin 1998[3].

Dans sa lettre à Lioudmila Oulitskaïa, Mikhaïl Khodorkovski racontera à sa façon le krach de 1998 :
« Ce fut une catastrophe. Le prix du pétrole était de huit dollars le baril, et le coût de production s'élevait à douze dollars. Il n'y avait pas d'argent pour

---
1. *Der Spiegel Online*, 17 mars 2013.
2. Mark Hollingsworth et Stewart Lansley, *Londongrad...*, *op. cit.*
3. *Le Monde*, 23 décembre 2013.

rembourser les dettes, et il n'y avait pas d'argent pour les salaires. Les gens n'avaient rien à manger et j'étais personnellement responsable. Plus personne dans le pays ne voulait acheter de pétrole et l'exportation était bloquée. Personne ne payait ses factures. Les banques à qui nous devions de l'argent avaient menacé de bloquer nos comptes à l'étranger. En Russie, les banques n'exécutaient plus aucun paiement. […] Vous arrivez au guichet – les gens ne crient pas, ils ne font pas la grève – ils comprennent. Ils tombent par manque de nourriture. Surtout les jeunes qui n'ont pas de datcha à la campagne ou ceux qui ont des petits enfants. Et les hôpitaux,… Nous avions l'habitude d'acheter et d'expédier des médicaments pour le traitement de nos employés, mais il n'y avait plus d'argent. L'essentiel était la compréhension sur leurs visages. Des gens qui disaient simplement : "Nous ne nous attendions à rien de bon. Merci d'être venu ici et de nous parler, nous ferons face à la situation…" Il n'y a pas eu de grève après août 1998. Suite à cela, mes règles de vie ont commencé à changer. Je ne pouvais plus juste être un "directeur". En 2000 nous avons fondé "Russie ouverte"[1]. »

L'homme le plus riche de Russie s'est découvert une conscience sociale – il voit surtout que les temps évoluent. S'il veut continuer à internationaliser ses activités, attirer les investisseurs et devenir un acteur majeur du secteur pétrolier, il doit changer ses méthodes et son image. Le magazine britannique *The Economist* l'écrit

---

[1]. Lettre de Mikhaïl Khodorkovski à Lioudmila Oulitskaïa, 5 juin 2009, blog cité.

crûment : « Khodorkovski est le premier des tycoons de l'ère Eltsine à avoir compris qu'il y a encore plus d'argent à faire en jouant selon les règles[1]. »

Il se met à payer des impôts, rapatrie des avoirs, paie des dividendes et publie les comptes de ses sociétés. Il améliore les services sociaux dans ses sites d'exploitation pétrolière. Les actions du groupe en bénéficient. Il confie les comptes du groupe à McKinsey, la technique à Schlumberger et les relations publiques à une firme de Washington, APCO Worldwide. Ses conseillers américains en communication lui suggèrent de créer une fondation sur le modèle de l'Open Society Foundation de George Soros, associant philanthropie et formation de la société civile dans certains pays post-communistes.

Russie ouverte est lancée en grande pompe à Londres en décembre 2001, puis à Washington en septembre 2002 devant l'élite du monde politique et des affaires. Le président de la Banque mondiale, James Wolfensohn, prononce le discours inaugural. Henry Kissinger et lord Jacob Rothschild, proche du prince Charles, entrent au conseil d'administration. La fondation finance en Russie des expositions, des musées et un centre d'éducation civique pour les jeunes. À l'étranger, Mikhaïl Khodorkovski distribue ses largesses à des bonnes œuvres qui l'accréditent dans les milieux d'influence anglo-saxons et à des centres d'analyse politique comme le Foreign Policy Center, proche de Tony Blair, International Crisis Group à Bruxelles ou le Council on Foreign Relations à New York. Il a sa photo à la Maison Blanche avec George W. Bush. Cinq Américains entrent au conseil de Ioukos,

---

1. *The Economist*, 21 mai 2005.

aux côtés de quatre Français, dont Bernard Lozé, l'un des premiers financiers étrangers à s'y être risqué, et Jacques Kosciusko-Morizet, ancien vice-président du Crédit Lyonnais[1]. Responsable du comité d'audit, ce dernier témoignera dix ans plus tard de la régularité des procédures devant la Cour d'arbitrage de La Haye[2].

Sans demander l'aval du Kremlin, Khodorkovski veut faire de son groupe un poids lourd du pétrole mondial. Lors d'une conférence à Houston, en 2002, il propose la construction d'un terminal géant à Mourmansk pour approvisionner directement les États-Unis. Il caresse aussi l'idée d'un pipeline vers la Chine, en concurrence avec le tracé prévu par la compagnie nationale russe. Il entreprend des négociations avec Chevron pour faire entrer le groupe américain à son capital.

Vladimir Poutine n'apprécie pas. L'ancien officier du KGB a réussi au Kremlin un parcours éclair, passant directement en août 1999 de la direction de la Sécurité au poste de Premier ministre. Il a eu raison de Iouri Skouratov, le procureur général de Russie, qui avait le mauvais goût d'enquêter sur les malversations financières du clan présidentiel, et qui sombrera dans une affaire de mœurs habilement orchestrée. Face au désastre des combats en Tchétchénie, déclenchés pour tenter de venir à bout des séparatistes, et des attentats, manipulés ou non, qui ensanglantent Moscou, Poutine entend incarner l'ordre auquel aspirent les populations. Il mesure aussi l'emprise

---
1. *L'Express*, 6 novembre 2003.
2. Entretien, Paris, 9 août 2014.

des oligarques, les jeux d'influence, la corruption étalée sans pudeur, l'exaspération de l'opinion face aux clans et aux cliques – il a fait son chemin en leur sein.

Quand, en mai 2000, à quarante-sept ans, il succède à Boris Eltsine à la tête de la Fédération de Russie, il connaît son monde et sait à qui il a affaire. Dès le mois de juillet 2000, deux mois après son intronisation, il signifie aux oligarques qu'ils peuvent conserver leur fortune à condition de ne plus se mêler de politique.

Mikhaïl Khodorkovski a quarante ans. En moins de dix ans, il est devenu l'homme le plus riche de Russie, détenteur de la seizième fortune mondiale selon le classement du magazine *Forbes*. Ioukos pèse quarante milliards de dollars en Bourse et produit plus de pétrole que le Qatar. Sa fortune personnelle s'élève à quinze milliards de dollars. La rumeur court à Moscou qu'il contrôlerait un tiers des députés de la Douma, appartenant à diverses formations politiques[1]. Il annonce son intention de s'éloigner des affaires d'ici à 2007 – un an avant la prochaine élection présidentielle. C'en est trop pour Vladimir Poutine.

En février 2003, comme chaque année, le président russe reçoit au Kremlin une délégation des hommes d'affaires les plus puissants du pays. Mikhaïl Khodorkovski est leur porte-parole. Quelques mois plus tard, il est envoyé au bagne. Il y restera dix ans.

---

1. *Le Monde*, 23 décembre 2013.

4

Gagnants et perdants

« Si on parle des années 1990... Je ne dirais pas que c'était une belle époque. Non, c'était une époque épouvantable. Il s'est produit dans les esprits un virage à cent quatre-vingts degrés... Certains ne l'ont pas supporté et ont perdu la raison, les hôpitaux psychiatriques étaient bondés. Je suis allée voir un ami là-bas... Il y en avait un qui criait : "Je suis STALINE ! Je suis STALINE !" Et un autre : "Je suis BEREZOVSKI ! Je suis BEREZOVSKI !" Tout le service était rempli de Staline et de Berezovski[1]... »

Splendeur et décadence. Lui qui avait été le premier milliardaire de Russie, le premier à faire une immense fortune avant Khodorkovski et tous les autres, le voilà qui n'avait plus qu'un seul garde du corps, un Israélien, un ancien du Mossad, faisant aussi office de chauffeur. C'est cet homme qui l'a retrouvé pendu, un matin de mars 2013, dans une salle de bains de son manoir d'Ascot, en Angleterre.

---
1. Svetlana Alexievitch, *La Fin de l'homme rouge*, op. cit.

Suicide ou assassinat ? Boris Berezovski, alias Platon Elenine – le nom qu'il s'était choisi pour un nouveau passeport octroyé par les autorités britanniques en 2003 –, avait traversé tous les tumultes et les soubresauts de la Russie post-communiste. Brillant, rusé, flamboyant, une force de la nature, génial pour les uns, mythomane pour les autres, faiseur de tsars et complice d'assassins, le premier oligarque à émerger des années 1990 était poursuivi par les justices russe et française. Il s'était réfugié à Londres, car à sa façon il voulait la protection de la règle de droit. Il y croyait si bien qu'il avait intenté un procès à un autre milliardaire russe, Roman Abramovitch, un garçon qui, disait-il, l'avait spolié après avoir bénéficié de sa protection, un blanc-bec auquel il avait tout appris. Ce procès, il venait de le perdre, et il était ruiné.

Berezovski méprisait l'État, ou plutôt ceux qui prétendaient l'incarner, mais il en avait recherché les honneurs avec avidité. L'argent ne lui suffisait pas ; l'accumuler était un gage de pouvoir.

« J'ai compris assez vite, racontera-t-il en 2006 au documentariste Alexandre Gentelev, que le meilleur des investissements, de loin le plus rentable, ce n'est pas le business : c'est la politique ! Et il ajoutait, sourire en coin : Je n'ai jamais prétendu avoir des préoccupations altruistes[1]... »

Dans les années folles, à la fin du siècle dernier, le Kremlin, avec le clan Eltsine, avait été surnommé la « Famille ». Berezovski y avait joué son rôle au point

---

1. Alexandre Gentelev, *Rise and Fall of Russian Oligarchs*, op. cit.

d'en incarner les excès, et la dérive. Le « parrain du Kremlin », avait titré à son sujet, en février 1997, le magazine *Forbes*, qui estimait sa fortune à trois milliards de dollars. Il n'en avait pas aimé la connotation mafieuse et avait porté plainte à Londres pour diffamation – avec succès.

Mort à soixante-sept ans, Berezovski a connu un destin si fulgurant qu'il a inspiré plusieurs romans, dont le dernier SAS de Gérard de Villiers *La Vengeance du Kremlin*, et même un film – *L'Oligarque*, en français « Un nouveau russe », de Pavel Lounguine. Sortie en 2002, cette évocation plutôt flatteuse de l'ascension d'un jeune professeur qui réussit dans les affaires au point de menacer le pouvoir avait battu tous les records d'affluence en Russie. Le rôle de Berezovski était tenu par l'acteur russe le plus sexy du moment, Vladimir Machkov. Ce n'était pas pour déplaire à Boris qui, malgré son charme et son succès auprès des femmes, se trouvait petit, replet et chauve depuis trop longtemps. Et il aimait que le héros affichât un patriotisme sans faille, préférant la prison à l'exil.

Boris Abramovitch Berezovski naît à Moscou en 1946 dans une famille juive d'origine modeste. Ni son père, ingénieur du bâtiment, ni sa mère infirmière ne sont membres du parti communiste. « Je ne faisais pas partie de l'élite, racontera-t-il plus tard à des journalistes londoniens réunis au Frontline club. Je suis juif. J'étais confronté à toutes sortes d'empêchements, j'en suis parfaitement conscient[1]. »

---

1. Mark Hollingsworth et Stewart Lansley, *Londongrad...*, *op. cit.*

Le jeune Boris se révèle si doué en mathématiques qu'il devient lauréat de l'université de Moscou. Pourtant, il ne peut entrer à la faculté de physique – la cinquième colonne de son passeport mentionne : « nationalité juive ». Il étudie à l'Institut du bois de Moscou et obtient un doctorat à l'Institut de science et technologie en soutenant une thèse d'État en cybernétique technique et théorie de l'information : « Le développement des principes fondamentaux des décisions d'algorithme et leurs applications ». Il y passera près de vingt ans, impressionnant son monde par son ambition dévorante, son énergie et sa capacité à innover dans des sujets aussi variés que les théories de l'optimisation et les systèmes informatiques pour l'industrie. En 1991, il quitte l'université et devient membre correspondant de l'Académie des sciences – un titre honorifique dont il sera fier toute sa vie.

« C'était un générateur d'idées, raconte Vladimir Grodski, un ancien camarade d'université. Il formulait tout ce qui lui venait à l'esprit. Une moitié de son raisonnement ne tenait pas debout mais l'autre moitié était géniale[1]. »

« J'étais pleinement heureux en Union soviétique, racontera Berezovski lui-même, parce que je faisais ce que j'aimais le plus. Mais cette vie a pris fin en 1989, quand les salaires n'ont plus été payés à l'Institut. J'ai ressenti alors, dans l'air, une sorte d'incertitude, de menace. La vie n'avait plus d'agrément[2]. »

S'il rêve encore du prix Nobel, la perestroïka de Mikhaïl Gorbatchev lui offre d'autres opportunités. Fini les sciences

---

1. David Hoffman, *The Oligarchs : Wealth and Power in the New Russia*, New York, Public Affairs, 2002.
2. Alexandre Prokhanov, « S Berezovskim v London », *Zavtra.ru*, n° 40, 1ᵉʳ octobre 2002.

dures, place aux affaires. Il commence par vendre des logiciels qu'il a conçus pour le Comité d'État, et gagne son premier million de roubles. De quoi mieux vêtir les deux filles qu'il a eues très jeune, et pour lesquelles il n'avait pas les moyens d'acheter des manuels scolaires. Plus tard il les enverra étudier à Cambridge, en Grande-Bretagne.

En 1981, il est arrêté par la police au Daghestan pour « spéculation sur linge de maison » et reste dix jours en détention provisoire – bricolage de jeunesse[1]. Il va passer à une activité plus lucrative : l'importation de voitures – des Mercedes d'occasion qu'il va acheter dans les deux Allemagne. Puis lui vient la bonne idée : connecter son expertise et ses réseaux dans le milieu de l'informatique au plus grand groupe automobile soviétique, AvtoVaz, le constructeur des Lada, basé à Togliatti.

À quarante-trois ans, Boris Berezovski fonde sa compagnie, LogoVaz, et prend en charge la distribution des voitures dont il partage les profits avec le directeur de l'usine – ce dernier, nommé à l'époque soviétique, a compris comme tant d'autres que les temps avaient changé. La société procède à de fausses exportations et vend sur place, à perte, quand l'inflation atteint 2 000 % par an. Berezovski devient alors le concessionnaire officiel de Mercedes, Fiat et Volvo, créant de fait le premier marché automobile du pays. Sa société produit la Jigouli, une petite Fiat version russe. Il propose à General Motors de monter une autre entreprise, financée en partie par des actions proposées au public, mais General Motors, flairant l'arnaque, se retire et le projet s'effondre.

---

1. « Kak Boris Abramovič pololsja na pokryvalax », *Trud*, 20 février 2001.

Comment se protéger quand on commence à rouler sur l'or ? Pour assurer sa *krycha* – sa protection, son « toit », selon l'expression consacrée –, Berezovski s'attache les services des Tchétchènes qui contrôlent à l'usine les lignes de production des Lada. À l'aune des bandes criminelles qui fleurissent dans Moscou, ce sont les plus brutaux et les plus craints. En 1993, un gang rival tente de surenchérir et d'imposer ses services. Résultat : trois morts et six blessés dans une fusillade devant le hall d'exposition de Logovaz, sur Lenin Prospekt, près du cinéma Kazakhstan, au cœur de Moscou. Neuf mois plus tard, la Mercedes 600 de Berezovski explose en pleine rue. Son chauffeur est tué sur le coup, son garde du corps y laisse un œil, lui en réchappe avec quelques brûlures. Du coup, il se convertit à la religion orthodoxe et se fait baptiser – on n'est jamais trop prudent. D'après diverses sources, le commanditaire de l'attentat aurait été Sergueï Timofeev, surnommé « Silvestre », le chef du redoutable gang d'Orekhovsko – lui-même victime un peu plus tard de l'explosion de sa propre voiture.

« C'est à ce moment-là que Boris a compris que l'argent n'était pas tout dans la vie et qu'il devait s'intéresser à la politique... Il me disait : "Une fois mort, plus personne n'a besoin d'argent !" », raconte aujourd'hui Iouli Doubov, l'auteur de *Bolchaïa Païka*, « la part du lion », le livre qui inspira le film de Pavel Lounguine[1]. Réfugié à Londres depuis 2002, Doubov est resté jusqu'à la fin de Berezovski l'un de ses plus proches compagnons, et la troisième personne à arriver sur les lieux de sa mort.

---

1. Entretien, Londres, 20 février 2014.

Chercheurs dans les mêmes disciplines, ils s'étaient rencontrés en 1972 à l'Académie des sciences. « Vingt ans plus tard, en 1992, j'étais encore professeur et mon salaire suffisait à peine à acheter deux kilos de saucisses. J'ai accepté l'offre de Boris de le rejoindre à LogoVaz, dont je suis devenu directeur général. On n'était pas vraiment intimes – mais Boris détestait la solitude, il avait sans arrêt besoin d'être entouré, d'avoir du monde autour de lui, de s'agiter, de téléphoner, de se rendre indispensable à ceux qui l'intéressaient. Et tous les moyens étaient bons pour être au centre de toutes les attentions[1]. »

En 1995, le service de sécurité de LogoVaz, qui assure entre autres celle de Berezovski, devient une structure indépendante et privée renommée Atoll-1. Le patron, Sergueï Iourevitch Sokolov, expliquera un jour à la télévision, non sans fierté, l'arsenal des méthodes employées par ses hommes : les armes, bien sûr, dont le fusil d'assaut américain M 16, l'espionnage, la fabrication de dossiers et de vidéos à fin de chantage, et s'il le faut, la participation à des opérations armées de plus grande envergure comme en Tchétchénie. Sokolov a été placé auprès de Berezovski par un homme qui va jouer un rôle clé dans la vie de ce dernier, contribuant autant à l'accumulation de ses richesses qu'à la disparition de sa fortune : Badri Patarkatsichvili.

« Badri et Boris étaient extrêmement proches, raconte Iouli Doubov. Il y avait plus que de la confiance entre eux. Badri aimait Boris, il avait du respect pour lui. Quand Boris a commencé à s'éloigner du business pour s'activer en politique, c'est à Badri qu'il a confié la

---
1. *Ibid.*

gestion de toutes ses affaires. Sans contrat bien sûr, sans aucun papier ! Ça ne se fait pas dans ce monde-là ! Pas à l'époque en tout cas ! Boris ne s'intéressait pas aux détails. Quant au business... pas plus d'un ou deux jours d'affilée. Il s'impliquait sporadiquement dans telle ou telle activité. Ce qui l'intéressait, c'était d'imaginer des coups. À Badri de les mettre en musique. À partir de 1995, lui seul maîtrisait l'ensemble[1]. »

Qui était donc Badri ? Doubov sourit dans sa barbiche blonde. Il vit petitement à Londres, travaille à un autre livre, ne fraye pas avec les Russes si nombreux là-bas, sauf les intellectuels, dit-il, et reste prudent. Il est des morts dont le fantôme menace encore.

« Qui était Badri ? Un géant... »

Un géant de l'ombre qui finira fracassé lui aussi dans la lumière.

Badri Patarkatsichvili est né à Tbilissi, en Géorgie, dans une famille juive. Fidèle à son appartenance, cultivé, il contribuera toute sa vie à la cause sioniste et à ses œuvres. Inscrit au Komsomol, le jeune Badri démarre dans les stations d'essence, contrôlées par les mafias dont il apprend à utiliser les services, s'approprie une usine textile dès que la perestroïka atteint Tbilissi puis se lance dans la distribution automobile dans le Caucase. Monté à Moscou avec l'aide des réseaux géorgiens – leurs activités criminelles rivalisent avec celles des Tchétchènes –, il entre chez LogoVaz en 1992 avec le titre d'adjoint du directeur général, rencontre Boris Berezovski et ne le quittera plus.

---

1. *Ibid.*

Autant son compère est vif-argent, sautant d'une idée et d'un projet à l'autre, autant Badri est secret, taiseux et minutieux dans la conduite des affaires. La complémentarité entre eux va faire leur fortune.

À quarante-huit ans, Berezovski estime que le moment est venu de se ranger des voitures. Son banquier s'appelle Mikhail Khodorkovski. Avec l'appui de Menatep, il se lance sur le marché des matières premières et détache LogoVaz du constructeur automobile AvtoVaz. Il vend la société à des Suisses, monte plusieurs compagnies financières abritées dans différents paradis fiscaux et s'intéresse à Aeroflot, la compagnie aérienne en pleine déconfiture : deux de ses sociétés basées en Suisse en assurent l'ingénierie financière. Il internationalise ses activités et part en Israël obtenir un second passeport au moment où la Russie ouvre grand ses frontières à tous les Juifs qui désirent changer de vie.

Berezovski, lui, n'aime que le monde russe. D'autant qu'il a désormais ses entrées au Kremlin où Boris Eltsine règne depuis trois ans. De plus en plus instable et porté sur l'alcool, le président se méfie du vieil appareil du KGB et préfère s'entourer d'hommes d'affaires dont la servilité le rassure.

Berezovski connaît bien Piotr Aven, fils d'un mathématicien qu'il admire et collaborateur un temps de LogoVaz. Le jeune Aven a été ministre du Commerce extérieur dans le premier gouvernement Eltsine avant de se faire élire à la Douma puis de rejoindre, sous prétexte de le superviser, Alfa Group, le conglomérat que Mikhaïl Fridman est en train d'édifier et qui va devenir l'un des plus importants du pays. Pour cette génération de brillants opportunistes, les affaires mirifiques qu'ils peuvent réaliser dans le désordre ambiant vont à la fois les lier et les opposer à jamais, entrelacs d'accords informels – rien n'est jamais écrit –, de coups tordus et de retournements d'alliance sous protection armée.

Fin 1993, Piotr Aven présente à Berezovski Valentin Ioumachev, un ancien journaliste d'*Ogoniok*, qui écrit les discours d'Eltsine et fait la cour à la fille préférée de ce dernier, Tatiana, qu'il épousera. Ioumachev cherche un partenaire pour éditer les mémoires d'Eltsine. Berezovski a l'idée de faire imprimer l'ouvrage en Finlande. Comme le président se plaint du faible montant de ses droits d'auteur, les deux compères alimentent son compte en banque personnel à Londres en prétendant qu'il s'agit du fruit des ventes de l'ouvrage. Fin 1994, le crédit s'élèvera à trois millions de dollars et, chaque mois, Ioumachev apportera à Eltsine les intérêts en argent comptant[1]. Pour remercier son nouvel ami Berezovski, Eltsine le parraine au sein de son club de tennis privé, le Club présidentiel, qui réunit hauts fonctionnaires et membres influents du gouvernement. C'est là que l'homme d'affaires rencontre le général Alexandre Korjakov, issu du KGB, directeur de cabinet du président.

« On ne le prenait pas au sérieux, racontera celui-ci quelques années plus tard. On avait tort. C'était un gros malin qui manipulait tout le monde[2]. » « Il avait identifié

---
1. Paul Klebnikov, *Parrain du Kremlin...*, *op. cit.*
2. Alexandre Gentelev, *Rise and Fall of Russian Oligarchs*, *op. cit.*

le maillon faible : les femmes – l'épouse d'Eltsine et surtout sa fille Tatiana, qu'il couvrait de cadeaux. Des bijoux, des voitures de luxe, de l'argent[1]... »

« Berezovski était très drôle à voir, raconte Marina Ioudenitch, qui travaillait dans l'équipe présidentielle. Il s'installait dans la salle d'attente du président sans avoir de rendez-vous, et s'agitait au téléphone pendant des heures... Il voulait absolument être vu au Kremlin[2] ! »

Un autre observateur sera plus cruel. Aleksander Lebed, général d'armée, héros de la guerre d'Afghanistan, qui rêve d'un destin politique et dénonce la corruption ambiante, précise : « Ce parfait représentant de la clique au pouvoir ne se contente pas de voler. Il veut que chacun voie qu'il le fait en toute impunité[3]... »

Berezovski a réussi : il fait désormais partie de la « Famille ». Au banquet des bonnes affaires, il peut se servir parmi les premiers.

« Le degré de corruption était simplement à l'échelle du changement, expliquera-t-il plus tard. Rendez-vous compte : en 1991, l'État était propriétaire de la Russie à 100 %. En 1994, 75 % des richesses étaient devenues privées ! À sept oligarques, on contrôlait l'économie. On ne disposait pas de centaines de millions. Quelques dizaines suffisaient[4]... »

---

1. *Russia Today 2013*. Mark Hollingsworth et Stewart Lansley, *Londongrad...*, *op.cit.*
2. Voir le film d'Andreï Kondrachev, *Berezovski*, Pervyï Kanal, 23 décembre 2012 ; et Alexandre Braterski et Natalia Kraïnova, « Berezovsky, Putin and an Absence of Respect », *The Moscow Times*, 24 mars 2013.
3. Paul Klebnikov, *Parrain du Kremlin...*, *op. cit.*
4. Alexandre Gentelev, *Rise and Fall of Russian Oligarchs*, *op. cit.*

D'autant qu'il ne paie pas toujours ce qu'il achète, dans les affaires comme dans les médias.

Berezovski a compris que pour conforter son influence au Kremlin et tenir son rang parmi les oligarques, il lui faut contrôler l'information.

« Ce n'était pas vraiment pour faire du business, raconte-t-il, les yeux brillants. C'était de la politique ! J'ai convaincu Korjakov qu'il fallait privatiser la télévision publique pour préserver nos intérêts. C'était comme privatiser la place Rouge[1] ! »

Un homme lui barre la route, qui a pressenti avant lui l'importance des médias et créé de toutes pièces son propre groupe : Vladimir Goussinski.

Né à Moscou en 1952 dans une famille juive, il a commencé une carrière d'impresario en organisant des spectacles au sein des Komsomols – en particulier le programme culturel des Jeux de bonne volonté imaginés en 1986 par Ted Turner, le magnat américain, sur le modèle des Jeux olympiques. Exclu du premier cercle de l'élite culturelle de l'époque, il se livre à différents trafics pour compléter ses revenus – jeans, bijoux, ordinateurs, matériel de construction... – et se trouve un protecteur de premier plan en la personne du maire de Moscou, Iouri Loujkov.

Parfait produit de la nomenklatura soviétique, membre du gouvernement de la ville avant d'être nommé maire en 1992, constamment réélu ensuite, Loujkov coiffe toutes les coopératives privées et se voit volontiers en manager gérant efficacement les terrains et les services

---

1. *Ibid.*

publics de la capitale. Il crée plusieurs entreprises appartenant à la ville de Moscou, en restaure le centre historique, assure le paiement des retraites et l'entretien des voiries en taxant lourdement le crime organisé à défaut d'enrayer son développement. Dans le paysage fracassé de la Russie d'Eltsine, Moscou donne l'exemple d'un ordre relatif, huilé comme ailleurs par la corruption, mais tenu par un homme et un clan qui vont se poser progressivement en rivaux du Kremlin.

À l'ombre de la mairie, Goussinski prospère. En 1989, il crée le groupe Most, qui conseille d'abord des entreprises américaines désireuses d'investir en Russie avant de générer sa propre banque, la Most-Bank. Devenue en peu de temps l'une des dix banques d'affaires les plus importantes du pays, elle finance une holding qui, dès 1992, coiffe quelque quarante-deux sociétés. De l'immobilier aux matériaux de construction, de l'assurance à l'import-export, son président devient en 1994 l'homme le plus riche de Russie[1].

Flotte de voitures de luxe, jet privé, propriétés à Londres, au Portugal, en Espagne, ses enfants dans les meilleurs pensionnats suisses, Goussinski vit sur un grand pied, protégé jour et nuit par un service de sécurité qui compte un millier d'hommes – après l'armée et la police, il s'agit de la force armée la plus importante de Moscou, commandée par d'anciens généraux du KGB qui entretiennent leurs propres réseaux d'information et d'intimidation, note, fasciné, Paul Klebnikov[2].

---

1. Alexandre Golovkov et Grigori Nekhorochev, « Guss », *Vremia Novosteï*, 16 juin 2000.
2. Paul Klebnikov, *Parrain du Kremlin...*, *op. cit.*

Goussinski n'a pourtant qu'une obsession, et un modèle : il veut devenir le Rupert Murdoch russe – pas seulement un oligarque pompant les richesses du pays mais, à l'image de cet Australien naturalisé américain, le créateur d'un empire médiatique. En utilisant avec aplomb et brutalité toutes les méthodes et les raccourcis de mise à l'époque, il fonde un journal de qualité, *Sevodnia*, un guide de programmes TV, signe un partenariat avec *Newsweek*, et fait bientôt de sa radio Ekho Moskvy la station la plus puissante du pays. Au cœur de son groupe, une chaîne de télévision, NTV, autorisée en 1993 par un décret signé du président Eltsine. Pour l'imposer, Goussinski embauche les meilleurs, à commencer par le journaliste Evgueni Kisselev, dont l'influence devient nationale, et diffuse à grands frais les programmes les plus populaires. Il s'intéresse aussi à la politique : fin 1993, lors de la campagne législative, il finance deux partis démocratiques, Vybor Rossii et Iabloko.

Boris Berezovski trépigne. Il hait ce rival qui lui fait de l'ombre et entrave ses projets. Il entreprend de convaincre le Kremlin du danger que représente un tel réseau d'influence, si proche du maire de Moscou. Son alliée Tatiana, la fille du président, relaie le message auprès de Boris Eltsine qui tonne contre cet impudent de Goussinski, dont la chaîne NTV rend compte trop librement des combats en Tchétchénie et dont le cortège automobile, en plein Moscou, relègue sur le bas-côté de la route celui de ses propres filles.

Korjakov, qui dirige le service présidentiel de sécurité, le SBP, comprend le message : il faut soutenir Berezovski. Il laissera entendre, une fois leurs relations refroidies, que ce dernier a voulu le convaincre d'assassiner, purement et simplement, le gêneur. En décembre 1994, le SBP prend en chasse le convoi de Goussinski, le poursuit jusqu'à la mairie de Moscou, désarme sa sécurité, perquisitionne les bureaux de la Most-Bank, et en bloque l'accès pendant plusieurs heures sous prétexte de « participation à organisation d'un crime ». Affolé, Goussinski fuit la Russie pour Londres, où il va passer cinq mois[1].

Berezovski pavoise. Deux jours plus tôt, Eltsine a signé le décret privatisant Ostankino, la première chaîne publique russe et la seule à bénéficier d'une diffusion nationale. L'oligarque obtient 49 % des parts de la nouvelle chaîne ORT sans même se soumettre à la procédure d'enchères. Il place à sa tête son fidèle associé Badri Patarkatsichvili, dont les méthodes musclées garantissent à la fois la ligne éditoriale et les rentrées d'argent.

Vladislav Listiev est à l'époque le journaliste vedette de l'ORT. Très populaire, il anime aussi bien « Vzgliad » (« regard »), l'émission culte des partisans de la démocratie, que la version russe de « La Roue de la fortune ». Devenu directeur de la chaîne, il prétend garder la main sur les ressources publicitaires. Le 1er mars 1995, il est abattu devant chez lui par deux hommes armés. L'émotion est immense. Le lendemain, en signe de deuil, presque toutes les télévisions du pays cessent d'émettre. Eltsine lui-même se rend à l'ORT et promet des mesures énergiques contre la criminalité. Aux

---

1. Paul Klebnikov, *ibid.*, et « Delo Gusinskogo », Grani.ru, 14 décembre 2000.

obsèques du journaliste, au cimetière de Vagankovo, se presse une foule énorme – du jamais-vu depuis les funérailles d'Andreï Sakharov en 1989[1].

Le jour même, un détachement des OMON, la police paramilitaire, se présente dans les locaux de Logo-Vaz pour interroger Badri et Berezovski. Alexandre Litvinenko, un jeune lieutenant-colonel du FSB qui assure la protection personnelle de l'oligarque pour arrondir ses fins de mois, menace de tirer si les enquêteurs l'embarquent. Son patron saura s'en souvenir.

Berezovski fait jouer ses contacts, appelle le procureur général et se précipite dans les bureaux de Korjakov, au Kremlin, pour enregistrer en vidéo un message à destination du président accusant du meurtre leurs ennemis politiques communs : Goussinski et son protecteur Loujkov, le maire de Moscou.

Préparant son portrait, Paul Klebnikov, le correspondant à Moscou du magazine américain *Forbes*, demande à l'oligarque quelque temps plus tard pourquoi le gouvernement est incapable de réduire la criminalité. « Pourquoi ? répond sans ambages Berezovski. Parce qu'il y a beaucoup de criminels au pouvoir... et qu'ils n'ont aucun intérêt à ce que ces crimes soient résolus[2] ! »

Dans son article, puis dans son livre, Klebnikov accusera clairement son interlocuteur d'avoir commandité l'assassinat de Listiev ; poursuivi pour diffamation, *Forbes* devra admettre devant les tribunaux londoniens que son journaliste n'avait aucune preuve à cet égard. Américain d'origine russe – un grand-père amiral avait

---
1. *Libération*, 9 mars 1995.
2. Paul Klebnikov, *Parrain du Kremlin...*, *op. cit.*

été tué par les bolcheviks –, Klebnikov s'intéressait de très près aux oligarques et à leurs connexions mafieuses, en particulier tchétchènes. Il démontrera dans un autre ouvrage les liens entre banditisme et terrorisme islamiste, provoquant la fureur de son interlocuteur, le chef indépendantiste Khoj-Ahmed Noukhaev. Klebnikov sera assassiné à Moscou, tout près de son bureau, en juillet 2004. Malgré l'insistance des autorités américaines, l'enquête de la police russe n'a toujours pas abouti.

L'assassinat de Listiev n'a jamais été élucidé non plus, et son souvenir reste vivace. Selon un récent ouvrage consacré à Korjakov, le directeur de cabinet d'Eltsine dont l'influence déclinait à l'époque, ce dernier aurait commandité le meurtre pour compromettre Berezovski et précipiter sa chute. La besogne aurait été confiée à Solntsevskaïa Bratva, l'un des gangs les plus puissants de Moscou, dont les tentacules s'étendent jusqu'aux États-Unis[1].

Tout au long de son parcours, Boris Berezovski ne cessera de côtoyer violence et assassinats. Il ne sera jamais directement incriminé, pas plus que son acolyte Badri Patarkatsichvili – en tout cas jusqu'à ce que ce dernier ne retourne en Géorgie et se lance à son tour à la conquête du pouvoir.

En 1996, Berezovski et Patarkatsichvili ont consolidé leur empire médiatique. Ils ont acheté la sixième chaîne de télévision en collaboration avec Ted Turner, le créateur de CNN, qui ne tardera pas à liquider ses parts.

---

1. Iouri Felchtinski et Vladimir Pribylovski, chapitre « Zagovor Koržakova », *Četvërtyj Komponent-dengi*, 2010.

Ils s'approprient aussi plusieurs titres de presse écrite : *Ogoniok*, *Nezavissimaïa Gazeta*, *Novye Izvestia* et bientôt *Kommersant*, l'influent quotidien économique.

En deux ans, l'informaticien reconverti dans la vente de voitures est devenu l'homme le plus influent de Russie.

« C'était un boulimique de la vie, ne tenant pas en place, se souvient Natalya Gevorkian, qui a commencé sa carrière de journaliste à ce moment-là. Il était sympathique, on pouvait discuter avec lui, et ça n'en finissait pas ! À la différence de Khodorkovski, qui ne s'intéressait qu'aux affaires, Berezovski aimait les filles, les bateaux, les maisons, les jets privés, les grands vins… Un immense jouisseur[1] ! »

Proche de ses deux premières filles, remarié avec Galina Becharova, une ravissante économiste mère de deux autres enfants qui lui infligera en 2011 l'un des divorces les plus coûteux jamais consentis par une cour londonienne (environ deux cents millions de livres), Berezovski mène grand train, à Moscou et ailleurs.

Dans la capitale russe, le luxe le plus insolent s'étale face à la misère. Restaurants, boîtes de nuit, magasins de marque, prostitution, drogues et corruption – tout a changé d'échelle, et Berezovski s'adonne sans retenue à la variété des plaisirs que sa fortune lui procure. Il dort peu, quatre heures par nuit, fait attendre ses collaborateurs interminablement et préfère la fête aux réunions d'affaires. En 1992, il rencontre Elena Gorbounova, une beauté de vingt-quatre ans – d'après son ex-mari, le dramaturge Mikhaïl Chatrov, elle travaillait en fait pour le KGB et se prostituait à l'hôtel Rossia à Moscou

---

1. Entretien, Paris, 1er février 2014.

en faisant chanter ses clients. Elle donnera deux fils à Berezovski[1]. Par ailleurs, grand consommateur de jeunes blondes aux yeux bleus, Berezovski les promène au gré de ses voyages d'affaires dans son avion personnel favori, un Bombardier Global Express.

À Saint-Barthélemy, la destination la plus courue des Antilles, les Russes ont fait irruption. Fin 1994, Piotr Aven, l'ancien ministre devenu banquier, a invité sur son yacht, pour le Nouvel An, quelques amis choisis. Parmi eux, Berezovski et un jeune homme de vingt-neuf ans à l'allure effacée nommé Roman Abramovitch, qu'il rencontre pour la première fois.

Un an plus tard, avec lui et l'indispensable Badri, Boris – dont le second prénom est aussi Abramovitch, ce qui prêtera à quelques confusions – va réussir la plus belle prise de sa carrière : Rosneft, une entreprise pétrolière. En remaniant les actifs, ils créent Sibneft, qui devient le sixième groupe de Russie. Toujours grâce au système d'emprunts contre actions et d'enchères truquées dont leur rival Khodorkovski tire parti au même moment, les trois compères s'octroient pour quelque cent millions de dollars une affaire qui deux ans plus tard sera cotée cinq milliards de dollars. Comme d'habitude, aucun contrat signé n'existe entre eux, et leurs participations respectives ne sont pas précisées noir sur blanc.

Pour que le Kremlin entérine cette opération que les professionnels du secteur n'avaient pas envisagée, Berezovski a su comme à son habitude flatter Tatiana,

---

1. Stella 66, « Boris Berezovski i ego ženčiny », *Spletnik*, 20 mars 2013.

la fille du président, et le Premier ministre du moment, Victor Tchernomyrdine. À ce dernier, il promet son plein soutien financier et médiatique à l'approche des prochaines élections législatives.

Les affaires vont bon train mais le climat s'est fortement assombri. La population souffre et ne supporte pas ces privatisations qui enrichissent toujours la même coterie. Le désenchantement s'installe, même parmi les élites intellectuelles qui avaient vu en Eltsine un champion de la démocratie. La santé physique et mentale du président chancelle. La nostalgie de l'ordre ancien devient telle que le parti communiste reprend des couleurs. Guennadi Ziouganov, son secrétaire général, annonce sa candidature à la prochaine élection présidentielle de juillet 1996.

Soucieux de calmer les angoisses des milieux occidentaux, il se rend fin janvier au Forum économique de Davos. Les oligarques – ceux qu'on surnomme la « bande des 7 » – y sont. Berezovski voit avec consternation que l'opération de charme du dirigeant communiste fonctionne. George Soros, le financier américain qui a refusé à plusieurs reprises d'investir dans ses affaires, prévient l'oligarque : « Si Ziouganov passe, tu finiras pendu à un réverbère[1] ! »

La Russie compte encore des industries d'État à privatiser. Berezovski convainc ses congénères de surmonter leurs antagonismes et de s'unir pour financer la campagne du président sortant, qui saura en échange veiller à leurs intérêts. Il va même jusqu'à se réconcilier avec

---

1. Mark Hollingsworth et Stewart Lansley, *Londongrad...*, *op. cit.*

Vladimir Goussinski, son éternel rival, rentré à Moscou de son exil londonien.

À Davos, les deux géants des médias boivent un verre. « Volodia, tu sais ce que feront les communistes quand ils seront au pouvoir ? lance Berezovski. Ils te mettront en prison parce que tu es un riche juif[1] ! » Fier de ses origines, très actif dans sa communauté, Goussinski est l'un des fondateurs du Congrès juif de Russie qu'il présidera jusqu'en 2001, et deviendra en 2000 vice-président du Congrès juif international. À Davos, il obtempère, rejoint l'alliance des oligarques et met ses médias en ordre de marche.

Berezovski va faire feu de tout bois. Ses chaînes de télévision débordent de commentaires et de reportages favorisant Eltsine et conspuant son rival. « D'accord, il n'était pas question de prétendre à l'objectivité, reconnaîtra-t-il plus tard, mais c'était pour le bien du pays[2] ! »

Appelés de Londres et de Washington, quelques gourous de la communication politique sont installés sur place à grands frais, à commencer par Tim Bell, qui contribua à trois reprises aux succès électoraux de Margaret Thatcher et fut anobli par elle en signe de reconnaissance. Lord Bell veillera aux intérêts de Berezovski et de ses proches jusqu'à la mort de l'oligarque.

Tenus au secret dans leurs suites de l'hôtel Président, où s'est aussi installée Tatiana Eltsine, des consultants américains mettent en place les outils de campagne les plus performants du moment. Stimulé par ses médecins,

---

1. Tania Rakhmanova, *Au cœur du pouvoir russe. Enquête sur l'empire Poutine*, Paris, La Découverte, 2012.
2. Alexandre Gentelev, *Rise and Fall of Russian Oligarchs*, op. cit.

Eltsine parvient même, sur scène, à esquisser quelques pas de rock pour afficher sa bonne forme.

Il va être réélu avec 13 % d'avance dans un scrutin entaché d'irrégularités. Les Occidentaux respirent, à commencer par l'administration Clinton qui n'a pas ménagé son soutien à l'équipe sortante par souci de stabilité politique et financière. Les oligarques triomphent : ils ont écarté le danger communiste. Berezovski se congratule. Répondant au *Financial Times* qui le compare à Machiavel, il préfère invoquer Lénine. « Pas l'idéologue, mais le tacticien de la lutte politique… Lénine comprenait la psychologie de la société[1] ! »

Pardonné par le Kremlin, Vladimir Goussinski obtient sa récompense : la chaîne NTV pourra diffuser pendant vingt-quatre heures, et non plus six heures par jour. Elle s'impose comme la première télévision privée en Russie. Un détail qui flatte sa vanité : la France le décore de l'ordre des Arts et des Lettres.

Boris Eltsine subit une nouvelle attaque cardiaque et disparaît pratiquement de la scène politique. Korjakov, son directeur de cabinet, est limogé. Il se venge en accusant Berezovski d'avoir fomenté différentes tentatives d'assassinat et de détenir un passeport israélien. Ce dernier n'en a cure. Il est arrivé à ses fins : il a fait son entrée au gouvernement. « Je ne suis pas mystique, racontera-t-il plus tard à la télévision, mais chaque épisode de ma vie est comme un conte de fées[2] ! »

---

1. *Financial Times*, 26 avril 2003.
2. Alexandre Gentelev, *Rise and Fall of Russian Oligarchs, op. cit.*

Nommé secrétaire général adjoint du Conseil de sécurité nationale, le voilà spécifiquement chargé du dossier tchétchène.

Depuis la désintégration de l'Union soviétique, l'indépendantisme tchétchène n'a cessé d'empoisonner et d'ensanglanter les relations entre Moscou et les régions du Caucase. Déclenchée en 1994 par le Kremlin qui voulait en faire une démonstration d'autorité, une première guerre s'est embourbée sans vainqueur, causant des dizaines de milliers de morts et des centaines de milliers de réfugiés. Le général Lebed signe en août 1996, au nom d'Eltsine, un accord de paix avant d'être limogé en octobre.

« J'ai vu arriver Berezovski, expliquera-t-il à la télévision. Il a essayé de me faire peur en m'accusant de séparatisme. Vous compromettez le business ! m'a-t-il lancé. En fait c'était son objectif : faire des affaires[1]. » Lebed ira plus loin en accusant Berezovski d'avoir voulu couvrir ses vieilles connexions tchétchènes, datant des trafics de voitures et autres services rendus. De fait ces liens anciens, entretenus par l'indispensable Badri Patarkatsichvili, facilitent les rapports de l'oligarque avec les dirigeants de Grozny, la capitale tchétchène : Maskhadov, considéré comme modéré, et les plus radicaux, Bassaïev et Oudougov. Il va ainsi négocier contre rançon la libération de plusieurs otages, russes et européens – le kidnapping étant devenu une industrie locale particulièrement rentable. Enchanté de ce nouveau rôle de bienfaiteur « humanitaire » à coup de valises d'argent liquide, glorifié dans ses propres médias, Berezovski

---

1. *Ibid.*

apparaît en fait comme le banquier des ravisseurs et le promoteur de ses propres intérêts, notamment pétroliers.

Quelques mois plus tard, il est démis de ses fonctions puis renommé à la Communauté des États indépendants, l'organisme de liaison avec les anciennes républiques soviétiques. Les affaires sont moins brillantes. La Russie est économiquement à genoux. Tchoubaïs, devenu vice-Premier ministre, veut changer les règles du jeu qu'il avait lui-même mises en place. Il appelle à ses côtés le jeune gouverneur de Nijni Novgorod, Boris Nemtsov, qui deviendra par la suite l'éternel champion malheureux des causes démocratiques. Ce dernier sait comment fonctionne Berezovski. Il raconte : « Berezovski vint me voir à Nijni [Novgorod] (j'étais alors gouverneur) pour me dire qu'il avait décidé de me nommer vice-Premier ministre. Je lui dis : "Bouria, tu es qui exactement pour me nommer ?". Et lui : "Boris, ne te conduis pas comme un idiot. Tu sais bien que c'est moi qui les mène tous." Valentin Ioumachev (directeur de l'administration présidentielle) appelle à ce moment pour m'annoncer que la fille du président, Tatiana, arrive chez moi avec une proposition importante. Boris entend la conversation et me demande où se trouve la sortie de service. Je conseille à Boris d'attendre et de parler avec Tatiana. Il disparaît. Entre Tatiana. Je lui raconte la visite de Berezovski. Vous auriez dû voir sa tête… Elle s'écria avec indignation que ce diable de Berezovski avait entendu la conversation sur ma nomination, avait sauté dans un hélicoptère et était venu à Nijni. Tatiana, elle, était venue en voiture[1]… »

---
1. Blog de Boris Nemtsov, 24 mars 2013.

Se heurtant au nouveau tandem au pouvoir, Berezovski va perdre deux parties importantes.

Nemtsov explique la première : « En 1997, Berezovski entre dans mon bureau de la Maison blanche (j'étais alors vice-Premier ministre et ministre du Carburant et de l'Énergie) et me communique que Tchernomyrdine (Premier ministre) et Viakhirev (président du conseil de Gazprom) ont décidé que je devais le nommer à la tête du conseil des directeurs de Gazprom. Je n'en crois pas mes oreilles. J'appelle Tchernomyrdine et Viakhirev. Ils confirment, bien qu'à contrecœur. Je déclare : "Il faudra me passer sur le corps !". Et lui : "Je t'anéantirai. J'avertis la première chaîne de télévision, toutes les ressources médiatiques, toutes mes connexions, que tu n'existes plus !" Et voilà comment Boris arrivait souvent à ses fins[1]. »

Pas cette fois-là. Il n'aura pas la présidence du gazier Gazprom, le groupe public le plus riche du pays, et il n'obtiendra pas le contrôle de Sviazinvest, la compagnie de télécommunications. Il rencontre des difficultés dans ses affaires. La gestion de Sibneft, le groupe pétrolier, s'avère plus aléatoire que prévu et son associé, Abramovitch, plus indocile.

Pour regagner de l'influence, Berezovski essaie de changer la donne politique et déploie sa force de frappe médiatique contre Tchoubaïs. Eltsine renvoie son Premier ministre puis le rappelle – il est le seul auquel le FMI et les banques occidentales font confiance. À leurs dépens puisque les statistiques sont faussées et un prêt de cinq milliards de dollars subtilisé pour colmater

---

1. *Ibid.*

les banques locales. Rien n'y fait. En 1998, le système bancaire s'effondre, frappant par ricochet les investisseurs extérieurs tel Soros qui perd le milliard de dollars investi, malgré sa méfiance initiale, dans Sviazinvest.

Une fois de plus, l'épargne des citoyens ordinaires est balayée. Des tickets de rationnement doivent être mis en place. Plus du tiers de la population survit en dessous de l'indice de pauvreté. La réforme économique du système communiste a dramatiquement échoué. Tchoubaïs et ses jeunes réformateurs ont mis la Russie à genoux. Dans la mémoire collective, le ressentiment et l'humiliation demeureront à jamais la marque des années Eltsine.

La santé physique et mentale du président ne cesse de faiblir. Discréditée, la « Famille » perd de son influence au profit du Parlement et du nouveau Premier ministre, Evgueni Primakov. Proche du maire de Moscou, Iouri Loujkov, et de son allié de toujours, Vladimir Goussinski, Primakov veut mettre les oligarques au pas. S'adressant à ses ministres devant les caméras de télévision, il s'écrie : « Il va falloir libérer des places dans les prisons pour les délinquants économiques que nous allons arrêter. Il faut que tout le monde se mette bien cela dans la tête[1]. »

L'influence de Berezovski décline. Ses relations avec la fille d'Eltsine et son mari tournent à l'aigre au point qu'il menace de divulguer les enregistrements de leurs conversations téléphoniques – Atoll, sa société de sécurité, y a veillé avec diligence.

Au début de l'année 1999, encouragé par Primakov, le procureur général Iouri Skouratov lance ses filets sur

---

1. Tania Rakhmanova, *Au cœur du pouvoir russe...*, *op. cit.*

quelque 780 membres de la nouvelle nomenklatura, et s'en prend directement à Berezovski. Des perquisitions sont menées au siège de Sibneft, une enquête est ouverte sur la façon dont ses sociétés gèrent la trésorerie d'Aeroflot, Atoll est fermé, la chaîne de télévision ORT perd ses subventions. Aux États-Unis et en Suisse, les autorités commencent à explorer les circuits de blanchiment d'argent alimentés à gros bouillons depuis la Russie.

En avril, Skouratov lance un mandat d'arrêt contre Berezovski pour activités illégales et blanchiment. Ce jour-là, ce dernier fait bombance à Paris. De sa suite au Crillon, il déclare au *Sunday Telegraph* qu'il n'a rien à se reprocher et qu'il retournera à Moscou. Une fois rentré, il affirme qu'il est persécuté par le Premier ministre et par l'ancien KGB pour des raisons politiques. Le mandat d'arrêt est annulé, mais il reste assigné à résidence. Les accusations concernant la gestion d'Aeroflot le poursuivront longtemps[1].

Le procureur général Skouratov a visé plus haut encore. Le Premier ministre l'a autorisé à relancer l'enquête sur l'affaire Mabetex – un gigantesque détournement de fonds organisé au début de l'ère Eltsine sous couvert de financer les réaménagements intérieurs du Kremlin. Le chef du projet, un certain Pavel Borodine, avait signé des contrats avec quelque cent cinquante entreprises occidentales et disposait de sa propre douane et de trente-deux avions-cargos. L'argent a transité par des banques suisses, éveillant la suspicion de Carla Del Ponte, procureur général de la Confédération helvétique. À Lugano,

---

1. Paul Klebnikov, *Parrain du Kremlin...*, *op. cit.*

les enquêteurs russes découvrent un compte personnel de six millions de dollars au nom de Borodine et des relevés de cartes de crédit au nom des filles Eltsine et du président lui-même. Trente millions de dollars ont disparu.

Le tout nouveau patron du FSB, Vladimir Poutine, sait qu'il doit son ascension au sein du Kremlin à la « Famille ». Il a choisi son camp. Les conversations entre le procureur général et Carla Del Ponte sont écoutées. Le 1er février 1999, Skouratov est convoqué par le chef de l'administration présidentielle qui lui montre une cassette montrant ses ébats – ou ceux d'un sosie – avec deux femmes en petite tenue. Il dément et refuse de démissionner. Les semaines passent. Berezovski n'hésite pas : sa première chaîne diffuse la vidéo, suivie quelques jours plus tard d'un communiqué du Kremlin : « Le directeur du FSB Vladimir Poutine informe les journalistes que la fameuse cassette d'un homme ressemblant à Skouratov a été authentifiée : il s'agit bien des images du procureur général[1]. »

Boris Nemtsov, redevenu député, l'affirme, non sans ironie : « Poutine s'est personnellement impliqué dans l'affaire Skouratov, il a mené lui-même l'enquête pour identifier la cassette. Cela a beaucoup plu à Boris Eltsine et c'est à partir de ce moment-là qu'il a vraiment été pris au sérieux[2]... » Il poursuit : « La nomination du dauphin fait partie de la tradition du pouvoir absolu en Russie [...]. Une tradition monarchique – pas une monarchie constitutionnelle, mais une monarchie absolue. Peu importe qui est au pouvoir – les bolcheviks,

---
1. Tania Rakhmanova, *Au cœur du pouvoir russe...*, *op. cit.*
2. *Ibid.*

les communistes ou les tsars de la famille Romanov –, le pouvoir reste aux mains d'une seule personne qui règne entourée d'un petit groupe de conseillers et de courtisans. Le pouvoir en Russie ne peut être qu'absolu, chaque citoyen en est profondément convaincu[1]. »

La « Famille » cherche un successeur qui tienne à distance les communistes, garantisse son impunité et poursuive les réformes. Une équipe réunissant les artisans de la victoire de 1996 et des spécialistes du marketing politique s'installe au Kremlin. Gleb Pavlovski en fait partie : « Le plus difficile, c'était de trouver celui qui conviendrait à tous les oligarques qui se battaient pour la première place et qui proposaient chacun son propre candidat[2]. »

En août 1999, Boris Eltsine nomme au poste de Premier ministre Vladimir Poutine. Le patron du Service fédéral de sécurité, lieutenant-colonel de réserve du KGB, apparaît à la « Famille » comme le mieux à même de protéger ses intérêts.

Berezovski se frotte les mains et clame à qui veut l'entendre que Poutine est là grâce à lui. N'a-t-il pas fait pression, l'année précédente, pour que son protégé dirige le FSB ? N'est-ce pas lui, dont les médias ont encensé Vladimir Vladimirovitch, qui l'a propulsé chef du gouvernement ? Ne l'a-t-il pas invité à faire du ski en Suisse ? Poutine ne l'a-t-il pas surnommé un jour « le frère qu'il n'a jamais eu » ? N'est-ce pas lui qui est allé le voir à Biarritz, dans le modeste hôtel où la

---
1. *Ibid.*
2. *Ibid.*

famille Poutine passait ses vacances, pour le convaincre d'accepter le poste ? N'est-ce pas lui encore qui, grâce à ses contacts tchétchènes, peut encore une fois aider le pouvoir à venir à bout du terrorisme caucasien ?

Le séparatisme tchétchène continue de faire couler le sang. En 1999, les dirigeants les plus radicaux, à commencer par Bassaïev, multiplient les incursions armées contre les forces russes stationnées autour de la Tchétchénie et s'attaquent au Daghestan voisin pour tenter d'imposer un Caucase islamique. Plusieurs otages occidentaux sont décapités. En Russie même, à Moscou, à Volgodonsk et ailleurs, une vague d'attentats fait plusieurs centaines de victimes. La frayeur s'empare de la population. Qui est à la manœuvre : les Tchétchènes ou les services de sécurité russes ? Berezovski a-t-il mobilisé ses réseaux de l'ombre pour rendre service au nouveau Premier ministre ?

George Soros, qui avait été beaucoup courtisé par lui avant de prendre ses distances, en a été convaincu par Alexandre Goldfarb, un ancien collaborateur de sa propre fondation qui travaillera à Londres pour l'oligarque russe. « Berezovski se comportait comme un parrain de la mafia, affirme le financier américain. Puisqu'il avait du sang sur les mains pour servir la cause, il pensait que Poutine aurait pour toujours une dette envers lui, et qu'ainsi il le tenait… L'erreur lui sera fatale[1] ! »

Vladimir Poutine, lui, veut prouver que le pouvoir est fort et que l'État existe. « Je poursuivrai les terroristes jusque dans les chiottes ! » lance-t-il lors d'une

---

1. Entretien, Barcelone, 30 avril 2014.

conférence de presse au Kazakhstan, forgeant une formule qu'on évoquera encore près de quinze ans plus tard lors des Jeux olympiques de Sotchi. Les Russes apprécient. Sa cote de popularité monte en flèche. Il décrète l'état de siège et déclenche en septembre la deuxième guerre de Tchétchénie. Elle sera féroce. Sous son autorité, les forces fédérales russes l'emportent. En février 2000, après quatre mois de combats atroces et cinq semaines de bombardements continus, Grozny, la capitale, tombe.

En Russie, la campagne législative puis présidentielle est une formalité. Les médias de Berezovski, première chaîne en tête, soutiennent sans retenue le candidat Poutine qu'un Eltsine méconnaissable, à peine capable de s'exprimer, a lui-même présenté à la télévision en faisant des adieux poignants : « Je veux vous demander pardon, balbutie-t-il. Beaucoup des rêves que nous avons partagés ne se sont pas réalisés et ce qui nous paraissait tellement simple s'est avéré atrocement difficile... J'ai fait tout ce que j'ai pu[1]... » Annonçant le prochain scrutin présidentiel, il se trompe d'année.

Boris Eltsine démissionne le 31 décembre 1999. Le soir même, son successeur désigné, président par intérim, signe son tout premier décret : il assure au président sortant et à sa famille une totale immunité en cas d'éventuelles poursuites judiciaires.

La campagne électorale va donner lieu à un affrontement sans précédent entre les deux titans des médias russes. Incarnées par leurs journalistes vedette, Kisselev sur NTV et Dorenko sur ORT, les deux principales

---

1. Vidéo *Novogodnie Obraščenija B. Elcina i V. Putina*, Yeltsincenter.ru.

chaînes de télévision font assaut de *kompromaty,* de documents compromettants, sur les candidats en présence. Goussinski soutient le tandem Primakov-Loujkov, qui abandonne en chemin ; Berezovski joue à fond la carte Poutine. Ni l'un ni l'autre ne comprennent que la démonstration d'une telle puissance de feu médiatique, où tous les coups sont permis, ne fera que précipiter leur chute.

Dorenko essaie en vain de raisonner son patron : « Berezovski est très passionné, il tombe très facilement amoureux et adore conquérir les gens [...]. Il est comme ça avec les femmes, avec ses partenaires en affaires ou ses alliés politiques. C'est exactement ce qui s'est passé avec Poutine : il a cru qu'il l'avait séduit et lui-même est tombé amoureux de ce personnage. Ce fut la plus grande erreur de casting de Berezovski. Nous nous disputions sans arrêt à propos de cette passion de Boris. Je lui disais qu'il se trompait gravement à propos de Poutine. Je lui disais que son ami Vladimir méprisait les Russes, croyait que son peuple soumis et stupide ne méritait pas un régime démocratique, [...] Berezovski me répétait tout le temps : "Sergueï, tu ne le connais pas, Vladimir comprend très bien. Quel que soit le sujet dont on discute, la politique étrangère, les affaires sociales ou l'économie, Poutine, qui n'a aucune expérience dans le domaine, partage tout à fait notre vision. J'ai un immense plaisir à discuter avec lui[1]." »

En avril 2000, dans un climat de nationalisme exacerbé, martelant sa promesse de restaurer la sécurité et

---

1. Tania Rakhmanova, *Au cœur du pouvoir russe..., op. cit.*

l'ordre, Vladimir Poutine est élu dès le premier tour avec 52,9 % des voix. Il a quarante-sept ans.

Berezovski, lui, s'est fait élire à la Douma. Non que la fonction de député l'intéresse. Mais le parlement russe procure à ses membres un immense avantage : l'immunité. Au fil des élections antérieures, gangsters et mafieux en ont fait leur repaire, n'hésitant pas à régler leurs comptes à l'intérieur de son enceinte. « La Douma n'a pas été capable de défendre les intérêts du pays, mais elle a prouvé toute son efficacité en protégeant son noyau dur : la nouvelle classe criminelle russe ! » remarque Paul Klebnikov[1]. L'oligarque se choisit une circonscription toute proche de la Tchétchénie.

Boris Nemtsov raconte sa conversation avec le nouvel élu : « Après la victoire de Poutine, Boris vint me voir. Il était alors député de la Karatchaïévo-Tcherkessie [Caucase septentrional] et moi leader de mon mouvement à la Douma. "Oï, quel ennui !" me dit Berezovski. "Volodia (Poutine) est élu. Tout est sous contrôle. Je ne sais pas quoi faire. Peut-être construire une mosquée en Karatchaïévo-Tcherkessie ?". Je lui ai répondu : "Bouria, tu n'auras pas le temps de t'ennuyer. Il ne te pardonnera jamais ton soutien." Berezovski a éclaté de rire, dit que je ne comprenais rien à la vie et il est parti[2]. »

Nemtsov a vu juste : le nouveau président n'a aucune indulgence pour ces affairistes qu'il a observés et espionnés depuis quatre ans tout en grimpant jusqu'au sommet.

---
1. Paul Klebnikov, *Parrain du Kremlin...*, *op. cit.*
2. Blog de Boris Nemtsov, 24 mars 2013.

Il sait à quel point ils sont puissants, mais il connaît leurs différends. Et leur impopularité, la haine qu'ils suscitent dans l'opinion sont telles qu'il ne peut qu'être applaudi en les mettant au pas. Selon un sondage publié pendant l'été 2000, 70 % des personnes interrogées souhaitent que soient dénoncées les irrégularités commises à l'occasion des privatisations, et que les titres de propriété soient restitués à l'État.

Le nouveau pouvoir prend d'abord pour cible la chaîne de télévision NTV, détenue par Vladimir Goussinski. Le président n'apprécie pas sa marionnette des Koukli (les Guignols de l'info russes), et encore moins la couverture de la guerre qu'il mène en Tchétchénie. N'a-t-il pas été traité à l'antenne de criminel de guerre ? Les différents titres du groupe de presse critiquent à l'envi sa politique. C'est intolérable.

En mai 2000, la police et les forces spéciales perquisitionnent les bureaux de Media-Most. Le mois suivant, Goussinski est arrêté pour fraude et détournement de fonds, et emprisonné dans la prison des Boutyrki. Commentaire de Vladimir Poutine : « Il a profité de l'État, et il ose l'attaquer[1] ! »

Le lendemain, dix-sept responsables des plus grandes entreprises russes, privées comme publiques, dont Mikhaïl Khodorkovski, protestent contre l'arrestation. Anatoli Tchoubaïs dénonce l'action « des gens de la Prokouratoura et des services secrets qui ont toujours été contre les réformes ». La « fronde des oligarques » est soutenue par les partis politiques libéraux, le centre-gauche et quelques

---

1. Georges Sokoloff, *Métamorphose de la Russie, 1984-2004*, op. cit.

personnalités comme l'ancien président Gorbatchev, le maire de Moscou, Loujkov, et Boris Nemtsov[1].

Dans son premier discours télévisé sur l'état de la nation, le 8 juillet, Vladimir Poutine attaque directement les oligarques et met en cause leur emprise sur les médias : « Ils veulent influencer les masses et prouver aux dirigeants politiques que nous avons besoin d'eux, qu'ils nous tiennent, que nous devons en avoir peur... La Russie ne peut plus tolérer ces intrigants de l'ombre qui sortent l'argent du pays et qui emploient leurs propres services de sécurité[2]... » La verticale du pouvoir se met en place.

Trois semaines plus tard, vingt et un hommes d'affaires sont convoqués au Kremlin. Khodorkovski et les autres sont là, pas Berezovski, déjà sous le coup d'une enquête judiciaire. Sans ménagement, le nouveau président explique aux hommes les plus riches du pays qu'il ne remettra pas en cause les privatisations mais qu'ils ne jouiront plus d'aucun privilège particulier. Plus question non plus qu'ils fassent de la politique. Dans le langage du moment, c'est ce qu'on appelle un pacte d'« équidistance ». Fini les clans et leurs intrigues, place à un organisme de concertation qui se réunira périodiquement sous son autorité. « L'ère des oligarques est terminée ! » en conclut Nemtsov.

Goussinski, lui, est libéré sur parole[3]. Une fois son assignation à résidence levée, il quitte la Russie pour

---

1. « G-nu Ustinovu », *Kommersant*, 15 juin 2000.
2. Mark Hollingsworth et Stewart Lansley, *Londongrad...*, *op. cit.*
3. « Oligarx-pervoproxodec », *Rossiïskaïa Gazeta*, 1er novembre 2003.

rejoindre sa famille en Espagne, dans sa somptueuse villa de Sotogrande où, il n'y a pas si longtemps, il avait accueilli Poutine et sa femme. Il rend aussitôt publique l'annexe au décret de libération, paraphée par le ministre de la Communication, qui garantit l'abandon des poursuites judiciaires à son encontre en échange de la cession de son groupe de presse à la compagnie d'État Gazprom, son principal créancier. Scandale : la reprise en main du groupe aurait pour prétexte son niveau d'endettement. Moscou lance contre lui un mandat d'arrêt international pour évasion de capitaux.

Arrêté en Espagne en décembre 2000, il proteste auprès des policiers : « Vous ne savez pas qui je suis, je suis un ami personnel de Bill Clinton ! » Grâce au soutien du roi Juan Carlos, de Clinton, de Shimon Peres et du Congrès juif mondial, il est libéré sous caution dix jours plus tard. La traque continue. En août 2003, Goussinski est repris en Grèce, mais échappe encore une fois à l'extradition. En octobre 2003, il se réfugie en Israël. Citoyen israélien et espagnol, il ne retournera jamais en Russie et ne commentera plus jamais publiquement la situation dans son pays d'origine.

Même trajectoire, tout autre tempérament. Berezovski est fou furieux et ne le cache pas. Bien à sa manière, se méprenant sur le caractère et la détermination de celui qu'il disait si bien connaître, multipliant lettres ouvertes et interviews à la télévision, il dénonce publiquement la manière forte du nouveau président. Citant à la fois Aristote et Ossip Mandelstam, le poète russe assassiné au goulag, il met en cause la nouvelle organisation administrative qui concentre tous les pouvoirs au Kremlin.

« Tous les décrets, toutes les lois de Poutine ont pour but à nouveau d'opprimer le peuple ! » écrit-il.

Berezovski démissionne de la Douma, perdant du même coup son immunité parlementaire : « Je ne veux pas prendre part à cette parodie, je ne veux pas participer à l'effondrement de la Russie et à la mise en place d'un régime autoritaire[1] ! » Il annonce son intention de créer un nouveau parti politique, libéral et pro-occidental. L'intrigue, les affaires ne lui suffisent plus, place à l'action. Son objectif : instaurer en Russie une démocratie à l'américaine.

Vladimir Poutine apprécie d'autant moins que les médias de Berezovski – tout comme les journalistes de l'ancien groupe de Goussinski – s'avèrent de plus en plus rétifs à répandre la bonne parole du Kremlin.

En août 2000, le *Koursk,* un sous-marin nucléaire, fait naufrage en mer Baltique, engloutissant les cent dix-huit membres de l'équipage. L'ORT, la télévision contrôlée par l'oligarque, interroge longuement les familles, qui mettent en cause la gestion de la catastrophe, et n'hésite pas à montrer Poutine, en vacances sur la mer Noire, se livrant tous muscles dehors aux joies du ski nautique. Berezovski offre un million de dollars aux familles des victimes. Poutine déclare publiquement sur la chaîne RTR, sans nommer Goussinski et Berezovski : « Ils feraient mieux de vendre les villas qu'ils possèdent sur la Côte d'Azur et en Espagne. Cela leur permettrait d'expliquer pourquoi ces propriétés ont été enregistrées sous de faux noms et sous le couvert de sociétés légales.

---

1. Mark Hollingsworth et Stewart Lansley, *Londongrad..., op. cit.*

Et nous pourrions alors leur poser la question : "d'où vient cet argent[1] ?" »

Berezovski est convoqué au Kremlin. Furieux, Poutine lui intime l'ordre de vendre ses parts de sa chaîne de télévision. « Je veux que l'État contrôle l'ORT, lance le Président.

— Comment ? La chaîne m'appartient ! réplique l'oligarque.

— Tu dois vendre !

— Je n'ai pas besoin de vendre[2] ! »

Exaspéré, Poutine congédie Berezovski et fait appeler son associé, Badri Patarkatsichvili, dont l'ancien patron du FSB a pu, dans le passé, apprécier les talents. Que Boris cesse ce comportement stupide, vendez vos parts, lui explique-t-il, et nous restons amis. Mais le Géorgien ne parvient pas à convaincre son associé.

Le sort des deux hommes est scellé.

En octobre 2000, bronzé et détendu, Poutine tient une conférence de presse. Un journaliste l'interroge sur le sort de Berezovski. « De qui voulez-vous parler ? répond le maître du Kremlin, presque hilare. D'un ancien membre du Conseil de sécurité, c'est bien ça, ou autre chose ? Je le connais depuis longtemps, il est infatigable. Un type qui n'arrête pas de nommer et de renvoyer des gens[3]... »

Une semaine plus tard, Berezovski s'envole pour Nice à bord de son avion privé. Depuis quelques années, il est l'heureux propriétaire du château de la Garoupe, au cap

---

1. Alban Traquet, *Roman Abramovitch. Football, pétrole, pouvoir*, Paris, Les éditions du Toucan, 2008.
2. Mark Hollingsworth et Stewart Lansley, *Londongrad...*, *op. cit.*
3. Alexandre Gentelev, *Rise and Fall of Russian Oligarchs*, *op. cit.*

d'Antibes. Il y a installé sa mère. Deux de ses bateaux, *Thunder-B*, un yacht de cinquante mètres et *Lightning*, quinze mètres, mouillent au port.

Il ne reverra plus jamais la Russie.

5

Les bannis et les morts

Badri Patarkatsichvili n'a pas à réfléchir. Voilà longtemps qu'il a organisé son repli. À la Côte d'Azur il préfère sa Géorgie natale. Il n'a cessé d'y entretenir ses intérêts et ses réseaux. Ses deux frères ont prospéré dans la pègre ; lui a toujours su s'en servir. Il a fait mieux : au fil des années 1990, le grand organisateur des affaires de Boris Berezovski, le financier des coups tordus, le fin négociateur des alliances de circonstance, et surtout l'ami intime, celui qui régit la vie de l'oligarque, ses divorces, ses propriétés et son argent de poche par mallettes entières, est devenu aussi riche que lui. Avec un patrimoine évalué à quelque douze milliards de dollars, Badri est le seul à maîtriser les ramifications de leur empire commun, qui s'étend à tous les paradis fiscaux de la planète. À quarante-cinq ans, affable, secret, tignasse blanche et moustache à la Staline, le voilà suffisamment puissant pour acquérir au pays les leviers du pouvoir, et même la respectabilité.

Depuis la disparition de l'Union soviétique en 1991, la Géorgie vit en état de guerre civile larvée jusqu'à ce qu'Edouard Chevarnadze, longtemps le pilier local du système communiste, puis ministre des affaires étrangères de Gorbatchev, reprenne les choses en main et s'approprie la présidence de la république.

Badri applique à sa façon la méthode Berezovski : pas d'opposition frontale, mais des investissements massifs qui assurent visibilité et influence. À Tbilissi, il achète le cirque d'État, le club de football et l'équipe de basket. Il finance les championnats d'échecs et le chantier de la nouvelle cathédrale. En 2001, il va même jusqu'à payer la facture annuelle d'électricité pour toute la ville. Fort de l'expérience acquise pendant la période Eltsine, il fonde le premier groupe de médias géorgien, Imedi, incluant chaînes de télévision, radios et presse écrite[1].

À Moscou, les choses se sont vite gâtées pour lui. Dès juillet 2001, il a été accusé par le procureur général de Russie d'être impliqué dans la tentative d'évasion de Nikolaï Glouchkov, un cadre d'Aeroflot mêlé aux manœuvres imaginées par Berezovski et lui-même pour en conserver le contrôle. Badri avait chargé de l'opération un de ses hommes, Andreï Lougovoï, le responsable de la sécurité de la chaîne de télévision ORT. Arrêté par le FSB, ce dernier va rentrer dans le rang et bientôt se retourner contre ses anciens maîtres. Moscou lance contre Badri un avis de recherche international et alourdit la charge en l'accusant, en octobre 2002, de vol de voitures datant de l'époque d'AvtoVaz. Tbilissi refuse de l'extrader.

Devenu président du patronat local, Patarkatsichvili s'efforce de contourner les obstacles que le Kremlin et

---

1. *IA Regnum*, 3 novembre 2007.

les services russes multiplient pour lui faire rendre gorge. Menacées d'interdiction en Russie, plusieurs banques occidentales refusent de traiter avec lui. Il transfère alors des centaines de millions de dollars sur des comptes au nom d'un cousin, Joseph Kay, qui avait travaillé pour lui à l'ORT. Né en Géorgie mais citoyen américain, Kay devient aussi grâce à Badri le propriétaire en titre d'une énorme fortune immobilière – d'une île au large de Miami, Fisher Island, havre de plusieurs stars américaines, au Buddha Bar de New York, sans compter des biens en Espagne et au Maroc[1].

En Géorgie, Badri se mêle évidemment de politique. Contre Chevarnadze, contraint à la démission en 2003, il soutient le jeune Mikhaïl Saakachvili, formé aux États-Unis, et sa révolution des roses. Leur entente ne durera pas – Badri lui reproche sa dérive autoritaire, les pressions exercées contre sa chaîne de télévision, et laisse entendre que le pouvoir veut l'assassiner. Aux pires moments sa garde personnelle comptera jusqu'à cent vingt hommes armés.

Lassé des épreuves de force et des intrigues géorgiennes, il décide en 2006 de s'installer à Londres et de relancer ses affaires en Occident. Il vend 49 % de son groupe média au magnat australo-américain Rupert Murdoch, et améliore ses relations avec Vladimir Poutine en cédant le contrôle de *Kommersant,* l'influente publication moscovite acquise avec Berezovski, à un autre oligarque qui, lui, a les faveurs du Kremlin – Alicher Ousmanov.

---

1. Suzanna Andrews, « The Widow and the Oligarchs », *Vanity Fair*, octobre 2009.

À Londres, Badri retrouve celui qui le considère à la fois « comme son père, son frère, son fils – tout cela à la fois » : Boris Berezovski[1].

L'oligarque mène grand train. Il s'est acheté un manoir dans le Surrey pour quelque vingt et un millions de livres, et se complaît dans la fréquentation du meilleur monde londonien, quitte à y acheter ses entrées. Comme ses congénères, fasciné par l'aristocratie anglaise, il s'efforce d'imiter ses mœurs (à l'exception des activités sportives pour lesquelles il n'est pas doué) : la saison mondaine à Londres, les courses à Ascot, les galas de charité, les costumes sur mesure, les pantoufles brodées, les enfants dans les pensionnats les plus huppés, une consommation généreuse de grands crus et d'alcool. Il s'est installé dans des locaux luxueux, truffés de caméras de sécurité, dans un petit immeuble de Down Street, près de Marble Arch. On ne peut pénétrer son bureau personnel qu'en livrant ses empreintes digitales. Le petit bâtiment abrite aussi le quartier général du quotidien gratuit *Metro*, propriété du groupe suédois Kinnevik, que je conseillais à l'époque. Je l'y ai croisé à deux reprises, protégé par une noria de gros bras qui monopolisaient sans ménagement les ascenseurs.

À soixante-deux ans, râblé, l'œil en éveil, toujours vif-argent, infatigable, insatiable, jamais seul et pourtant solitaire, Boris est devenu l'un des personnages les plus virevoltants de cette nouvelle jet-set inondant Londres d'argent russe. En 2003, en dépit de fortes pressions du Kremlin, il a obtenu l'asile politique que les autorités

---

1. *Ibid.*

britanniques accordent volontiers à ceux qui sont susceptibles de contribuer à la prospérité de la City et du marché immobilier londonien. Il s'attache les services des cabinets d'avocats les plus prestigieux. Pour polir sa réputation et nouer des contacts, il continue de rétribuer lord Bell, qui avait si bien travaillé en 1996 à la réélection de Boris Eltsine et dont le cabinet de relations publiques, Bell & Pottinger, monnaie l'un des meilleurs carnets d'adresses de Londres.

« Poutine n'arrive pas à comprendre pourquoi Tony Blair, le Premier ministre, ne peut pas et ne veut pas me jeter dehors ! » s'exclame-t-il, réjoui, devant les caméras qui font son portrait[1]. Pour avoir tant piétiné les principes et contourné la loi dans son pays d'origine, Berezovski admire désormais la règle de droit qui le protège, d'autant que les magistrats britanniques siègent en perruque.

Protégé par des anciens de la Légion étrangère, véhiculé en Mercedes blindée flanquée de gardes à moto, il entretient une famille nombreuse – six enfants, une femme, une ex-épouse, une compagne de longue date et plusieurs jeunes femmes de passage. Il aura un autre garçon d'une jeune prostituée, Mariana Konolova, de l'« agence » Mademoiselle qui, après l'avoir suivi à Londres, vivrait aujourd'hui à Goa avec un trafiquant notoire.

La fortune de Berezovski est encore telle qu'elle lui permet d'assouvir quelques caprices. N'est-il pas toujours propriétaire, avec son ami Badri, de participations importantes dans LogoVaz, la compagnie aérienne

---

1. Patrick Forbes, *The Russian Godfathers*, série documentaire, BBC, 2005.

Aeroflot, le groupe pétrolier Sibneft et Rusal, le géant de l'aluminium ? S'il a dû céder l'ORT sous pression du Kremlin, ne contrôle-t-il pas la chaîne de télévision TV6 et plusieurs journaux ?

Il passe commande d'un nouveau yacht, le *Darius* – 358 millions de dollars, sept ponts, deux piscines, une salle de cinéma, une infirmerie, et le système de sécurité le plus complet jamais conçu pour un navire privé, avec défense antimissile et caméras sous-marines.

Tous ces jouets l'amusent un temps, lui permettent de tenir son rang parmi ces oligarques qui rivalisent à étaler leurs richesses – mais la politique le hante. Prolixe, avide de publicité, il sollicite sans cesse les médias, finance des documentaires sur ses propres activités et se fait inviter par des instituts prestigieux, comme le Reform Club, Chatham House ou le centre russe de l'université d'Oxford. Il se voit toujours comme un acteur de premier plan sur la scène russe, sinon internationale, et suit au détail près ce qui se passe à Moscou.

Berezovski n'a qu'une obsession : il veut la peau de Vladimir Poutine. Sa stratégie : noircir la réputation du président russe et se présenter, lui, en champion de la démocratie à l'occidentale. Son outil est une Fondation des libertés civiques, de droit américain, dirigée par un ancien collaborateur de Soros, Alexandre Goldfarb, dont l'objet est de défendre les droits civiques en Russie et de financer plusieurs partis d'opposition.

En octobre 2000, Alexandre Litvinenko, un ancien officier du FSB qui assurait la protection de Boris à Moscou et avait empêché son arrestation cinq ans plus tôt lors de l'assassinat du journaliste Listiev, réussit à s'enfuir à Londres après neuf mois de détention préventive à la prison de Lefortovo. Il enquêtait sur des affaires de corruption au sein de son ancien service et sur le rôle joué par ses collègues dans les attentats meurtriers de septembre 1999 que le Kremlin avait opportunément attribués aux Tchétchènes.

En échange de sa collaboration avec les services secrets britanniques, il obtient l'asile politique. Berezovski le prend en charge, lui et sa famille. Il finance la publication de son livre sur le FSB et la production d'un documentaire réalisé par des journalistes français[1]. Litvinenko se lie d'amitié avec un autre protégé de l'oligarque, Akhmed Zakaïev, un ancien acteur et ministre tchétchène qui a fui Grozny où il avait joué Hamlet avant de se battre pour l'indépendance. Ils vont enquêter ensemble sur les crimes de guerre russes. Poussant parfois jusqu'à l'absurde, l'ancien lieutenant-colonel inonde ses contacts d'allégations multiples, dénonçant la main de Poutine et du FSB dans toutes les affaires terroristes et mafieuses du moment.

Berezovski, lui, ne cesse de faire campagne. En octobre 2003, son bureau de relations publiques organise devant l'ambassade russe à Londres une manifestation pour protester contre l'arrestation de Khodorkovski. Juste avant l'élection présidentielle de 2004, il achète de pleines pages dans les grands quotidiens anglo-saxons, accusant Vladimir Poutine de crimes de guerre et de génocide en Tchétchénie[2].

---
1. Tania Rakhmanova, *Au cœur du pouvoir russe...*, op. cit.
2. Mark Hollingsworth et Stewart Lansley, *Londongrad...*, op. cit.

Face à une telle agitation, le Kremlin ne reste pas inactif. À Londres, le nombre des agents du SVR et du GRU, les services du renseignement russe, est considérablement augmenté : il s'agit de tenir à l'œil une communauté russe grandissante et agissante. Après avoir été traité par le mépris, Berezovski irrite de plus en plus son ennemi intime, ce qui n'est pas pour lui déplaire.

Dès 1999, la justice russe a déclenché contre lui de multiples procédures pour fraude et évasion de capitaux, et multiplie les demandes d'extradition. La Suisse tente officiellement – et sans résultats – de démêler l'écheveau des montages financiers qui protègent sa fortune. La France, à son tour, s'intéresse aux propriétés du cap d'Antibes où Berezovski, du temps de sa splendeur, aimait tant recevoir ses amis, à commencer par Tatiana, la fille de Boris Eltsine.

Le château de la Garoupe et le Clocher de la Garoupe, qui appartenait auparavant à l'épouse de Francis Bouygues, avaient été acquis en 1997 au nom de la société SIFI par des compagnies étrangères pour un montant de vingt-deux millions d'euros. En juillet 2002, Tracfin, l'organisme de Bercy qui lutte contre le blanchiment d'argent, ouvre une information judiciaire contre X. Ces investissements immobiliers auraient été financés par des fonds détournés au préjudice d'Aeroflot via deux sociétés suisses, Ovago et Andava, qui alimenteraient le compte permettant l'entretien des propriétés à raison de cent mille euros par mois.

Boris Berezovsky jure n'en être que le locataire. Le propriétaire ? « Je ne le connais pas, assure-t-il, je n'ai affaire qu'au gérant. » Sa troisième femme, Elena, et ses deux derniers enfants y ont passé l'été. Sa mère, Anna Alexandrovna, quatre-vingt-un ans, qui a ses habitudes au Festival de Cannes, y habite en permanence[1].

En mai 2005, l'Office central pour la répression de la grande délinquance financière effectue une perquisition au château de la Garoupe, sans résultats probants. Berezovski dénonce une opération « purement politique », décidée par les « autorités françaises pour soutenir Poutine et lui faire plaisir[2]. »

Il n'y a plus mis les pieds depuis cinq ans, par crainte des procédures en cours, mais il s'inquiète des pressions que Vladimir Poutine pourrait exercer sur le ministre de l'Intérieur français de l'époque, Nicolas Sarkozy. Il fait appel à l'un des maîtres du barreau de Paris, Hervé Temime.

« Berezovski était bardé d'avocats anglais. Quand il fit appel à moi, son comportement me parut très différent de l'image de l'oligarque grossier et brutal. Je l'ai vu à Londres à deux ou trois reprises. Il fit montre d'une parfaite courtoisie, très reconnaissant vis-à-vis des Britanniques pour l'asile politique qui lui avait été accordé, très respectueux de leur système juridique qui, disait-il, le protégeait. Il n'osait plus voyager, sauf en Israël, et ne parlait pas du passé. Il croyait Poutine capable de tout – un homme dangereux, un pur Soviétique, disait-il. Il ne comprenait rien au système français, qu'il croyait davantage perméable à l'influence du Kremlin. Il m'avait raconté qu'à la fin des années 1990, il avait eu le coup de foudre pour le Cap d'Antibes. Il demande

---

1. *Le Point*, 13 septembre 2002.
2. *Le Monde*, 13 mai 2005.

le prix : cent millions. Pensant qu'il s'agit de dollars, il renonce. Découvrant que le montant est en francs, il éclate de rire et confirme l'achat par téléphone. Mis en examen dans les affaires immobilières depuis le début des années 2000, il avait peur de venir en France et d'être immédiatement extradé vers Moscou. J'ai obtenu que son interrogatoire ait lieu par vidéoconférence. Il a été déchargé de l'une des charges qui pesaient contre lui. Il s'est montré très reconnaissant – à l'excès, même. Et il s'est beaucoup amusé des scrupules fiscaux de mon cabinet[1] ! »

Tout à son combat contre Vladimir Poutine, Berezovski est convaincu qu'il peut le déstabiliser en encourageant la contestation dans les républiques satellites. Lors d'une conférence à Oxford, il affirme y consacrer vingt-cinq millions de dollars de sa fortune personnelle.

Première cible : l'Ukraine. En novembre 2004, il apporte son soutien financier à la « révolution orange ». Arborant une écharpe de même couleur, il explique à la chaîne britannique Channel 4 que Viktor Iouchtchenko, victime d'une tentative d'empoisonnement qui lui a grêlé la peau, battra Viktor Ianoukovitch à l'élection présidentielle, et que Vladimir Poutine n'est qu'un criminel. Interrogé sur son propre rôle, il répond, visiblement ravi : « Si Trotski était encore en vie, on dirait que Berezovski est derrière[2] ! » Encore propriétaire du quotidien russe

---
1. Entretien, Paris, 12 janvier 2014.
2. Patrick Forbes, *The Russian Godfathers*, op. cit.

Kommersant, il envoie Goldfarb, le directeur de sa fondation, mettre au point une version ukrainienne. Il envisage de s'installer à Kiev et demande un visa au nouveau gouvernement. En vain. Le président Iouchtchenko et son Premier ministre, Ioulia Timotchenko, aux belles tresses blondes, entendent apaiser Moscou.

Berezovski jette alors son dévolu sur la Lettonie, l'un des petits pays Baltes. Toujours sous le coup des mandats d'arrêt russes, il brave le risque d'extradition et atterrit avec son avion à Riga. Pour prouver l'impuissance de Poutine, qui exige sa remise immédiate aux troupes russes stationnées sur place et qui menace de couper l'approvisionnement en gaz du pays, il tient une conférence de presse avant de redécoller à la hâte. Il y retournera sans encombre à l'été 2005 sous prétexte de promouvoir du matériel pédagogique. Manifestement ravi de son coup, il parade devant les caméras avec une escorte de choix : Neil Bush, le propre frère cadet du président américain, venu vanter les mérites de son projet en échange, sans doute, de quelque gratification[1].

En mai 2005, à Moscou, lors d'un premier procès où il est exhibé enfermé dans une cage en compagnie de son ancien associé Platon Lebedev, Mikhail Khodorkovski est condamné à huit ans de prison pour évasion fiscale et escroquerie. L'opinion internationale s'émeut, la Maison Blanche se dit choquée.

Jamais à court d'idées, Berezovski va voir en Israël Leonid Nevzline, l'ex-dirigeant de Ioukos qui gère ce

---

1. *Ibid.*

qu'il en reste. Nevzline, accusé de meurtre en Russie, a eu droit aux honneurs du Sénat américain. Pourquoi ne pas faire alliance, obtenir le soutien de l'administration Bush et se battre ensemble contre Poutine ? Nevzline hésite, et décline. « Un type vraiment compliqué, dira-t-il de Berezovski. Mais au moins il aime la Russie. Poutine, lui, n'aime que lui-même[1]. »

En janvier 2006, Berezovski célèbre en grande pompe son soixantième anniversaire. Il loue au duc de Marlborough l'immense et majestueux Blenheim Palace, là où est né Winston Churchill. Un avion affrété emmène de Moscou amis et journalistes pour écouter Cesaria Evora. Invité d'honneur : Rupert Murdoch, qui l'avait convié quelques années plus tôt à son mariage à New York avec Wendi Deng. La vraie surprise tient à la présence de celui qui fut un temps son plus coriace rival, Vladimir Goussinski – toujours propriétaire à Moscou de la radio Ekho Moskvy[2]. Cette station diffusera quelque temps plus tard une interview de Berezovski appelant ouvertement au « renversement d'un président qui viole la Constitution » : « Toute action violente de la part de l'opposition est justifiée. Il faut prendre le pouvoir par la force, et j'y travaille[3] ! »

Le Kremlin demande encore une fois, sans succès, son extradition. Le ministre des Affaires étrangères britannique doit promettre à la Chambre des Communes de tenir à l'œil ces Russes richissimes qui ont envahi Londres et qui tiennent des propos inacceptables[4].

---
1. *Ibid.*
2. Mark Hollingsworth et Stewart Lansley, *Londongrad...*, *op. cit.*
3. *Ibid.*
4. *Ibid.*

À Londres, les bureaux de Down Street vivent au rythme imprévisible du patron. Iouli Doubov, qui jusqu'en 2002 faisait la navette avec Moscou en acheminant pour Berezovski des documents utiles aux différentes procédures en cours, s'y est installé et fait office de bras droit. Lui aussi est poursuivi pour fraude dans le cadre des activités de LogoVaz. Il a écrit un autre roman à clé, nourri de façon transparente des multiples méfaits prêtés à Vladimir Poutine. Il reste convaincu de la sincérité de l'oligarque dans ses opérations politiques, aussi brouillonnes soient-elles :

« Berezovski avait de vraies convictions. À l'opposé de Poutine, qui avait très vite consolidé une organisation verticale de son pouvoir, lui ne croyait qu'au système horizontal, à la multiplicité des organes de décision et aux jeux d'influence dans lesquels il avait excellé. Il était devenu plus vibrionnant que jamais, sautant d'un projet à l'autre avec une telle énergie qu'on avait du mal à le suivre. Et puis il avait des périodes d'abattement. La Russie lui manquait. Il aimait discuter avec Litvinenko, qu'il avait pris sous sa protection et qui encourageait son obsession sécuritaire, même s'il doutait de sa discrétion. Ils discutaient sans fin des agissements du Kremlin, des moyens de les dénoncer et de les combattre[1]. »

Le 7 octobre 2006 – jour anniversaire de Vladimir Poutine – Anna Politkovskaïa, journaliste intrépide qui avait couvert les guerres tchétchènes pour son journal *Novaïa Gazeta* et qui militait depuis des années contre

---

1. Entretien, Londres, 20 février 2014.

la politique du Kremlin, est assassinée à Moscou. Elle a été abattue de quatre coups de pistolet dans le hall de son immeuble, devant l'ascenseur. Elle avait déjà fait l'objet de multiples menaces de viol et de mort, et d'une tentative d'empoisonnement qui l'avait rendue gravement malade. Obsédé lui aussi par les affaires tchétchènes, Litvinenko la connaissait bien. Il accuse aussitôt Vladimir Poutine d'avoir commandité le meurtre.

Le 1er novembre, l'ancien lieutenant-colonel du FSB, qui vient d'obtenir la naturalisation britannique, déjeune avec un contact italien qui affirme détenir des preuves concernant l'assassinat. Dans l'après-midi, il a rendez-vous à l'hôtel Millenium avec deux Russes, dont Andreï Lougovoï. Ancien, lui aussi, du FSB, Lougovoï avait été employé par Berezovski et Badri Patarkatsichvili pour assurer la sécurité de leur chaîne de télévision ORT. Il dirige toujours une société de protection des personnes, et il cherche, dit-il, à développer ses activités à Londres. Il commande un gin tonic, Litvinenko boit du thé. Deux heures après, tordu de douleurs, il comprend qu'il a été empoisonné. Hospitalisé à l'University College Hospital de Londres, il mourra trois semaines plus tard. Diagnostic : de hautes quantités de radiations dues à du polonium 210. Pour les médecins, il s'agit du premier cas de « terrorisme nucléaire » sur le sol britannique[1].

Les enquêteurs retrouveront des traces radioactives partout où sont passés Lougovoï et son complice, qui ont immédiatement regagné Moscou. Scotland Yard conclut à l'assassinat. Le parquet britannique inculpe Lougovoï,

---
1. *Financial Times*, 13 février 2014.

qui accuse à son tour le MI6 d'avoir voulu se débarrasser d'un collaborateur encombrant. L'affaire tourne à la crise politique entre Londres et Moscou. Des diplomates sont expulsés de part et d'autre.

Berezovski et le cabinet de relations publiques de lord Bell exploitent à fond le drame, multipliant les apparitions de l'oligarque dans les médias pour mieux incriminer le Kremlin[1]. Les photos de Litvinenko, hâve, décharné, intubé, le regard fixe, font le tour du monde. Les services du renseignement russe démentent toute implication. À Moscou, journaux et télévisions accusent Berezovski d'avoir commandité le meurtre pour mieux salir le Kremlin. L'agence TASS dénonce l'orchestration par Bell & Pottinger d'une campagne visant à dénigrer Vladimir Poutine jusque dans les sommets internationaux.

La justice britannique se heurte à un mur. Moscou refuse d'extrader Andreï Lougovoï. Mieux, ce dernier est élu en décembre 2007 député à la Douma et bénéficie désormais de l'immunité parlementaire. Il tentera, sans succès, de devenir maire de Sotchi quelque temps avant les Jeux olympiques de 2014.

Avec le soutien de Berezovski, Marina, la veuve de Litvinenko, mène une bataille acharnée pour éviter l'abandon des poursuites. Elle porte plainte contre la Fédération de Russie auprès de la Cour européenne des droits de l'homme. Elle exige que l'enquête judiciaire britannique devienne publique, de manière à empêcher le Foreign Office de s'abriter derrière des arguments de sécurité nationale pour éviter une nouvelle crise avec

---

1. Mark Hollingsworth et Stewart Lansley, *Londongrad...*, *op. cit.*

Moscou. Elle n'obtient gain de cause qu'en février 2014 : le procureur, sir Robert Owen, conclut dans ses dépositions écrites à la responsabilité « prima facie » de l'État russe. En juillet 2014, près de huit ans après les faits, au moment où Londres plaide pour un durcissement des sanctions contre la politique ukrainienne de Moscou, les autorités britanniques décident d'ouvrir une enquête publique, relançant ainsi les investigations sur les véritables responsables du meurtre[1].

Même s'il avait pris ses distances avec lui et diminué ses appointements, la mort de Litvinenko a profondément ébranlé Boris Berezovski. Il dénonce une nouvelle tentative d'assassinat contre sa personne, renforce les mesures de protection et change de service de sécurité. Il en vient maintenant à militer publiquement pour un soulèvement armé en Russie. Il répète au *Guardian* qu'il faut utiliser la force pour renverser Poutine[2].

Badri Patarkatsichvili, le Géorgien, l'ami des bons et des mauvais moments, des montages financiers et des coups tordus, en a assez. Le combat politique de son associé n'a jamais été le sien, et cette escalade verbale nuit gravement aux affaires de Salford Capital, la société qui gère la plupart de ses investissements. Il ne peut plus manœuvrer facilement, les banques européennes renâclent à traiter avec lui.

Les deux amis décident de se séparer financièrement, Badri dédommageant progressivement Berezovski de

---

1. *International New York Times*, 23 juin 2013.
2. *The Guardian*, 13 avril 2007.

façon à récupérer ses parts. Mais leurs liens restent étroits, et l'ascendant de Boris Abramovitch sur son vieux compère puissant.

Des élections présidentielles doivent avoir lieu en Géorgie en 2008. Badri y dispose toujours de relais efficaces. Il est indigné par la tournure qu'a prise le régime Saakachvili. Pourquoi ne se présenterait-il pas ? Ce serait faire œuvre de salubrité publique, une preuve de civisme envers la mère patrie, lui répète inlassablement Berezovski, qui y voit aussi une façon de fragiliser Vladimir Poutine sur son flanc sud.

Malgré les réticences de sa femme, Badri se laisse convaincre. En novembre 2007, il retourne à Tbilissi, mobilise quelques partisans dans l'indifférence générale et rentre à Londres. Quelques jours après, de violentes manifestations donnent au gouvernement géorgien le prétexte de fermer sa station de télévision en l'accusant de fomenter un coup d'État. Il riposte en affirmant que les autorités ont voulu l'assassiner. Des enregistrements prouvent qu'il a voulu corrompre des hauts fonctionnaires. Patarkatsichvili est destitué de ses postes de président du comité olympique géorgien et du patronat local.

C'est l'humiliation. Badri hésite, et maintient sa candidature à l'élection de janvier 2008. Son propre directeur de campagne annonce alors publiquement que le milliardaire n'est pas digne de la fonction présidentielle. L'aventure politique de Patarkatsichvili a tourné au fiasco.

Le 12 février 2008, à Londres, il participe à une réunion chez ses avocats avec Berezovski, lord Bell, dont il utilise aussi les services, et Iouli Doubov. Le Géorgien ne se sent pas bien et rentre dans son manoir du Surrey. Après dîner il s'écroule, victime à cinquante-deux ans d'une attaque cardiaque.

Badri est mort. Berezovski, en pleurs, est en état de choc. Il a perdu son complice de toujours – et il découvre l'incroyable désordre des affaires gérées par son ami pour leur compte commun. Ils avaient tout partagé – à l'exception de leurs maisons, des voitures, des avions et des bateaux. Du 50-50, et comme de coutume, pas l'ombre d'un document écrit. De cette immense fortune, dont il ne connaissait même pas les contours et qu'il dépensait sans compter, Badri était le trésorier, celui qui satisfaisait à toutes ses demandes, en cash ou en virements à partir de sociétés-écrans. Badri disparu, le système s'écroule.

Iouli Doubov en témoigne : « Boris n'avait aucune idée précise de ses affaires. Il régnait entre eux une telle confiance ! Depuis dix-sept ans, ils se parlaient plusieurs fois par jour. Pendant toutes ces turbulences, pas l'ombre d'une brouille, pas un soupçon de désaccord ! Rendez-vous compte : en 2000, Poutine avait envoyé à Badri un ultimatum. "Tu peux rester ici, tu peux faire ce que tu veux, rien ne t'arrivera, lui avait-il dit. Je ne te demande qu'une chose : tu laisses tomber Berezovski". Et Badri avait refusé[1]. »

---

1. Entretien, Londres, 20 février 2014.

Entre les deux hommes, aucun accord n'avait été fixé par écrit. En revanche le cousin américain de Badri, Joseph Kay, et l'avocat new-yorkais qui l'accompagne disposent de documents dûment signés par le Géorgien leur confiant le contrôle de l'ensemble de ses avoirs.

Pour la famille Patarkatsichvili, à commencer par sa femme Inna, qui aimait poser pour les magazines mondains dans la splendeur très kitsch de leur manoir anglais, c'est aussi la consternation. Une bonne partie de la fortune leur échappe. Ils découvrent accessoirement l'existence à Moscou d'une autre épouse et d'un fils de quatorze ans.

Les collaborateurs de Badri s'aperçoivent que nombre de sociétés ont été vidées de leurs actifs. Rien ou presque n'est à son nom, mais à celui d'amis d'enfance ou de visiteurs de passage. Joseph Kay, lui, est bien le détenteur attitré de plusieurs millions de dollars.

Berezovski est convaincu que le testament a été trafiqué, mais il ne peut rien prouver contre l'Américain. Il se retourne contre la famille et exige le partage de ce qui reste, à hauteur de trois milliards de dollars. Ils se disputent violemment. La justice britannique est saisie.

Pour la première fois depuis longtemps, Boris a des problèmes d'argent. Il est en instance de divorce. Sa femme exige cent millions de livres. Il doit mettre en vente son nouveau yacht, le *Darius*, qu'il avait commandé pour faire concurrence au *Pelorus* de Roman Abramovitch. Abramovitch, ce blanc-bec qui a vingt ans de moins que lui, que Badri et lui avaient lancé dans les affaires, et qui à ses yeux n'est plus qu'un traître siphonnant sa fortune depuis des années.

En plein cœur de Londres, chez Hermès, à Sloane Street, on n'avait jamais rien vu de tel : deux oligarques et leurs gardes du corps en sont venus aux mains. Les caméras de surveillance enregistrent l'empoignade. Ce samedi après-midi d'octobre 2007, Roman flâne dans la boutique pour hommes. Deux vitrines plus loin, Boris regarde les vestes en cuir qu'il affectionne chez Dolce & Gabbana. Ses sbires lui signalent la présence de son ancien associé. Berezovski se précipite dans sa Mercedes Maybach blindée garée en double file et saisit dans la boîte à gants l'acte d'accusation qui, selon la loi anglaise, doit être remis en mains propres pour être pris en compte. Boris a déjà fait plusieurs tentatives, dépêchant des émissaires à des matchs de football dans l'espoir d'approcher le nouveau propriétaire du club de Chelsea – en vain. Cette fois, il le tient. Tandis que leurs services de protection s'affrontent, Berezovski parvient à lancer les documents aux pieds d'Abramovitch. La procédure est enclenchée. Il lui réclame cinq milliards et demi de dollars[1].

Leur relation remonte à 1995, et elle s'est d'abord épanouie sur un geyser de pétrole. Pour une somme dérisoire – cent millions de dollars –, Berezovski et Badri profitent à fond du dispositif « prêts contre actions » pour acquérir une compagnie pétrolière appartenant jusque-là à l'État, Sibneft, bientôt cotée cinq milliards. Un troisième larron participe pour moitié à la mise de fonds initiale : Roman Abramovitch.

Ils s'étaient rencontrés quelques mois plus tôt à Saint-Barth, sur le yacht de Piotr Aven. Berezovski est séduit

---

1. Mark Hollingsworth et Stewart Lansley, *Londongrad...*, *op. cit.*

par ce jeune homme de vingt-huit ans, effacé, à la mise modeste, dont l'esprit, comme aux échecs, anticipe les coups à la vitesse de la lumière. Entre les trois compères, la répartition des rôles se fait aisément : à Boris l'entregent politique, à Badri les montages financiers, à Roman la gestion de la société pétrolière. Leurs accords sont conclus sans témoin, et sans trace écrite.

Cinq ans plus tard, les relations tournent à l'aigre. En décembre 2000, au Cap d'Antibes, Roman, devenu à son tour propriétaire du château de la Croé, l'ancienne demeure du duc de Windsor, se rend à la Garoupe pour voir Boris et Badri. L'ambiance est tendue. Au cœur des discussions, la chaîne de télévision ORT que les deux associés détiennent toujours à hauteur de 49 %. À en croire Berezovski, Abramovitch est envoyé par Poutine pour leur faire rendre gorge. Selon le jeune financier, Boris, qui a besoin d'argent, lui demande son aide pour vendre au meilleur prix. En tout cas l'affaire est conclue et un montage mis en place pour masquer une transaction qui permet au Kremlin de mettre la télévision au pas et aux oligarques de toucher leur dû hors de Russie, à Gibraltar.

C'est le pétrole qui va mettre le feu au trio. Sur le papier, Sibneft est maintenant à 100 % la propriété du seul Abramovitch – même s'il reconnaît que les deux autres ont joué un rôle au début. Ces derniers affirment que leurs parts étaient portées tacitement, en confiance, par le jeune homme. Brandit-il la menace d'une confiscation pure et simple par Poutine en cas d'entêtement ? Propose-t-il de payer 1,3 milliard de dollars à Berezovski en reconnaissance des services rendus grâce à l'entregent politique et aux réseaux mafieux de ce dernier ? Ou au contraire, comme le prétend Boris, une transaction a-t-elle été imaginée, par l'intermédiaire d'un émir d'Abu Dhabi, pour procéder à un rachat de parts ? Les versions des anciens partenaires ne s'accorderont pas non plus à propos de Rusal, le géant de l'aluminium dans lequel ils avaient investi de conserve.

Berezovski rumine son amertume. En 2005, il voit rouge : Abramovitch revend Sibneft à l'État russe pour 13,1 milliards de dollars – dix fois plus que ce que lui a touché. La société entre dans le giron de Gazprom, le groupe public dirigé à l'époque par Dimitri Medvedev, bientôt président de la Fédération de Russie par la grâce de Poutine, qui devient Premier ministre.

L'oligarque mène encore grand train, mais ses activités politiques lui coûtent cher. L'ascension et la richesse insolente de celui qu'il avait considéré au départ comme un collaborateur doué, sans plus, l'insupportent. Il voit en lui le bras armé du Kremlin, qui veut le mener à la ruine.

Boris Berezovski décide de porter plainte contre Roman Abramovitch, devant la Haute Cour de Londres. « Abramovitch est un partenaire d'affaires de Poutine, c'est du racket typique. C'est pour cela que j'ai choisi d'aller en justice », explique-t-il[1].

Aujourd'hui encore Iouli Doubov défend sa décision : « Tout le monde savait qu'ils avaient été partenaires.

---

1. *Le Journal du dimanche*, 25 décembre 2005, cité par Alban Traquet, *Roman Abramovitch...*, *op. cit.*

C'était de notoriété publique, qu'il s'agisse de Sibneft, de Rusal ou d'autres affaires. Et puis Boris était amoureux de la justice anglaise. Il la pratiquait beaucoup et il disait volontiers que perdre ici, cela valait mieux que gagner ailleurs. Vous savez, quand on vient de Russie, une cour britannique, c'est vraiment un choc culturel ! C'est magnifique ! Je ne parle pas du décor, mais du respect de la règle de droit... Boris pensait qu'il suffisait de dire la vérité pour l'emporter. Manifestement, ce n'était pas le cas[1]... »

Pour la presse britannique, ce sera le procès du siècle – en tout cas le litige privé le plus considérable jamais jugé en Grande-Bretagne. Les deux parties s'attachent à prix d'or les cabinets d'avocats les plus prestigieux. Le procès ne commencera qu'en 2011 et durera dix mois. Hervé Temime, du barreau de Paris, assistait à l'une des audiences :

« Berezovski était très confiant. Il était vif et même joyeux. Il croyait dur comme fer qu'il serait en mesure d'expliquer les pratiques qui l'avaient lié auparavant à son adversaire – des pratiques assez spécifiques de la Russie de l'époque ! Il était très content de pouvoir se servir des pièces de l'enquête pénale réalisée en France sur ses affaires immobilières. Elles apportaient la preuve, selon lui, des virements d'argent réguliers et très importants qu'effectuait Abramovitch en sa faveur et donc, selon lui, d'un partage des bénéfices. C'est ainsi qu'il avait pu acheter le Cap d'Antibes. Son adversaire a expliqué qu'il s'agissait en fait de *krycha* – de protection

---

1. Entretien, Londres, 20 février 2014.

accordée à son aîné en échange des services rendus, et en aucun cas de partenariat[1]. »

Berezovski est seul. Badri Patarkatsichvili est mort depuis trois ans. Avec lui, il a perdu son principal témoin contre Abramovitch, le seul à avoir été intimement mêlé à l'édification de l'empire qui maintenant lui échappe, le seul à avoir connu la vraie nature et l'évolution de leurs rapports.

Devant la cour, Berezovski, soixante-six ans, costume sur mesure, exubérant, sûr de lui, s'évertue à parler un mauvais anglais et se contredit en se noyant dans les détails. Abramovitch, quarante-cinq ans, tête basse, mise modeste, une montre bon marché au poignet, parle en russe et en dit le moins possible.

Le jour du verdict, le 31 août 2012, Berezovski est dans la salle. Abramovitch n'y est pas.

La juge Elizabeth Gloster annonce qu'elle rejette « dans leur totalité » les prétentions du plaignant. Selon elle, il s'est montré « fondamentalement peu fiable », « regardant la vérité comme un concept éphémère et flexible, qui pouvait être façonnée en fonction du but recherché ». « Un contraste frappant », a-t-elle noté, avec les réponses « prudentes et réfléchies » de M. Abramovitch, témoin « honnête et digne de confiance », qui s'est montré « franc » en admettant par exemple que certains documents avaient pu être antidatés[2].

À la sortie, Berezovski est abasourdi : « Je suis sidéré. Lady Gloster a pris la liberté de réécrire l'histoire russe...

---

1. Entretien, Paris, 12 janvier 2014.
2. *Le Nouvel Observateur*, 31 août 2012.

J'ai l'impression que c'est Poutine lui-même qui a écrit le jugement ! »

Sept mois plus tard, le 23 mars 2013, le corps de Boris Berezovski, soixante-sept ans, gît sur le sol de sa salle de bains de sa maison d'Ascot, à l'ouest de Londres. Avi Navama, son garde du corps, qui était à sa recherche, a dû forcer la porte. Autour du cou, un morceau d'écharpe, accroché au montant de la douche. Les policiers concluent immédiatement au suicide et écartent tout soupçon d'homicide. La justice ouvre néanmoins une enquête.

Iouli Doubov était parmi les premiers sur les lieux. Croit-il aujourd'hui au suicide ou à l'assassinat ? Il tarde à me répondre. « Je ne sais pas. Je ne crois pas qu'il s'est suicidé. Je n'en sais rien. Peut-être n'ai-je pas envie de savoir[3]... »

Les proches sont partagés. Oui, il était très déprimé, il se voyait ruiné, il n'était plus que l'ombre de lui-même, une épave, disent les uns. Non, il avait parlé à ses enfants dans l'après-midi, il venait de réserver un billet d'avion pour Tel-Aviv où il devait retrouver un ami et une maîtresse, affirment les autres. Un expert légiste allemand mandaté par la famille écarte la mort par pendaison. Selon lui, les marques sur le cou et le visage de Berezovski et les résultats de l'autopsie suggéreraient un étranglement. Selon un membre des secours arrivé sur place, la couleur pourpre du visage ne correspondrait pas à l'apparence habituelle d'un suicide par pendaison, et la position du corps était étrange.

---

3. Entretien, Londres, 20 février 2014.

En mars 2014 l'enquête judiciaire est close. Le coroner Peter Bedford refuse de se prononcer formellement et conclut sur un « verdict ouvert » : « Je ne dis pas qu'il s'est suicidé. Je ne dis pas qu'il a été victime d'un homicide. Le niveau de preuves requis est tellement élevé qu'il est impossible pour moi de me prononcer[1]. »

La vengeance du Kremlin poursuivra jusqu'aux héritiers de Berezovski. En juin 2014, à la demande de Moscou, le tribunal de Marseille mettra sous séquestre l'une des propriétés du cap d'Antibes dont l'acquisition reste contestée[2].

Deux jours avant sa mort, Boris Berezovski avait reçu chez lui Sergueï Timofeev, un journaliste russe qui préparait un livre. « Je ne peux pas m'arrêter dans ma course, lui disait-il. On peut se demander : où court-il ? Mais c'est ma vie... Je n'ai qu'un plaisir dans la vie, penser au futur. Dans le futur, j'espère vivre quelque part à Moscou, où j'ai passé mon enfance. Là sûrement je connaîtrai le grand amour[3] ! »

---

1. *Le Figaro*, 28 mars 2014.
2. AFP, 2 juillet 2014.
3. Sergueï Timofeev, Rosbalt.ru, blogs, 3 avril 2013.

6

Un jeune homme timide

Le *Pelorus* fait cent quinze mètres. Équipé de hublots pare-balles, d'un système de détection antimissile, de deux hélicoptères et d'un sous-marin, il a coûté cent trente millions d'euros.[1] Le *Luna* mesure cent quinze mètres, l'*Ecstasea* quatre-vingt-six, le *Susurro* quarante-neuf. Le *Grand-Bleu*, cent douze mètres, a été offert à son bras droit. Le *Sigma* – nom de code SF99 –, un bateau blanc de cinq étages, construit en Allemagne, doit son allure futuriste à l'imagination de Philippe Starck, qui ne dira rien de son coût. L'*Éclipse* – cent soixante-quatre mètres, neuf cents millions d'euros sans compter son sous-marin, doté d'un système laser anti-paparazzi et décoré par une agence française, Atabeyki – n'est plus aujourd'hui le plus grand yacht du monde : il a été dépassé d'une encablure par celui d'un émir du Golfe. Mais Roman Arkadievitch Abramovitch n'a pas dit son dernier mot : il adore les bateaux.

Il est aussi féru d'avions : un Boeing 737, un Boeing 767, baptisé *Bandit* – équipé comme l'*Air*

---

1. Alban Traquet, *Roman Abramovitch...*, *op. cit.*

151

Force One du président des États-Unis d'un système de brouillage antimissile – un Falcon 900 et une flottille d'hélicoptères dont un Sikorsky insonorisé pour écouter de la musique[1]. Il apprécie les voitures de luxe, des Maybach aux Rolls-Royce en passant par les Ferrari et autres Bugatti.

Il aime surtout le football. Il a acheté le Chelsea FC, surnommé depuis « Chelski », pour quatre-vingts millions d'euros, épongé ses dettes et investi près d'un milliard pour gagner la Champion's League.

La liste de ses biens immobiliers varie en fonction de ses divorces. Depuis le premier appartement acheté à Londres en 1997, il possède aujourd'hui plusieurs maisons conjointes à Belgravia, une autre sur Kensington Palace Gardens et un gigantesque domaine dans le Sussex. À Moscou, il a fait installer chez lui un cabinet entièrement équipé pour son dentiste parisien, qui vient à domicile. Outre Saint-Pétersbourg, on le retrouve à Saint-Barth, au Monténégro, au cap d'Antibes, à Saint-Tropez, sur le lac de Garde en Italie, à Aspen dans le Colorado et bien sûr à New York sur la Ve avenue.

Tous ceux qui ont affaire à lui le confirment : à quarante-sept ans, Abramovitch a beau étaler sa fortune, acheter des jouets avec une sorte de frénésie, il reste le garçon timide, secret, méfiant qui depuis ses débuts a su tromper son monde – un bourreau de travail plutôt qu'un jouisseur, un obsessionnel plutôt qu'un flambeur, qui paraît toujours mal fagoté dans ses vêtements de marque. Flanqué d'une escouade

---

[1]. Mark Hollingsworth et Stewart Lansley, *Londongrad...*, *op. cit.*

d'avocats et de son conseiller en communication, il s'exprime le moins possible en public et vit entouré en permanence de gardes de sécurité – pour le protéger, lui et sa famille –, et il entretient l'un des plus vastes services privés du monde.

Un de ses vieux amis, Alexandre Nevzorov, un ancien journaliste, donnait récemment une clé du personnage à la télévision russe : « Abramovitch est tout sauf un homme public. Surtout pas. Pas seulement à cause des règles édictées par le pouvoir actuel du Kremlin, mais à cause du cadre qu'il s'est fixé lui-même. Il est convaincu que la sécurité d'un homme comme lui, en Russie, dépend de sa discrétion. Il ne s'exprime jamais[1]. »

Roman Arkadievitch vient d'un univers qui jusqu'à la fin de l'ère soviétique ne figurait même pas sur la carte. Oukhta, cent cinquante mille habitants, située à mille trois cents kilomètres au nord-est de Moscou en République des Komis près du cercle polaire, était le site d'un des pires goulags d'URSS. C'est là, dans les fumées des usines pétrochimiques, qu'il passe son enfance. Issu d'une famille déportée de Lituanie par l'Armée rouge, orphelin de mère et de père, il est élevé par un oncle qui commerce avec la Finlande. Sur le registre de son école, accolée à son nom, la rubrique « nationalité » précise : « juif ». Il fait ses études secondaires à Moscou, où vit sa grand-mère, et retourne à Oukhta au début des

---

1. Alexeï Louchnikov reçoit Alexandre Nevzorov, « Osobyj vzgljad », Telekanal VOT, 9 août 2013.

153

années 1980 pour étudier brièvement à l'université de technologie avant de faire son service militaire[1].

La perestroïka aiguise le sens du commerce. À l'armée, le voilà qui excelle au marché noir. En 1985, il travaille dans une coopérative de jouets qui écoule des canards en plastique sur le marché moscovite.

Passé par l'Institut du gaz et du pétrole de Moscou, Roman crée dès le début des années 1990 une petite société, ABK, et se lance dans le négoce de pétrole. Il a pour associé Evgueni Chvidler, son ami d'enfance, toujours à ses côtés aujourd'hui. Grâce à un officier des douanes, il se procure une licence d'exportation, ce qui lui permet d'encaisser l'importante différence entre le prix à l'achat sur le marché domestique et le cours international du brut. D'anciens condisciples d'Oukhta se souviennent d'une affaire de wagons-citernes, qu'il persiste à nier[2]. Au printemps 1992, il est arrêté, soupçonné d'avoir dérobé cinquante-cinq wagons remplis de carburant à la raffinerie de pétrole locale pour les acheminer à Riga, et d'avoir ainsi détourné ses premiers millions de roubles. Dans le désordre ambiant et grâce à quelques appuis, l'affaire sera classée sans suite par le parquet de Moscou.

À la tête de PetrolTrans et d'une vingtaine de petites sociétés domiciliées en Suisse, Abramovitch commence à s'enrichir. Il s'est lié d'amitié avec un journaliste bien placé, Leonid Diatchenko, qui s'intéresse au pétrole et va devenir le gendre de Boris Eltsine. À la fin de l'année

---

1. Alban Traquet, *Roman Abramovitch..., op. cit.*
2. Dominic Midgley et Chris Hutchins, *Abramovitch, the Billionaire from Nowhere*, Londres, HarperCollins, 2004.

1994, Roman est invité à Saint-Barth en même temps que Boris Berezovski.

Celui-ci veut ajouter le pétrole à son empire naissant. Rosneft, conglomérat d'État, le deuxième par sa taille après Gazprom, détient des gisements considérables et d'excellentes infrastructures. Plutôt que de tenter un assaut frontal, Abramovitch lui suggère de s'emparer des meilleurs actifs – la société d'exploitation Noïabrskneftegaz et la raffinerie d'Omsk – pour créer Sibneft. Berezovski va plaider leur cause auprès du Kremlin et du Premier ministre, Tchernomyrdine. Hostile à l'opération, le directeur général de la raffinerie, Ivan Litskevitch, sera bientôt retrouvé noyé dans une rivière[1].

En septembre 1995, le président Eltsine signe le décret créant la société Sibneft. Par une cascade d'enchères truquées dans le cadre de l'opération « prêts contre actions », Berezovski, Badri Patarkatsichvili et Abramovitch vont s'approprier le groupe.

Tandis que l'oligarque se livre à ses autres ambitions sans se préoccuper de gestion, Abramovitch, silencieusement, avec l'assentiment de Badri, va se payer sur la bête grâce à sa société de trading, Runicom, enregistrée à Gibraltar et basée à Genève[2].

À l'ombre de son mentor, Roman a compris comment fonctionne le Kremlin façon Eltsine. À sa manière, à bas bruit, il fait désormais partie de la « Famille ». En juillet 1996, on l'aperçoit, souriant, visage poupin sous

---

1. *Kommersant*, 8 septembre 1995, et Paul Klebnikov, *Parrain du Kremlin...*, op. cit.
2. Paul Klebnikov, *ibid.*

une barbe naissante, célébrant la réélection du président[1]. Berezovski se flatte de l'y avoir introduit « car il pouvait faire la conversation à sa place », raconte Alexandre Goldfarb[2].

Alexeï Venedictov, le journaliste vedette de la radio Ekho Moskvy, a demandé un jour à Boris d'analyser le talent de Roman : « C'est un fin psychologue [...]. Il a toujours un mot pour chacun. Évidemment, il aborde les politiques et les hommes d'affaires de la même façon. Il se comporte comme un mec honnête, et parle de ses propres faiblesses. Il démarre la conversation en disant : "Bien sûr, vous n'allez pas me croire." C'est une tactique gagnante à tous les coups[3] ! »

La « Famille » lui a trouvé un surnom : le « caissier ». Il sait rendre service. Un visiteur de Tatiana, la fille du président, raconte : « J'arrive un soir dans sa maison de campagne et il y a là ce jeune type pas rasé, en jean, qui sort de sa voiture des caisses de très bon vin français, remplit le frigo et se met à cuire des brochettes. Je me dis : tiens, ils ont un nouveau cuisinier. J'interroge le mari de Tania qui s'écrie en riant : non, c'est Roman ! Il vit chez nous pendant que sa maison est en travaux[4]. »

À la fin des années 1990, l'étoile de Berezovski pâlit. Abramovitch a pris ses distances. Désormais propriétaire au cap d'Antibes d'un château plus imposant encore que celui de son associé, il veille à ses propres intérêts : il

---

1. Alexandre Gentelev, *Rise and Fall of Russian Oligarchs*, *op. cit.*
2. Alban Traquet, *Roman Abramovitch...*, *op. cit.*
3. Dominic Midgley et Chris Hutchins, *Abramovitch, the Billionnaire from Nowhere*, *op. cit.*
4. *Ibid.*

fait capoter un projet de fusion entre Sibneft et Ioukos, le groupe pétrolier de Khodorkovski, et obtient une augmentation de ses propres quotas à l'exportation.

Son influence intrigue les médias russes, qui ne disposent même pas de sa photo. L'hebdomadaire *Versiya* le pourchasse. Lui multiplie les précautions. Interrogé avant les législatives de 1999 sur ses liens avec Boris Eltsine, il ose répondre : « Je ne l'ai jamais vu. Son opinion sur moi ? Je pense qu'il ne sait pas que j'existe[1]. » Pourtant, d'après Venediktov, témoin de la scène en août 1999, c'est lui qui auditionne les prétendants aux différents postes clés[2].

Quand le pouvoir change de mains, Roman n'est pas loin. En 2000, une fois Vladimir Poutine devenu président, tous les collaborateurs du Kremlin et les candidats aux portefeuilles ministériels sont priés de s'entretenir en secret avec un homme : Roman Abramovitch[3].

Cette année-là, en juillet, quand le président réunit les oligarques les plus puissants du pays pour leur signifier les nouvelles règles du jeu, le jeune homme timide n'a pas besoin d'y être, tant est manifeste sa proximité avec le pouvoir : Chvidler, son homme de confiance, représente le groupe. Une enquête fiscale sur Sibneft sera déclenchée pour le principe, et aussitôt abandonnée.

« À l'époque d'Eltsine, les négociations entre le Kremlin et les oligarques étaient publiques, explique l'un des meilleurs enquêteurs russes sur le sujet, Valeri Paniouchkine, journaliste à *Kommersant* puis à

---

1. *Vedomosti*, 1er décembre 1999.
2. Dominic Midgley et Chris Hutchins, *Abramovitch, the Billionnaire from Nowhere*, op. cit.
3. *Ibid.*, et Christ Hutchins sur Radio Svoboda, 24 octobre 2006.

Vedomosti. Aujourd'hui, elles sont devenues secrètes. Abramovitch a compris ça très tôt. [...] Peut-être entretient-il des relations financières avec Poutine ou son entourage, mais, en tous cas, il ne l'affiche pas[1]. »

En mai 2005, le journal d'opposition *Novaïa Gazeta* publie une enquête sur les propriétés des dirigeants russes et révèle qu'en 2002 Roman Abramovitch a acheté, pour cinquante millions de dollars, un voilier Olympia qu'il aurait offert à Vladimir Poutine. La semaine suivante, le journal publie la version de Berezovski : « C'était au mois d'octobre 1999, en pleine campagne législative. Roman Abramovitch est venu me voir avec une proposition qui m'a paru un peu étrange : "Écoute, Volodia [Vladimir Poutine] m'a fait comprendre qu'il voudrait avoir un voilier." Roman m'a même donné le prix d'un bateau qui pourrait faire l'affaire : cinquante millions de dollars. Et puisque Sibneft nous appartenait à 50-50, il m'a proposé de participer à l'achat à hauteur de 50 % et de payer vingt-cinq millions. Les raisons d'Abramovitch étaient claires. C'était pour lui la meilleure façon de construire des relations solides avec Poutine[2]. »

À trente-quatre ans, Roman est devenu l'un des hommes les plus riches du pays. Contrairement à Khodorkovski, à peine son aîné, et plus encore à Berezovski, qui utilise ses propres médias pour assouvir et glorifier sa soif de pouvoir, Abramovitch ne se sert de la politique que dans l'intérêt de ses affaires. Élu député de la Tchoukotka, une région pauvre et dépeuplée de

---

1. Alban Traquet, *Roman Abramovitch...*, *op. cit.*
2. Tania Rakhmanova, *Au cœur du pouvoir russe...*, *op. cit.*

l'extrême Nord-Est, à sept mille kilomètres de Moscou, il en devient gouverneur en décembre 2000 avec 91 % des voix. Le district autonome est une zone franche, défiscalisée, dont vont bénéficier Sibneft et ses autres sociétés. Il va aussi y investir des sommes considérables à titre personnel – un milliard de dollars selon certaines sources – pour améliorer les infrastructures, l'éducation et l'extraction de l'or. Il crée une organisation caritative, Pôle d'espoir, pour améliorer les conditions de vie de la population – la température y descend jusqu'à – 60 °C et les ressources minières sont difficiles à exploiter.

Dans un rare entretien accordé à un hebdomadaire britannique, Roman explique sa passion pour la région arctique : « Certains croient que j'ai aidé la Tchoukotka parce que j'ai passé mon enfance dans le Nord, d'autres pensent que c'est parce que j'ai vécu une enfance difficile, d'autres encore parce que j'ai volé de l'argent. Aucune de ces raisons n'est la bonne. Quand vous arrivez et que vous voyez la situation, vous voulez faire quelque chose. Je n'avais jamais rien vu de pire de ma vie[1]. »

Sur l'insistance de Vladimir Poutine, Abramovitch restera gouverneur de la Tchoukotka jusqu'en 2008. Président du parlement régional, il se représentera aux élections en 2011 sous l'étiquette du parti présidentiel, Russie unie, témoignant ainsi de son allégeance au pouvoir et de son dévouement patriotique tout en poursuivant ailleurs ses activités. Obligé pour la première fois de divulguer son patrimoine pour respecter la nouvelle loi, il publiera une liste très élaguée, ne mentionnant ni

---

1. *The Observer*, 24 décembre 2006.

bateaux ni avions mais quelques-unes de ses maisons et une modeste Volkswagen Golf[1]. En mai 2013, la loi change encore une fois, interdisant désormais aux élus de détenir des biens et des comptes bancaires à l'étranger. Il démissionne de la présidence tout en continuant à investir dans la région, selon son porte-parole[2].

Au fil des quinze dernières années, la fortune d'Abramovitch s'est considérablement développée. Après avoir subi le spasme financier de 1998, il bénéficie au début des années 2000 de l'envolée des cours du pétrole et place judicieusement ses pions.

En 2003, sa société holding Millhouse Capital détient en Russie non seulement une bonne part de Sibneft, mais aussi 26 % d'Aeroflot, 50 % de Rusal, le deuxième producteur mondial d'aluminium, des participations dans Avtobank, le constructeur automobile Gaz, le géant de l'assurance Ingosstrakh, le cartel métallurgique Orsko-Khalikovski, la centrale hydroélectrique de Krasnoïarsk et l'usine de pâte à papier Oust-Inlinski. La plupart de ses sociétés sont enregistrées aux îles Vierges, à l'abri du fisc comme de la curiosité de ses partenaires ou rivaux. En 2002, il rachète la compagnie pétrolière Slavneft, la dernière à être vendue aux enchères. Seul accroc, qui va se noyer dans les sables judiciaires : la BERD, la banque internationale mise sur pied pour investir à l'Est, lui reproche d'avoir utilisé un crédit de dix-sept millions de dollars pour acheter ses bateaux.

---
1. *The Independent*, 17 février 2011.
2. *Le Point*, 2 juillet 2013.

Quand Abramovitch joue les bons offices, il ne perd pas de vue ses intérêts. Qu'il s'agisse de l'ORT, la première chaîne de télévision russe, rachetée à ses anciens associés et remise au pas selon les vœux de Vladimir Poutine, ou de Sibneft, la compagnie pétrolière acquise avec Berezovski et Patarkatsichvili qui finira dans le giron de Gazprom contre treize milliards de dollars, il joue sa partition en prenant soin de l'accorder à celle du Kremlin.

Dans ses relations avec Khodorkovski, son habileté sera plus flagrante encore. En 2002, les deux oligarques s'accordent pour fusionner Sibneft et Ioukos, ce qui donnerait naissance au quatrième groupe pétrolier mondial. Abramovitch récupère au passage trois milliards de dollars. Quelques mois plus tard, Ioukos est mis sous surveillance. Le sort de son président est scellé. Abramovitch le sait-il au moment des négociations, anticipant la chute de Khodorkovski pour boucler une affaire qui profitera, à terme, à son groupe et à Rosneft, la compagnie pétrolière proche du Kremlin[1] ?

Leonid Nevzline, l'ancien numéro deux de Ioukos, en est convaincu : Poutine et Abramovitch ont eu partie liée. Il ajoute : « Si Abramovitch était intervenu pour la libération de Khodorkovski, il aurait trouvé des arguments. Il n'a pas voulu dépenser son énergie pour Khodorkovski. Et puis entre l'arrestation de Pitchouguine [le responsable de la sécurité de Ioukos] et celle de Khodorkovski, Abramovitch aurait pu nous aider à trouver une solution, il aurait pu expliquer à Micha [Khodorkovski] toute la gravité de la situation. Le processus de fusion était toujours en cours. Micha l'aurait

---

1. Alban Traquet, *Roman Abramovitch...*, *op. cit.*

écouté. Il l'aurait cru parce que c'était quelqu'un de l'extérieur. [...] Abramovitch était un homme proche du pouvoir. Comment pourrais-je croire à sa sincérité[1] ? »

Sa sincérité, ou plutôt sa fidélité, Abramovitch la réserve à une petite équipe, soudée par une même obsession du secret, dont certains l'accompagnent depuis ses débuts.

Il y a là son assistante, Marina Gontcharova, rencontrée à l'époque des canards en plastique de la coopérative Ouïout, et Eugene Chvidler, un Moscovite naturalisé américain, son bras droit et principal associé, un brillant mathématicien aujourd'hui président de la holding Millhouse, accessoirement propriétaire de Château Thénac, un côtes-de-bergerac qu'il s'efforce de bonifier. Pour son anniversaire, Roman lui a offert une Ferrari, puis l'un de ses yachts et plus récemment un troupeau de moutons débarqués sur la pelouse de son château bordelais[2]. L'avocat américain Bruce Buck, cofondateur du célèbre cabinet Skadden, a longtemps conseillé Sibneft avant de devenir président du Chelsea FC. Quant à Eugène Tenenbaum, Canadien né à Kiev, passé par KPGM et Salomon Brothers, il dirige la filiale anglaise de Millhouse à Londres. L'Afro-Américain John Mann, qui a fait ses classes au Kazakhstan et chez Burson-Marsteller, le géant américain de la communication, est son porte-parole depuis 2002 et n'a pas son pareil pour déjouer la curiosité des parlementaires et des journalistes.

---

1. Cité dans Mikhaïl Khodorkovski et Natalia Gevorkyan, *Prisonnier de Poutine*, op. cit.
2. *The Observer*, 11 octobre 2009.

Sans en avoir l'air, Roman sait le pouvoir des mots. « Connaissez-vous la différence entre un rat et un hamster ? demandait-il au *Monde* en 2003. Il n'y en a pas. C'est juste une affaire de relations publiques[1]. »

Et de savoir-faire. Lors du procès intenté contre lui par Berezovski, il prétendra, clignant des yeux et butant fréquemment sur les mots en russe : « Je ne parle jamais en public, je sais que je suis mauvais, je deviens très nerveux. J'oublie ce que je veux dire, je n'arrive pas à exprimer mon raisonnement et ma pensée aux journalistes, donc j'ai décidé que ce n'était pas mon truc et que je devais m'abstenir. » Et il ajoute, pour faire oublier qu'il avait affirmé publiquement à Moscou ne détenir que 50 % de Sibneft : « En fait, je ne retiens pas l'information – quand j'arrive quelque part, j'ai déjà oublié ce que je voulais dire[2]... »

Quelle que soit sa proximité ancienne avec le Kremlin, Abramovitch a compris le danger d'être trop visible dans les secteurs que Vladimir Poutine estime essentiel à ses intérêts, comme le pétrole.

« C'est un garçon très malin, raconte le politologue Ivan Krastev. Après avoir joué à fond la famille Eltsine, il a admirablement réussi la transition vers le système Poutine. Mais il sait qu'il n'y jouera plus les premiers rôles. À partir de 2003, il va passer de plus en plus de temps à Londres et diversifier ses investissements[3]. »

---

1. *Le Monde*, 26 mai 2008.
2. *The Telegraph*, 10 novembre 2011.
3. Entretien, Barcelone, 1er mai 2014.

« Abramovitch est un type sérieux et très dur en affaires, estime George Soros. Comme tous les oligarques, il connaît surtout les matières premières. Je l'ai vu à l'œuvre notamment en Guinée-Conakry, où il a des mines de bauxite – le président Alpha Condé lui reproche, comme à d'autres, d'avoir acquis les concessions en corrompant ses prédécesseurs. Il se bat. C'est un dur[1]... »

Abramovitch s'intéresse aux mines de charbon au Zimbabwe, à l'acier aux États-Unis, aux composants électroniques en Israël, aux herbicides, aux piles à combustible et à la téléphonie en Grande-Bretagne. Il a beaucoup investi dans l'exploitation des mines d'or en association avec le géant canadien Barrick Gold et les Écossais Fleming[2].

C'est même son principal secteur d'activité en Russie, dans la Tchoukotka et la région de Khabarovsk : il contrôle ainsi 40 % de la compagnie minière Highland Gold, enregistrée à Londres. Abramovitch reste très présent dans le secteur de l'acier (31 % du groupe Evraz) et du nickel (5,9 % de Norilsk Nickel), dans l'industrie pharmaceutique (40 % de Pharmstandard, 50 % de Biokad), et dans l'immobilier.

Après la crise financière de 2008, en plein marasme des marchés de matières premières, Abramovitch devra recourir à des prêts consentis par l'État russe à hauteur de près de deux milliards de dollars pour rembourser les créanciers d'Evraz. Le Kremlin sait utiliser les fonds

---

1. Entretien, Barcelone, 30 avril 2014.
2. *Le Monde*, 18 août 2008.

publics pour s'attirer la reconnaissance des oligarques dans leurs moments de fragilité[1].

Propriétaire d'une revue consacrée au vin, *Magnum*, d'un magazine sportif, *Prosport*, et d'une équipe de hockey sur glace à Omsk, la ville de ses débuts dans le pétrole, Roman a beaucoup investi dans le football russe, remettant à flot le CSKA Moscou et la fédération nationale, finançant en particulier un gigantesque centre d'entraînement.

Une façon de se faire pardonner Chelsea ? Quand l'oligarque rachète le fleuron de la première division anglaise en 2003, le maire de Moscou parle d'une gifle infligée au sport national. Installant ses fidèles aux commandes, Abramovitch va dépenser sans compter pour hisser et maintenir les Blues au niveau international tout en les transformant en marque commerciale. Le montant des transferts se seraient élevés à près de quatre cents millions d'euros, bouleversant le marché des joueurs avant l'irruption du Qatar.

Pour un homme tellement mal à l'aise en public, qui semble considérer toute apparition comme une épreuve et un risque, Abramovitch ne boude pas Stamford Bridge. Il assiste aux entraînements, va discuter dans les vestiaires, et a fait de la Millenium Box l'une des plus prisées des loges présidentielles. En 2012, c'est le triomphe : Chelsea remporte la Champion's League en battant aux tirs au but le Bayern de Munich[2].

---

1. Edward Lucas, *The New Cold War : Putin's Russia and the Threat to the West*, Palgrave Macmillan, 2008.
2. Alban Traquet, *Roman Abramovitch...*, *op. cit.*

En achetant les Blues, Abramovitch a réussi un coup de maître. Plutôt que de faire laborieusement son chemin dans les mondanités londoniennes, qui l'ennuient, l'oligarque s'est octroyé un passe-droit dans l'une des plus anglaises des institutions, populaire de surcroît, se distinguant ainsi de ses richissimes congénères. Dans sa loge vont se succéder quelques grands noms des affaires et de la vie publique britanniques, de lord Jacob Rothschild à Bernie Ecclestone.

Ses enfants – il en a sept – fréquentent tous des écoles anglaises. Tôt divorcé de sa première femme, il a épousé en 1991 Irina, une belle hôtesse de l'air rencontrée à bord d'un vol d'Aeroflot. Accompagnant son ascension, elle va s'épanouir et s'étourdir dans la jet-set internationale, payant les services d'une agence de relations publiques, Platinum Entertainment Services, pour avoir accès aux plus belles fêtes et aux meilleures adresses de Londres[1].

Ils se sépareront en 2007. Soucieux d'éviter la presse à scandale et la justice britannique, qui aurait exigé un recensement précis de sa fortune, Abramovitch obtient que le jugement soit prononcé à Moscou. Il ne doit céder que 2 % de ses avoirs, mais le montant du divorce reste impressionnant : il devra consentir à Irina deux cent treize millions d'euros, les propriétés de Londres et du Sussex, l'usage du Boeing 737 et du yacht *Pelorus*... Elle confessera plus tard à l'édition russe de *OK ! magazine* que sa vie avec Roman n'était pas un conte de fées et qu'elle vivait dans la hantise d'un kidnapping : « Pour ma sécurité et celle des enfants, on embauchait

---

1. Mark Hollingsworth et Stewart Lansley, *Londongrad...*, *op. cit.*

des gardes du corps, on changeait de numéros de portable chaque semaine pour ne pas être localisés[1] ».

Abramovitch n'a pas divorcé de bonne grâce. Il y aurait été contraint par son ami Vladimir Poutine, irrité de la publicité entourant sa liaison avec une ravissante Russo-Américaine de nationalité britannique de vingt-quatre ans, Dacha Joukova.

« Même si les deux hommes n'ont que dix ans d'écart, Poutine considère Roman comme une sorte de fils adoptif, en tout cas comme un ambassadeur de la Russie d'aujourd'hui... Il lui a fait comprendre qu'il devait mettre ses affaires privées en ordre[2] ! » affirme à la presse britannique Chris Hutchins, auteur d'une biographie de l'oligarque.

Dacha incarne parfaitement cette nouvelle génération russe, prise dans les tourbillons de l'argent et des privilèges, soumise aux canons de la jet-set mondialisée et soucieuse d'imprimer sa marque dans les seuls univers échappant à peu près aux contraintes politiques de son pays d'origine : l'art et la mode.

Elle est la fille d'Alexandre Radkine Joukov, devenu citoyen britannique après avoir fait fortune dans le marché des ordinateurs et du pétrole à Odessa. Arrêté à Turin en 2001 pour trafic d'armes avec les Balkans, il a échappé aux condamnations et mène grand train à Londres à la tête d'un fonds d'investissement, Glengari. Dacha Joukova a surtout vécu aux États-Unis avec sa mère, spécialiste de biologie moléculaire, qui l'élève

---
1. *Ibid.*
2. *Evening Standard*, 14 mars 2007.

dans le judaïsme pratiquant. Étudiante à l'université de Californie, à Santa Barbara, elle lance avec une amie taïwanaise une ligne de vêtements, devient mannequin, vit un temps avec le joueur de tennis Marat Safin et rencontre Abramovitch en 2005 à l'occasion d'un match de foot.

Avec Dacha, qui va lui donner deux enfants, l'oligarque, de quinze ans son aîné, va changer d'univers. Associé par devoir à quelques bonnes œuvres – parrain du Bolchoï, d'un hôpital privé et d'une école de management à Moscou –, il n'a manifesté jusque-là aucun goût pour l'art. Un copiste italien avait même révélé, en 2006, qu'Abramovitch lui avait commandé pour sa maison londonienne une Marilyn Monroe façon Warhol et quelques faux Klimt[1].

Dacha lui fait découvrir la photo – il finance trois expositions de photographies russes, ou consacrées à la Russie, à Londres – et l'art moderne.

Bien à sa manière, à la fois secrète et spectaculaire, Abramovitch va bouleverser l'univers feutré des grandes maisons de vente. Selon le magazine *The Art Newspaper*, il aurait acheté chez Christie's et Sotheby's à des prix alors jamais atteints une toile de Lucian Freud (21,38 millions d'euros) et un Francis Bacon – une grande allégorie sur le thème de la vengeance divine poursuivant les criminels (56,38 millions d'euros)[2].

Le monde de l'art frémit à l'idée de le compter désormais parmi ces investisseurs qui y voient aussi, par temps de crise, un placement opportun, et poursuit

---
1. *Le Monde*, 26 mai 2008.
2. *Ibid.*

sa compagne de ses assiduités et de ses conseils. Non sans quelques crispations. Lors de la Biennale de Venise, en 2013, le pavillon britannique avait fait sensation en exposant une œuvre de Jeremy Deller – un gigantesque collage des fameux bons de participation distribués aux Russes au début des années Eltsine, socle de papier de l'oligarchie triomphante[1]. Les commentateurs y avaient vu en filigrane une dénonciation d'Abramovitch.

À Moscou, Dacha a transformé un ancien dépôt d'autobus en un centre d'art contemporain. Inauguré avec faste en 2008 par un concert d'Amy Winehouse en présence de quelque trois cents sommités internationales comme Jeff Koons et le galériste Larry Gagosian, le centre, surnommé le Garage, devient aussitôt le lieu le plus branché de la capitale.

Un tel étalage ne va pas sans grincements de dents. « Une nouvelle génération de mondaines dont l'intérêt va au-delà des boutiques est apparue », ironise le quotidien *Novye Izvestiia*, prompt à critiquer « le clinquant et les riches mécènes » qui dominent la scène de l'art locale sans maîtriser « le niveau requis de professionnalisme[2] ».

Sentant le vent, Abramovitch rejoint le groupe des bienfaiteurs du musée de la Tolérance installé dans les locaux de l'ancien Garage, loués à la Fédération des communautés juives – il siège à son conseil de surveillance. Le projet est officiellement soutenu par Vladimir Poutine, qui a annoncé son intention d'y contribuer en versant un mois de son salaire officiel.

---

1. *Inferno magazine*, 20 juin 2013.
2. *Le Monde*, 26 mai 2008.

Soucieuse d'exister par elle-même, Dacha tient à son Garage. En octobre 2013, Abramovitch achète deux bâtiments dans le parc Gorki, au centre de Moscou. Elle en disposera après leur restauration, prévue pour cinquante millions de dollars, confiée à l'architecte hollandais Rem Koolhaas[1].

À Saint-Pétersbourg, son mari investit trois cents millions d'euros pour que le Garage s'installe sur une île de dix-huit hectares, la Nouvelle Hollande, d'anciens entrepôts militaires pétersbourgeois construits au XVIIIe siècle. Sa propre collection y sera exposée.

L'oligarque voit plus loin encore : il aurait offert à sa belle quarante hectares sur la Lune par le biais du site Lunar Embassy. Et il n'aurait pas choisi n'importe quel endroit : la « propriété » est située sur le côté le plus visible de notre seul satellite naturel[2].

Après avoir passé le plus clair de son existence à fuir toute forme de publicité, l'oligarque alimente désormais la rubrique people davantage que celle des affaires. Dacha et Roman à Saint-Barth avec le Tout-Hollywood, à New York, où est née leur dernière fille, à Londres ou ailleurs – le couple incarne la démesure de l'extrême richesse à l'âge des réseaux sociaux, qui les suivent à la trace, pourchassant et publiant leurs moindres factures. On sait ainsi qu'à Londres Abramovitch a acheté en 2011 l'ancienne résidence officielle de l'ambassadeur de Russie sur Kensington Palace Gardens pour quatre-vingt-dix

---

1. « Roman Abramovič pojmal "šestigrannik" », *Kommersant*, 25 octobre 2013.
2. *20 minutes*, 26 novembre 2008.

millions de livres, sans compter d'énormes travaux pour construire une piscine en sous-sol et un court de tennis[1]. Seule la famille du sidérurgiste indien Lakshmi Mittal le bat au compteur, avec quatre propriétés dans la même avenue[2].

Le scandale aussi devient mondialisé. En janvier 2014, le site russe Buro 24/7 publie une interview de la belle Dacha Joukova, qui édite désormais son propre magazine, opportunément dénommé *Garage*. Elle y parle d'art et de mode. En guise d'illustration, une photo la montre assise sur une chaise très particulière – la sculpture en polyvinyle d'une femme noire aux jambes repliées, dévêtue façon sadomasochiste, œuvre d'un Norvégien, Bjarne Melgaard. Aussitôt rebaptisée « la mécène et la chaise raciste », l'affaire enflamme les milieux de l'art contemporain, qui discutent à l'infini des frontières du tolérable, jusqu'à ce que Dacha présente platement ses excuses par un communiqué : la « photo [...], publiée totalement hors de son contexte, est une œuvre d'art conçue spécifiquement comme un commentaire sur la politique du genre et des races ». « Elle tient à s'excuser auprès de quiconque avait été blessé par cette image[3]. »

Abramovitch, lui, adopte un autre style : il figure sur le calendrier anglais « Foot 2014 », censé être drôle et sexy, en compagnie de Michel Platini et de Sepp Blatter. À ses côtés, huit collaborateurs des Blues en petite tenue. Lui fume la pipe en veston d'intérieur.

---

1. *The Week*, 31 mai 2014.
2. *Ibid.*
3. *Libération*, 23 janvier 2014.

En 2018, la Coupe du monde de football aura lieu à Moscou. Pour décrocher l'affaire, Vladimir Poutine en personne a rencontré le comité exécutif de la FIFA à Zurich en décembre 2010, et évoqué le financement : « Je n'exclus pas que M. Abramovitch puisse prendre part à un de ces projets. Qu'il mette la main à la poche, il a beaucoup d'argent ! » a-t-il ajouté en fixant Abramovitch, qui, comme à son habitude, a souri sans piper mot[1].

En 2014, le magazine *Forbes* estime la fortune de Roman Abramovitch à un peu plus de neuf milliards de dollars et le classe au 137e rang des fortunes mondiales. Il n'est plus que le treizième homme le plus riche de Russie.

---

1. Tania Rakhmanova, *Au cœur du pouvoir russe…*, op. cit.

4

Londongrad

Mars 2014. La crise ukrainienne s'aggrave. Moscou vient d'annexer la Crimée. Les États-Unis et l'Union européenne brandissent la menace de sanctions économiques – le Premier ministre britannique David Cameron avertit Vladimir Poutine « des coûts importants » que subirait la Russie. Le même jour, la BBC et plusieurs journaux diffusent la photo, prise au téléobjectif, d'un document qu'apporte un haut fonctionnaire à Downing Street, expliquant à quel point il faut préserver le centre financier de Londres et éviter toute interruption du flux de capitaux russes[1]. Sous l'effet des tensions internationales, soixante-dix milliards de dollars ont déjà fui le pays au cours du premier trimestre, et la City – cette « vieille dame permissive », comme l'a décrite l'essayiste Anthony Sampson – veut en rester la première bénéficiaire[2].

---
1. AFP, Reuters, 4 mars 2014.
2. Anthony Sampson, *Anatomie de l'Angleterre,* traduit de l'anglais par Jean-Marc Pelorson et Eudes de Saint-Simon, Paris, Robert Laffont, 1963.

Depuis l'écroulement de l'Union soviétique, Londres est la véritable capitale de l'oligarchie russe, et la ville au monde qui compte le plus de milliardaires[1]. La Bourse, l'immobilier, les écoles, le système judiciaire, le luxe, l'élite politique et financière, l'aristocratie et la criminalité s'en sont accommodés avec ce pragmatisme marchand et ce sens inaltérable de sa propre supériorité qui caractérisent l'esprit britannique. En vingt ans, les retombées financières sont incalculables – les riches ressortissants des pays émergents, à commencer par les Russes, dépenseraient sur place près de cinq milliards de dollars par an, et les extravagances de Londongrad ne cessent de nourrir la chronique locale.

Londres traite fort bien les étrangers : on y a inventé le statut de résident non domicilié. Introduit en 1996 par le gouvernement conservateur de John Major, le système a aussitôt attiré une bonne partie de la richesse des pays émergents, à commencer par les *nouvorichi* de l'ancien espace soviétique. Il suffit aujourd'hui de s'installer en Grande-Bretagne pendant six mois de l'année sans obligation d'y habiter, de ne pas percevoir de revenus générés sur place et de s'acquitter d'un forfait de cinquante mille livres pour ne payer ni impôt sur le revenu, ni impôt sur les plus-values mobilières réalisées à l'étranger, ni impôt sur la fortune puisqu'il n'existe pas – quant aux droits de succession, ils sont aisément contournables[2]. Mieux, un investisseur étranger qui place

---

1. *Sunday Times*, 10 mai 2014.
2. *L'Express*, 21 mars 2013.

un million de livres ou davantage en bons du Trésor bénéficie d'un visa spécifique de trois ans. Deux ans plus tard, s'il les a conservés et versé dix millions de livres, il devient résident. Entre 2008 et 2013, 433 visas de ce genre ont été accordés à des Russes – plus nombreux encore que les Chinois à avoir adopté ce statut[1].

Autour de la place financière de Londres gravite une noria de satellites qui sont eux-mêmes des paradis fiscaux. D'après l'économiste John Christensen, de l'association Tax Justice Network, il en existe environ une soixantaine, dont la moitié est issue de l'ancien Empire britannique. De droit anglais, comme Jersey et l'île de Man, ces anciennes colonies traitent à leur tour avec les banques présentes dans la capitale britannique. « Cela vaut à Londres d'être à la fois la plus grande place financière et le plus grand paradis fiscal de la planète », souligne ce même économiste qui ajoute : « Beaucoup d'oligarques apportent à Londres de vastes quantités d'argent et utilisent cette ville comme base pour gérer leur fortune personnelle. »

Selon lui, c'est aussi un circuit de blanchiment d'argent[2]. Les principaux investissements étrangers qui sont enregistrés en Russie proviennent en effet des îles Vierges britanniques, des Bermudes, des Antilles néerlandaises et de Chypre, dont on a vu le rôle pivot lors de la crise de l'euro de 2012-2013. « En grande partie, c'est bien de l'argent blanchi qui retourne en Russie ! La Banque centrale russe estime que les deux tiers des capitaux qui ont fui le pays sont liés à des activités

---
1. *The Economist*, 22 mars 2014.
2. Parlonsinfo.fr, 4 avril 2013, et *Le Monde,* 11 mars 2014.

illégales », affirme Ben Judah, auteur d'un livre sur le système Poutine[1]. Selon Robert Palmer, de l'association Global Witness, qui lutte contre la corruption dans le monde, les acteurs de la finance en Grande-Bretagne n'ont aucune envie de savoir d'où vient l'argent russe. « Des gens du secteur bancaire me disent : "Comment veux-tu remonter si loin avec ces Russes ? Impossible pour nous de dire si telle ou telle société a été achetée ou acquise légalement, vu la confusion qui régnait dans les années 1990." Il est effectivement difficile de démêler ce qu'il s'est passé exactement pendant cette gigantesque orgie de privatisations qui a suivi l'effondrement du communisme, alors on a tout bonnement tiré un trait sur le passé[2]. »

Le London Stock Exchange accueille aujourd'hui soixante-dix sociétés russes dont les activités vont de la finance aux transports en passant par les minerais et la distribution.

Pour accompagner les oligarques dans la conduite de leurs affaires, la place de Londres réunit tous les services qui ajoutent à son attractivité : banques, fonds spéculatifs, marchés à terme, Bourse des métaux, fonds de retraite, assurances, à commencer par la Lloyd's, sans oublier la Banque européenne de reconstruction et de développement[3].

On y trouve aussi les plus grands cabinets de gestionnaires de fortune, d'experts-comptables et d'avocats, pour qui les batailles d'oligarques constituent une mine d'or.

---

1. Ben Judah, *Fragile Empire*, Yale University Press, 2013 ; *Le Monde*, 11 mars 2014, et *Politico magazine*, 2 mars 2014.
2. *Daily Telegraph* dans *Courrier international*, 14 décembre 2012.
3. *Le Monde*, 15 mars 2014.

« Entre mars 2008 et mars 2013, près des deux tiers des litiges traités par la chambre commerciale de la Haute Cour de Londres sont liés à l'étranger. Selon les juristes, le plus gros contingent était russe. Les avocats chevronnés s'attendent maintenant à percevoir une "surcote russe", jusqu'à mille cinq cent livres de l'heure en sus du tarif normal. C'est ce que certains appellent l'"effet Sumption", du nom de celui qui aurait touché entre trois et dix millions de livres pour défendre Roman Abramovitch contre Boris Berezovski. Les frais générés par ce procès ont atteint environ cent millions de livres[1]. »

Si quelque 60 % des revenus des juristes londoniens proviennent de contentieux commerciaux entre oligarques, c'est aussi pour ces derniers une façon de figer sur papier timbré des accords qui ont été longtemps coutumiers – conclus sur parole, sans trace écrite, sans répartition précise des responsabilités et des participations. En régularisant et en internationalisant leurs affaires, les grands protagonistes comme les acteurs marginaux de la grande braderie russe ont acquis tous les signes extérieurs de la respectabilité et la protection de la règle de droit.

Encore faut-il disposer à Londres d'une adresse de choix. Sous l'afflux d'argent russe, le marché immobilier est devenu l'un des plus chers du monde.

« L'acheteur russe reste une figure extrêmement importante sur le haut de gamme », confirme Liam Bailey, de l'agence immobilière Knight Frank, qui

---

1. *The Economist*, 22 mars 2014.

l'estime à près de 20 % des ventes de très grand luxe. Ainsi les soixante-seize appartements du One Hyde Park, construit par le célèbre architecte Richard Rogers, ont été négociés au départ à un prix moyen de plus de vingt millions de livres – on y trouve le plus riche des Ukrainiens, Rinat Akhmetov, le couple Kharitonine, copropriétaire d'un groupe pharmaceutique, Vladislav Doronine, grosse fortune immobilière, quelque temps fiancé à Naomi Campbell, ou encore un avocat anglais, un certain Alastair Tulloch, plusieurs fois prête-nom de quelques propriétaires qui veulent rester discrets. À la même adresse, qui communique par souterrain avec l'hôtel Mandarin Oriental, tout près du grand magasin Harrods, le record a été battu au printemps 2014 : cent soixante-dix millions de livres pour un plateau vide de mille cinq cents mètres carrés[1].

Au-delà des paradis fiscaux et de la plaque tournante de Chypre, qui leur servent de bases arrière, les Russes apprécient particulièrement l'anonymat que leur garantit un système où l'identité des actionnaires d'une société peut être masquée par le truchement d'un prête-nom, d'une banque, d'un cabinet d'avocats ou d'experts-comptables[2].

Au printemps 2014, les sanctions occidentales en rétorsion de la politique ukrainienne du Kremlin accentuent la ruée – le montant des achats immobiliers devrait dépasser les quelque deux cent vingt millions de livres dépensés l'année précédente[3].

---

1. France Culture, 8 mai 2014.
2. *Le Monde*, 3 mai 2014.
3. *Financial Times*, 28 mai 2014.

L'ancienne ouvrière de l'usine de machines-outils de Moscou a toujours nié être la propriétaire de l'immense résidence de Witanhurts à Highgate, au nord de Londres. Ni son nom ni celui de sa société n'apparaissent dans la transaction, conclue en 2008 au nom de Safran Holdings, une société opportunément enregistrée aux îles Vierges britanniques, l'un des paradis fiscaux préférés des oligarques.

Elena Batourina est la seule oligarque – l'unique femme à figurer dans le classement *Forbes* des dix plus grandes fortunes russes. De l'usine d'outillage de Moscou, où elle fut ouvrière comme ses parents, jusqu'aux soixante-cinq pièces de Witanhurst – la plus vaste résidence de Londres après Buckingham Palace –, son parcours résume les métamorphoses et les extravagances de la Russie d'aujourd'hui.

Elena, qui a aujourd'hui cinquante et un ans, a eu la bonne idée d'épouser Iouri Loujkov en 1991. Ils se sont rencontrés au département des coopératives de la capitale – en pleine perestroïka, le meilleur observatoire des bonnes affaires à venir. Ancien concierge, il en est le responsable, elle y est secrétaire après avoir suivi des cours du soir en gestion. Il a vingt-sept ans de plus qu'elle, mais il devient aussitôt maire de Moscou – il restera l'un des personnages les plus puissants de la Fédération pendant près de vingt ans.

« Je ne mélange pas les affaires et la vie privée ! » insiste volontiers Elena qui a tenu à garder son nom de jeune fille et qui, dès son mariage, a créé sa propre entreprise, Inteko. Elle commence par fabriquer du mobilier et des objets en plastique, raflant comme il se doit tous les marchés de la ville. Puis elle passe aux matériaux de construction et à l'immobilier.

À partir de 2001, sa société prend le contrôle de DSK-3, le plus gros promoteur de Moscou (représentant le quart du secteur préfabriqué), devient le premier fournisseur du ciment du pays, obtient de la mairie la rénovation de plusieurs bâtiments historiques, les permis pour de nombreux investissements hôteliers et touristiques avant de passer aux centres commerciaux. Inteko construit aussi un bâtiment pour l'université de Moscou. La fortune de sa propriétaire va dépasser quatre milliards de dollars avant de fléchir sous l'effet de la crise de 2008. Son mari sauve alors la mise en lui rachetant, pour le compte de la ville, des terrains bien au-dessus des prix du marché selon *Vedomosti*[1].

Énergique, sinon brutale, s'habillant volontiers en homme, harmonisant parfois ses costumes avec ceux de son mari, elle a la réputation de lui mener la vie dure, le houspillant en public et affichant à tout propos son autonomie. En 2010, NTV, l'une des grandes chaînes du pays, diffuse un portrait d'elle intitulé « Cette chère Elena Nikolaïevna » – description peu aimable de la vie du couple et du style musclé de la dame, en affaires comme au tennis, l'une de ses passions. Son physique robuste lui vaut, aujourd'hui encore, quelques plaisanteries sur les réseaux sociaux : « Batourina est rentrée à Moscou… sous les traits de Gérard Depardieu ! »

Iouri Loujkov, l'époux, a longtemps entretenu des ambitions politiques. Proche de l'ancien Premier ministre

---

1. Alexandre Kolesnichenko, « Transitions on line : Moscow Duce », 6 mai 2010, TOL.org.

Primakov et du patron de presse Vladimir Goussinski, il a tenté en 1999 de profiter de l'affaiblissement de la famille Eltsine pour prétendre à la succession, mais il a été aussitôt évincé par Vladimir Poutine. Il conservera la mairie de Moscou pendant dix-huit ans. Sous son règne, la ville sort du glacis communiste avec la restauration de la cathédrale du Christ-Sauveur, le périphérique, le stade Loujniki – l'impopularité de Loujkov grimpant au rythme d'un système de corruption étalé à ciel ouvert. Il joue Poutine, alors Premier ministre, contre le clan du président Medvedev. Pendant l'été 2010, sans que le couple interrompe ses vacances en Autriche, de gigantesques incendies cernent la capitale, rendant l'atmosphère irrespirable. Medvedev y voit l'occasion d'affirmer son autorité et limoge le maire pour corruption. Encouragés par le Kremlin, les médias accuseront alors le couple d'avoir mis la capitale en coupe réglée et d'avoir détourné des fonds au détriment de la Banque de Moscou. Iouri et Elena échapperont néanmoins aux tribunaux.

Un an plus tard, Batourina vend Inteko pour un montant estimé à 1,2 milliard de dollars. Son frère, qui en était vice-président, est envoyé en colonie pénitentiaire pour fausses factures.

Elena a depuis longtemps assuré ses arrières à Vienne et à Londres, où ses deux filles ont fait leurs études. Elle n'a pas perdu son sens des affaires. À la tête de deux fonds immobiliers, Queen's Gate et Rosamund, elle a massivement investi dans l'industrie hôtelière en Autriche – le Grand Tyrolia à Kitzbühel lui appartient –, à Saint-Pétersbourg, à Karlovy Vary en République tchèque, et à Dublin. Tous ses hôtels sont gérés par une même société, Martinez Hotels and Resorts, basée en Autriche[1].

Batourina ne manque pas d'aplomb, et l'humilité n'est pas son fort. Aujourd'hui encore, elle affirme sans fard qu'elle ne doit rien à son mari et qu'elle aurait pu aussi bien réussir ailleurs : « Personne ne m'a interdit de faire des affaires [à Moscou], donc je pouvais le faire, a-t-elle raconté récemment à la BBC. Je dirais même plus : ce sont mes barrières intérieures qui m'ont limitée ! En principe, personne ne m'interdisait de faire des affaires avec l'argent du budget de la ville. C'est par barrière intérieure que je n'ai jamais utilisée un sou de la ville de Moscou pour gagner de l'argent[2]... »

Contrairement à la plupart de ses congénères, Batourina évite de s'afficher avec la jet-set internationale et prétend même aujourd'hui opérer selon les règles : « Il y a des milliardaires cachés dont nous ne savons rien... Si vous parlez des gens qui déclarent leurs revenus ouvertement, alors oui, je suis probablement la plus riche femme de Russie[3] ! » Elle ne se prive pas non plus de les critiquer. La première vague d'oligarques, dit-elle, a fait fortune « grâce à toutes sortes de manœuvres financières. Ils veulent continuer aujourd'hui et ne savent pas encore à quoi jouer la prochaine fois. Ils se mettent donc à acheter des yachts plus grands que les autres...

---

1. Phoebe Taplin, Rbth.com, 20 décembre 2013.
2. BBC Russie, 18 mars 2013.
3. Phoebe Taplin, Rbth.com, 20 décembre 2013.

ou à concourir pour avoir la maîtresse la plus jeune. Ils n'ont pas la satisfaction d'atteindre un objectif résultant d'un long processus... C'est pourquoi ils ne sont jamais rassasiés[1] ! »

« Moi, j'ai besoin d'une vraie production, que ça grandisse, que ça se construise. Je suis une femme de l'usine. J'ai commencé à l'usine. C'est une très bonne école de vie. [...] Je pense que cela manque à beaucoup de nos dirigeants qui n'ont pas ce savoir de la vie réelle, comment tout cela fonctionne. Ils sont souvent dans des sphères virtuelles[2]. »

Va-t-elle se mettre elle aussi à l'art contemporain, ouvrir une galerie pour polir son image ? « Moi, j'ai un problème avec l'art contemporain. J'adore la porcelaine russe, en particulier de l'époque de Nicolas Ier. [...] Vous savez, j'ai l'une des plus riches collections privées de porcelaine impériale[3] ! »

Batourina a beaucoup contribué à développer à Londres l'engouement pour l'art russe, au point que Christie's, Sotheby's et Bonhams, la très traditionnelle maison locale, ont, en quelques années, multiplié les ventes aux enchères consacrées à tout ce qui évoque la grandeur passée de la mère patrie, des icônes anciennes aux vestiges de la propagande communiste. William MacDougall, spécialiste de l'art russe, n'a pas hésité, en pleine crise ukrainienne, à organiser une vente-exposition en pariant sur la venue de collectionneurs moscovites soucieux de mettre

---

1. *Ibid.*
2. Dojd, 5 février 2013.
3. *Ibid.*

des liquidités à l'abri : « Lorsque Chypre a saisi des comptes bancaires [en 2013], les peintures ont été épargnées, explique-t-il. Les Russes sont de plus en plus conscients que l'art est une valeur refuge[1]. » Début juin 2014, la semaine de l'art russe organisée par les grandes maisons de vente a eu lieu comme prévu – le marché n'a pas faibli[2].

En bonne oligarque, Batourina a aussi créé une fondation à vocation internationale, BE OPEN, dont les objectifs demeurent assez flous : « C'est une recherche sur la façon dont l'influence mutuelle de cultures, de connaissances et de technologies peut apporter quelque chose de nouveau. [...] Je pense que je suis quelqu'un d'heureux parce que je peux voir les résultats concrets des choses que j'ai déjà construites... Si à l'avenir des gens pourront dire que leur point de départ a été ma fondation, alors je serai très heureuse[3] ! »

Et le mari, dans tout cela ? « Je ne m'occupe plus de politique mais de tracteurs ! » affirme-t-il. Iouri Loujkov, passionné de chevaux comme elle, gère un immense domaine agricole appartenant à sa femme près de Kaliningrad. Depuis mars 2014, elle a enregistré au nom de Loujkov, à Moscou, la société Rezerv qui possède des terres agricoles dans la région de Kalouga[4]. À l'époque, la rumeur a couru que malgré son âge – soixante-dix-sept ans – et ses dénégations, Loujkov pourrait être nommé par Poutine gouverneur de la Crimée récemment annexée.

---

1. *Les Échos*, 7 avril 2014.
2. *Financial Times*, 27 juin 2014.
3. Phoebe Taplin, Rbth.com, 20 décembre 2013.
4. « Elena Batourina », Lenta.ru.

Batourina retourne-t-elle à Moscou ? « Oui, évidemment, je suis Russe..., répond-elle, sans pour autant embellir le tableau. Les investisseurs occidentaux analysent mieux que nous la situation dans laquelle est tombée la Russie. Nous [Russes], nous pouvons encore faire du business en Russie parce que nous sommes tout simplement habitués à l'absurdité de notre économie. Mais pas les investisseurs occidentaux... Imaginez par exemple en Europe qu'un entrepreneur soit soumis à la persécution pour des raisons politiques, uniquement parce que quelqu'un lui en veut. C'est impossible[1] ! »

Dès qu'il s'agit d'affaires, quelles que soient les exhortations en haut lieu, pas question pour elle de faire preuve de patriotisme : « Les affaires, c'est international. On en fait là où ça rapporte[2] ! »

Accoutumés tout au long du siècle dernier aux vagues successives de riches étrangers, Arabes ou Asiatiques, traditionnellement tolérants de la richesse des autres d'autant qu'ils en bénéficient, les Londoniens ont vu cette irruption russe avec plus ou moins de satisfaction. Les prix de l'immobilier, qui ont grimpé de 80 % depuis 2009, sont devenus inabordables dans les quartiers privilégiés par les nouveaux arrivants – Mayfair, Knightsbridge, parfois une seule et même rue comme Bishop Avenue ou Kensington Palace Gardens où les propriétés des oligarques

---

[1]. Mikhaïl Smotriev, entretien avec Elena Batourina, BBC Russie, 18 mars 2013.
[2]. *Ibid.*

rivalisent de taille et d'ostentation. Les transformations architecturales entreprises au mépris des règles ou du simple bon goût font grincer les associations de protection. Les travaux entrepris pour transformer le fameux château de Witanhurst sont tellement pharaoniques que le site a été surnommé « Ground Zero »[1].

Les ambitions immobilières des oligarques se sont aussi étendues à la campagne anglaise – la possession d'un ou de plusieurs manoirs rachetés et remeublés à prix d'or, de préférence dans le Sud-Est, s'est avérée indispensable pour tenir son rang. On connaît les propriétés d'un Abramovitch dans le Sussex ou des héritiers Berezovski dans le Surrey, on sait moins que Vladimir Lissine, magnat de l'étain, a acquis un château écossais du XVIIe siècle au cœur d'un domaine forestier de mille deux cents hectares pour s'adonner à la chasse et au tir. *Forbes* évalue l'ensemble de ses biens à 10,6 milliards d'euros. Henley Mansion, dans le Berkshire, a été vendu 218 millions de dollars en 2011 à un Russe demeuré mystérieux. Au fil des années, la discrétion est devenue de rigueur, et le système des trusts à l'anglo-saxonne s'y prête parfaitement. Immatriculées à Chypre ou dans les paradis fiscaux de l'ancien Empire, ces sociétés anonymes offrent toute l'opacité requise.

Durant la crise ukrainienne du printemps 2014, la menace d'élargissement des sanctions occidentales a provoqué une nouvelle affluence d'acheteurs aux moyens illimités[2]. Alors que le discours de Washington vis-à-vis

---
1. *The Observer* et *The Guardian*, 6 mai 2014.
2. *Financial Times*, 28 avril 2014.

de Moscou s'est davantage durci, et que les autorités américaines, depuis le 11 septembre 2001, sont très sourcilleuses sur l'origine des fonds étrangers, la Grande-Bretagne apparaît encore comme le meilleur refuge.

En quelques mois pourtant, la City a vu se tarir le nombre d'opérations avec la Russie. Depuis juillet 2014, l'accès aux capitaux occidentaux est interdit aux banques publiques, plus question donc d'assurer le service de la dette russe – des flux de centaines de milliards de dollars sont ainsi affectés. Les grandes banques privées seront d'autant plus attentives à respecter les nouvelles sanctions que Washington vient de punir lourdement BNP-Paribas pour ses opérations en contravention des embargos économiques contre le Soudan, l'Iran et Cuba. Les établissements moins importants continueront pourtant de bénéficier de la fuite des capitaux russes – 75 milliards de dollars au premier semestre 2014, un montant supérieur à celui de toute l'année 2013[1]. La Suisse en est la principale bénéficiaire – 75 % des exportations de pétrole et 60 % des ventes de céréales russes sont traitées à Genève. Le ministre de l'Économie helvétique renâcle à appliquer les sanctions européennes malgré les pressions de Washington[2].

Les oligarques ont les moyens et l'habitude de se protéger. « Ce sont des gens qui ont une perception du risque différente », explique-t-on chez Global Counsel, le cabinet conseil de Peter Mandelson, l'ancien ministre et commissaire européen. « Ils sont habitués à l'instabilité

---

1. *Les Échos*, 30 juillet 2014.
2. *Le Point*, 4 août 2014.

politique et pour eux cela représente même une source d'opportunités[1]. » Un avocat russe, Sergueï Ostrovski, qui pratique à Londres le droit anglais, précise : « Cette génération d'hommes d'affaires entre quarante et soixante ans s'est rodée pendant la période des privatisations des années 1990, incroyablement troublée[2]. »

Une façon polie d'évoquer les années Eltsine.

L'une des premières fortunes russes à avoir investi en Angleterre est Tatiana, la fille cadette de l'ancien président Eltsine, qui avait exercé au Kremlin une influence prédominante. Dès la fin des années 1990, elle avait acheté à Saint George Hill Hamstone House, une maison classée de style Art déco. En 2000, Vladimir Poutine ayant eu le bon goût d'accorder l'immunité à la « Famille », quelles qu'aient été les affaires de prévarication auxquelles elle avait été mêlée, Tatiana s'installe à Londres et prend la présidence d'une fondation créée au nom de son père – l'objectif et les réalisations en demeurent assez flous.

En 2001, elle épouse son Valentin Ioumachev, l'ancien journaliste proche en d'autres temps de Berezovski et d'Abramovitch, qui lui offre le quotidien *Ogonek* en guise de cadeau. Elle le dirige jusqu'en 2003 puis le vend. Le couple, qui a donné naissance à Londres à une fille, est à la tête d'une importante entreprise de construction, impliquée notamment à Moscou dans le centre d'affaires « Moskva-City »[3]. Ils ont acquis la nationalité autrichienne

---

1. *Les Échos*, 7 avril 2014.
2. *Ibid.*
3. « Tatiana Diatchenko », Lenta.ru.

grâce au milliardaire austro-canadien Frank Stronach, le patron de l'équipementier automobile Magna, qui avait racheté Avtovaz et d'autres usines en Russie avant de tenter en vain une carrière politique à Vienne. L'hiver, de Noël au Nouvel An orthodoxe, on les croise à Courchevel, où la jet-set russe – les *blingcheviks* – affiche volontiers ses fourrures, ses fêtes et ses caprices.

Le fils aîné de Tatiana, Boris Eltsine – il porte le nom du grand-père –, a fait toutes ses études en Angleterre – à Millfield puis à Winchester College, deux des établissements les plus huppés. Typique de cette génération de jeunes Russes cosmopolites qui animent à grands frais la vie nocturne à Londres et se déploient sur Internet, il est le directeur artistique de l'agence Spletnik Creative Media. Le site Spletnik.ru, qui traite de potins, comme son nom l'indique, de mode et de culture, a été lancé avec Dasha Joukova, la compagne d'Abramovitch, par la belle-fille de Tatiana, Polina – elle-même l'épouse d'Oleg Deripaska, l'un des oligarques russes les plus en vue. Polina, elle aussi, a fait ses études à Millfield. À Londongrad, chez les *nouvorichi*, on fraye entre soi, dans le même milieu.

Depuis une vingtaine d'années, le système éducatif britannique forme les rejetons des Russes les plus riches. Après avoir froncé du nez sur l'origine des fonds, surtout quand ils étaient apportés en liquide, pensionnats et collèges ont compris l'aubaine, ne rechignant pas à aller sur place défricher le marché. Même Eton, la plus prestigieuse et le plus sélective des institutions anglaises, admet désormais plusieurs fils d'oligarques. Selon l'Independent Schools Council de Londres, près de 10 % des élèves non britanniques en Angleterre sont russes. Le chiffre a doublé depuis 2009, ce qui représente quelque soixante millions de livres par an en frais de scolarité[1].

À quatre heures d'avion de Moscou, nombreux sont les hommes d'affaires qui font la navette, mettant leur progéniture en pension, laissant les épouses et une partie de leur fortune à l'abri à Londres. Des formations pour mieux s'adapter aux mœurs locales jusqu'aux agences spécialisées dans l'embauche de personnel bilingue, c'est toute une industrie qui s'est développée sur place pour répondre aux besoins de cette clientèle particulière. Tailleurs sur mesure, bijoutiers, restaurateurs, hôteliers, grands magasins, night-clubs et show-business – Londres s'est mis à l'heure russe, prête à pourvoir à toutes les extravagances à condition d'en fixer le prix.

Cette obsession du luxe et de tout ce qui est anglais est aussi pour les oligarques une façon d'éloigner leurs enfants des rigueurs et des incertitudes qui marquèrent leur propre jeunesse, tout en achetant leur intégration dans le milieu qui les fascine : l'aristocratie britannique.

Non contents de vendre ses châteaux au plus offrant, ses représentants ont appris depuis longtemps à monnayer leurs faveurs et leur présence auprès de riches étrangers éperdus de reconnaissance sociale. Tout ce qui s'apparente de près ou de loin à la famille royale est extrêmement prisé, du prince Michael de Kent – de surcroît sosie de feu l'empereur Nicolas II – jusqu'à Kensington Palace qu'on peut louer pour un soir[2]. Des agences de relations publiques jouent les intermédiaires,

---

1. *The Economist*, 22 mars 2014.
2. Mark Hollingsworth et Stewart Lansley, *Londongrad...*, *op. cit.*

assurant l'accès aux manifestations les plus courues de la saison mondaine, des courses d'Ascot aux coupes de polo en passant par les galas de charité et les manifestations artistiques.

Une société opportunément nommée Place Rouge a plusieurs fois organisé un bal russe où la jet-set venue de Moscou se mêlait avec délice à quelques grands noms de la vieille émigration – les Galitzine, Tolstoï et autres Troubetskoï. En 2006, le Royal Opera de Londres célébrait fastueusement les quatre-vingts ans de l'immense danseuse Maïa Plissetskaïa, longtemps la diva du Bolchoï. En 2013, le prince Charles lui-même était le président d'honneur de l'exposition « Houghton Hall Revisited » – des chefs-d'œuvre du musée de l'Hermitage de Saint-Pétersbourg installés dans le château du marquis de Cholmondeley grâce aux contributions de nombreux oligarques[1].

La fascination pour l'élégance à l'anglaise peut aller très loin. David Linley, neveu de la reine, fils de la princesse Margaret et décorateur d'intérieur à succès a ainsi décroché un gigantesque contrat pour aménager à Moscou, dans le quartier de Khamovniki, un complexe immobilier de grand luxe baptisé Knightsbridge Private Park – la reproduction parfaite, à trois kilomètres du Kremlin, de l'architecture néo-classique qui fait le charme de Londres[2].

Les milieux politiques ne restent pas non plus indifférents aux efforts de séduction des oligarques, qui seraient

---

1. *Le Monde*, 15 mars 2014.
2. *The Times*, 7 février 2014.

devenus des bailleurs de fonds importants. « Pour les oligarques, cent mille livres sont une goutte d'eau, mais pas pour les conservateurs ou les travaillistes », affirme aux *Échos* un observateur anonyme[1]. Le magazine satirique *Private Eye* a même décrit une « Moscow connection » autour de David Cameron, le Premier ministre conservateur, et de George Osborne, son ministre de l'Économie et des Finances.

En juillet 2014, alors que le gouvernement britannique met ouvertement en cause la décision de l'Élysée de livrer à la Russie un porte-hélicoptère de combat malgré la crise en Ukraine, la presse britannique fait ses choux gras d'une partie de tennis malvenue. Pour remplir ses caisses, le parti conservateur a organisé une loterie et accepté un don de 160 000 livres en échange d'une rencontre avec le Premier ministre et le maire de Londres, Boris Johnson. La gagnante n'est autre que l'épouse d'un banquier russe, un ancien ministre de Poutine qui a pris le large, Loubov Chernoukhine. Elle ne jouera finalement qu'avec le maire, mais l'opposition gronde. « Il faut vraiment regarder de très près la façon dont David Cameron se fait financer par des oligarques russes tout en prétendant se montrer ferme vis à vis de Moscou ! » rugit Ed Milliband, le chef du parti travailliste[2].

Son parti n'est pourtant pas à l'abri des mêmes fréquentations. Tony Blair, l'ancien Premier ministre, comme Peter Mandelson, ancien membre de son gouvernement et de la Commission européenne, font volontiers office d'intermédiaires. D'anciens ministres élevés

---

1. *Les Échos*, 7 avril 2014.
2. *Financial Times*, 28 juillet 2014.

à la pairie et siégeant à la Chambre des Lords comme le travailliste David Owen – président de Ioukos International jusqu'à l'arrestation de Khodorkovski –, Charles Powell, ancien conseiller de Margaret Thatcher et de John Major, ou encore Douglas Hurd, ancien ministre conservateur des Affaires Étrangères, ont été recrutés à un titre ou à un autre. En 2011, pour faciliter la cotation à la Bourse de Londres de son groupe sidérurgique Evraz, Roman Abramovitch a choisi comme administrateur indépendant un ancien directeur de cabinet du prince Charles.

Tous ces relais d'influence s'entrecroisent avec les milieux d'affaires à la mode anglo-saxonne, sans faux-semblants ni hypocrisie excessifs. Plusieurs banquiers de la branche anglaise des Rothschild – Jacob, fan de Chelsea et ancien administrateur de la fondation de Khodorkovski, son fils Nat, intime d'Oleg Deripaska –, mais aussi les dirigeants d'innombrables sociétés, à commencer par BP et Shell, l'investisseur minier Roddie Fleming, les frères Reuben, qui ont fait fortune dans le négoce de métaux, ont partie liée avec leurs homologues russes[1].

Concentrés à Londres, tant de richesse et de pouvoir engendrent des besoins sans précédent en matière de sécurité. Accoutumés à Moscou à vivre entourés de gardes en armes, les hommes d'affaires russes ont tendance à reproduire les mêmes habitudes, au risque de choquer les autochtones. Les anciens des services spéciaux britanniques se sont reconvertis dans la protection

---

1. *Le Monde*, 15 mars 2014.

rapprochée – le directeur d'un collège anglais a eu beaucoup de mal à faire comprendre à la famille de l'un de ses élèves que le garde du corps ne pouvait pas loger sur place.

« Les Russes viennent à Londres parce que c'est une ville agréable et sûre », confirme Andrew Wordsworth, l'un des associés du cabinet d'enquêteurs privés GPW, installé dans le quartier de Mayfair. « Et si le revers de la médaille, c'est un peu de criminalité, tout cela est largement compensé par les avantages qu'il y a pour nous à accueillir une communauté russe prospère et qui vient ici dépenser son argent[1]. »

Surgis de l'époque la plus trouble de la transition russe vers le capitalisme, mêlés eux-mêmes pour leur protection et leurs affaires à différents réseaux mafieux, les oligarques ont emmené dans leurs basques un demi-monde qui n'hésite pas à régler ses comptes sur place. Avec une communauté russophone de plus de trois cent mille personnes, la police et la justice britanniques sont confrontées à une autre forme de criminalité – les services de renseignement du MI 6 y voient même un grave danger potentiel.

L'enquête sur l'empoisonnement au polonium 210 d'Alexandre Litvinenko, en 2006, n'a toujours pas abouti. On n'a pas trouvé d'explication à l'accident d'hélicoptère qui a coûté la vie à Stephen Curtis, un avocat particulièrement ingénieux qui organisait les abris fiscaux de Khodorkovski et de quelques autres. En 2012, le banquier russe Guerman Gorbountsov a reçu

---

[1]. *Daily Telegraph* dans *Courrier international*, 14 décembre 2012.

six balles tirées à bout portant alors qu'il rejoignait son appartement de Canary Wharf, à Londres. Il a survécu à cette tentative d'assassinat, dont il a accusé d'anciens partenaires en affaires dans son pays d'origine[1].

En 2012 toujours, un certain Alexandre Perepelitchny s'effondre après un jogging dans la campagne anglaise. Plusieurs autopsies et analyses toxicologiques n'en trouveront pas la cause. Se disant banquier, il avait fui la Russie trois ans plus tôt et collaborait à une enquête suisse portant sur une affaire de blanchiment liée à une vaste opération de fraude perpétrée en Russie. Des responsables de l'administration fiscale russe s'étaient associés à un réseau mafieux pour réclamer au fisc un trop-perçu fictif de deux cent cinquante millions de dollars – le montage, imaginé par Perepelitchny pour le compte de ses associés du moment, avait été effectué aux dépens du fonds d'investissement Hermitage Capital Management de Bill Browder. L'affaire avait été dénoncée par Sergueï Magnitski, un fiscaliste russe de trente-sept ans qui travaillait pour le fonds. Arrêté, Magnitski devait mourir, torturé et privé de soins, dans la terrible prison de la Boutyrka à Moscou en 2009 tandis que les fonctionnaires russes étaient blanchis[2].

L'affaire allait provoquer une intense émotion, en Russie et ailleurs. Browder en a fait une croisade personnelle, parvenant à convaincre le Congrès américain d'adopter en décembre 2012 une loi spécifique, le Magnitski Act, interdisant aux protagonistes russes l'accès au territoire et au système bancaire américains.

---

1. *Ibid.*
2. *Ibid.*

En guise de rétorsion, le Kremlin poursuivra Magnitski à titre posthume, publiera sa propre liste de proscrits et interdira l'adoption d'orphelins russes par des Américains. Depuis, Browder s'efforce, sans grand succès, de convaincre le Conseil de l'Europe et différents gouvernements européens d'adopter une législation similaire – élargie en juin 2014 par la commission des affaires étrangères du Sénat américain au-delà des seuls protagonistes russes[1]. Moscou tente toujours de faire inscrire Browder sur la liste rouge d'Interpol.

« Il faut créer une police internationale pour lutter contre la corruption ! Mon pays, la Russie, a perdu près d'un trillion de dollars du fait de cette gangrène », peut-on lire en février 2014, dans une tribune publiée par le *New York Times* et signée Alexandre Lebedev. Mettant en cause une autre oligarchie, celle des services financiers, juridiques et comptables qui les assistent en Occident, il n'hésite pas à nommer quelques-uns de ses compatriotes qui « continuent à vivre dans l'opulence des fruits de leurs crimes », à commencer par Elena Batourina, l'épouse de l'ancien maire de Moscou, et un autre de ses proches, Andreï Borodine, l'ancien patron de la Banque de Moscou, suspecté d'avoir détourné quelques milliards de roubles et installé à Londres. « Nous devons combattre ces criminels et ceux qui les aident… Plutôt que d'augmenter les impôts, nos gouvernements doivent pister l'argent de la corruption… C'est notre argent, et nous voulons le récupérer[2] ! »

---
1. *Le Monde*, 30 juin 2014.
2. *International New York Times*, 27 février 2014.

Autant l'argumentaire est sympathique, autant l'auteur du propos prête à polémique. Car Alexandre Lebedev n'est autre que cet ancien officier du KGB devenu milliardaire à son tour dans les années 1990, aujourd'hui propriétaire à Londres d'un puissant groupe de presse britannique qui inclut *The Independent, The Independent on Sunday, The Evening Standard* et *The I*. Son surnom : l'« espion qui est venu de l'or ».

Le personnage ne manque ni d'imagination ni de toupet.

En juin 2006, quatre cents personnes sont invitées par lui à Althorp, la maison de famille de la princesse Diana, louée pour l'occasion. Le prétexte : une collecte de fonds pour la Fondation Raïssa Gorbatchev qui aide les enfants malades du cancer en Russie. Pour créer l'ambiance – pas même Keith Richards au sommet créatif de ses pouvoirs hallucinogènes n'aurait pu imaginer une telle extravagance, écrira *The Times* –, l'hôte, Alexandre Lebedev, a exigé des loups tenus en laisse, un chameau Bejeweled, des cosaques à cheval, des figurants en costume XVIIIe et – pour une touche contemporaine – les Black Eyed Peas et Bono, du groupe U2, en liaison vidéo de Dublin. Au menu : borchtch à l'esturgeon fumé et caviar osciètre. Parmi les récompenses vendues aux enchères : un dîner privé avec Mikhaïl Gorbatchev à Moscou, un vol dans un avion de chasse Mig, et pour les amateurs de sensations fortes une nuit dans une prison de sécurité russe. Coût de la soirée : entre deux et trois millions de dollars[1].

---
1. *New Republic*, 2 avril 2007.

Quand il rachète à lord Rothermere le *London Evening Standard*, l'un des plus anciens journaux britanniques, et qu'il décide de le rendre gratuit, le Tout-Londres s'interroge. Que les Russes achètent maisons, châteaux et invitations mondaines, c'est une chose, mais la presse ! Et pourquoi ce journal-là ? « Quand j'étais en poste à Londres pour le KGB, c'est là que je trouvais le plus d'informations... », répond, pince-sans-rire, le nouveau propriétaire. Il nomme aussitôt aux commandes quelques personnalités incontestables des médias locaux, les rédactions testent leur indépendance, et tout rentre dans l'ordre.

S'il réfute régulièrement cette étiquette – Lebedev est le plus original et le plus audacieux des oligarques – il n'a pas hésité, en direct à la télévision russe en 2011, à faire le coup de poing contre un promoteur immobilier, Sergueï Polonski, dont les propos lui avaient déplu. Accusé de hooliganisme, il s'en est sorti avec cent cinquante heures de travaux d'intérêt général, effectués en repeignant les équipements d'un jardin d'enfants.

Né en 1959 et éduqué à Moscou dans une famille de l'intelligentsia, diplômé d'économie, il rejoint le KGB qui l'envoie en poste à Londres. Au début des années 1990, il bifurque vers la banque, participe au Conseil national d'investissement créé par Mikhaïl Gorbatchev, dont il restera proche. Son groupe prend d'importantes participations dans Aeroflot, Gazprom, des sociétés pétrolières et diverses activités industrielles et agricoles. Actif en politique, élu plusieurs fois député dans des formations différentes, il ne cesse de se heurter au maire de Moscou, Loujkov, auquel il reproche de livrer la capitale à la spéculation immobilière.

Dans son blog, intitulé « Kapitalist-idealist », Lebedev critique ouvertement le régime et milite pour la démocratisation de la vie politique. Après avoir investi en Ukraine et soutenu la révolution orange, il décide de se consacrer à la presse. Son groupe *Novye media* (« Nouveaux médias »), créé en 2008, inclut plusieurs journaux russes. L'un d'eux, *Moskovskiï Korrespondant*, disparaîtra après avoir évoqué la liaison de Vladimir Poutine avec l'ancienne gymnaste devenue députée, Alina Kabaeva. « Je ne supporte pas l'individu qui avec son nez fouineur et ses fantasmes érotiques s'immisce dans la vie d'autrui ! » avait fait savoir l'homme fort du Kremlin[1]...

Lebedev est aussi copropriétaire avec Mikhaïl Gorbatchev du journal d'opposition *Novaïa Gazeta* pour lequel travaillait Anna Politkovskaïa, assassinée en 2006 – il promet à l'époque un million de dollars pour toute information identifiant ses meurtriers. Il n'aura pas à s'en acquitter. En juin 2014, huit ans après les faits, le tribunal de Moscou condamnera les tueurs de la journaliste à la prison à perpétuité – le commanditaire, lui, n'a toujours pas été identifié, et ne le sera sans doute jamais malgré les assurances officielles[2].

Selon les journalistes de *Novaïa Gazeta*, Lebedev serait « un intellectuel doublé d'un homme d'affaires

---

1. « Alexandre Lebedev », Lenta.ru.
2. *Le Monde*, 11 juin 2014.

avec une conscience sociale »[1]. Il est en tout cas le seul à critiquer ouvertement le Kremlin sans s'en attirer les foudres, et soutient ouvertement la figure montante de la contestation, Alexeï Navalny, qui a fait de la lutte contre la corruption son combat principal.

« Lebedev est l'une des très rares sinon la seule personnalité à faire campagne avec nous en Russie, affirme Vladimir Achkourov, l'un des proches compagnons de Navalny au sein de l'ONG Rospil. Il nous aide avec son quotidien russe, *Novaïa Gazeta,* mais aussi à Londres en déployant beaucoup d'efforts pour dénoncer la gangrène de la corruption à l'échelle internationale[2]… »

« Lebedev ? Méfiance ! » s'écrie Marie-Hélène Bérard qui, après avoir piloté pendant dix ans l'activité pays de l'Est au CCF, a créé sa propre société. « Il avait demandé mon concours dans une affaire qui l'opposait au Crédit agricole. Je me suis retirée quand j'ai compris que ses opérations n'étaient pas nettes. Je n'ai pas aimé non plus sa façon de financer les fondations de l'ancien président Gorbatchev pour mieux se faire ouvrir des portes en Russie comme ailleurs. Il s'est ainsi introduit dans toutes sortes de milieux[3]… »

Selon Nikolaï Petrov, du Carnegie Moscow Centre : « On ignore qui sont les protecteurs de Lebedev au niveau politique. Il est assez fermé et c'est un ancien des services secrets. Cela lui permet de rester en contact avec eux et probablement aussi de jouer un rôle d'intermédiaire dans les affaires de certains de leurs responsables[4]. »

---

1. Tania Rakhmanova, *Au cœur du pouvoir russe…, op. cit.*
2. Entretien, Londres, 18 juin 2014.
3. Entretien, Paris, 12 août 2014.
4. Cité dans Tania Rakhmanova, *Au cœur du pouvoir russe…, op. cit.*

Sans que son nom apparaisse dans l'enquête lancée par le procureur général de Moscou, Lebedev a probablement contribué en 2013 à la campagne de Navalny pour conquérir la mairie de Moscou. Aux yeux de Vladimir Achkourov, son engagement ne fait pas de doute : « Personne n'est parfait, sourit-il, mais il est définitivement le seul oligarque à prendre notre cause à cœur[1] ! »

Vladimir Achkourov a trouvé refuge à Londres en avril 2014. Les menaces des services de sécurité à Moscou se faisaient de plus en plus musclées. La perquisition de son appartement avait été filmée, le reportage diffusé à la télévision. Plusieurs journaux sous contrôle du Kremlin l'accusaient de malversation et avaient publié ses relevés de banque. Depuis sa fuite à Londres, il a été mis en examen à Moscou pour prévarication[2].

Âgé de quarante-deux ans, ce financier travaillait depuis six ans pour Alfa Group – il s'interdit aujourd'hui toute critique au sujet de Mikhaïl Fridman et de son conglomérat, l'un des plus puissants du pays. Non sans candeur, ce dernier s'est pourtant expliqué sur les motifs du limogeage du directeur du contrôle de gestion des actifs d'Alfa Group. Ce n'est pas sur ordre du Kremlin, dit-il en substance à Xenia Sobtchak, qui l'interroge sur la chaîne de télévision Dojd, la seule à échapper partiellement au contrôle des autorités. « Le fait est que cet employé travaillait chez nous à des postes importants, et qu'il était engagé dans un soutien actif à différentes formes d'opposition... Nous vivons

---

1. Entretien, Londres, 18 juin 2014.
2. *Ibid.*

en Russie et assurément, dans les conditions que sont les nôtres, une telle participation active à la vie politique, en général, n'est pas tout à fait compatible avec les affaires[1]. »

Achkourov a activement participé aux multiples combats de Navalny, jusqu'à ce que son employeur lui signifie son renvoi. L'avocat moscovite, lui, reste assigné à résidence, sous étroite surveillance, interdit de rencontres au-delà de sa famille et sans accès Internet. Son blog était suivi chaque mois par 1,3 million de lecteurs.

En août 2012, Alexandre Lebedev a annoncé son retrait des affaires de Russie : il se dit trop exposé aux menaces et aux pressions des services spéciaux en raison de ses positions politiques. À la tête d'une fortune évaluée par *Forbes* à quelque quatre cent cinquante millions d'euros, il vit à Londres et se consacre au groupe de presse dont il a confié la direction à son fils, Evgueni.

Citoyen britannique, posant volontiers au dandy russe façon XIXe siècle, le jeune homme de trente-quatre ans, considéré comme l'un des plus beaux partis de la capitale, investit une partie de sa fortune dans les restaurants et les hôtels branchés. Fou de parfums, il entretient dans une réserve cinq cents senteurs différentes. En décembre 2013, il soutient Elton John dans sa campagne pour défendre les droits des homosexuels, vilipendés par Vladimir Poutine. Au printemps 2014, il lance à Londres la première chaîne de télévision locale, London Live.

Positionnés au centre gauche, en toute indépendance éditoriale, ses journaux, rachetés à la casse pour une

---

1. Sobtčak živěm », *Dožd*, 11 avril 2012.

livre symbolique, sont aujourd'hui rentables et revendiquent deux millions de lecteurs quotidiens. Dans un long entretien au *Guardian*, en mars 2014, Evgueni Lebedev explique pourquoi sa famille se distingue des autres oligarques de Londongrad : « L'Union soviétique avait tout fait pour éradiquer le goût et le sens esthétique. Quand les Russes deviennent très riches aujourd'hui, ils éprouvent le besoin de le montrer... J'ai la chance d'appartenir à une famille très bien éduquée – mes grands-parents étaient professeurs[1]... »

Cultivé, esthète, déclamant de la poésie anglaise en salle de rédaction, Evgueni Lebedev n'a jamais vécu à Moscou. Il n'en demeure pas moins russe. Au printemps 2014, en pleine crise ukrainienne, alors que ses propres journaux en assurent quotidiennement le compte-rendu sans biais particulier, il affirme : « Je pense que les Occidentaux se trompent. Beaucoup de mes amis russes – des gens très intelligents, qui se battent pour les libertés – estiment que vous avez perdu tout respect pour nous. L'Ukraine et la Crimée [où sa famille possède des hôtels] ont un rapport particulier, ce ne sont pas pour nous des pays étrangers. » Peut-on faire affaire avec Poutine ? lui demande-t-on. « Je ne l'ai jamais rencontré. Ce qui est sûr, c'est qu'il n'y a personne d'autre avec qui traiter[2]. »

---

1. *The Guardian*, 14 mars 2014.
2. *Ibid.*

8

La guerre de l'aluminium

La scène se déroule en 2009. Dans la petite salle de réunion de l'usine de Pikaliovo, à deux cent cinquante kilomètres de Saint-Pétersbourg, des ouvriers endimanchés, intimidés par les caméras de télévision, sont assis en rang, comme à l'école. Face à eux, tendu, visage et poings figés pour mieux afficher sa colère, Vladimir Poutine, alors Premier ministre, vêtu d'un blouson beige, apostrophe un homme assis au premier rang. Blême, croisant et décroisant nerveusement les jambes, entouré de son conseil d'administration, le patron du plus grand consortium mondial d'aluminium ne sait que répondre. Il veut fermer cette cimenterie qui s'est mise en grève, le Kremlin s'y oppose. Convoquée, la télévision diffusera la séquence dans les journaux du soir.

« "Pourquoi votre usine est-elle ainsi négligée ? lance Poutine. Vous en avez fait une poubelle ! Pourquoi personne n'a été capable de reprendre le travail ? Vous avez pris en otage des milliers de personnes pour assouvir vos ambitions, par manque de professionnalisme ou peut-être simplement par cupidité ordinaire. C'est tout simplement inacceptable. Où est la responsabilité sociale

du monde des affaires ? Avez-vous signé ce contrat de reprise ?
— Oui, entend-on dans un murmure.
— Oleg Vladimirovitch l'a-t-il signé ?"
Deripaska, l'air penaud, hoche la tête.
"Je ne vois pas votre signature. Venez et signez."
Deripaska se lève pesamment, lit le texte et le paraphe.
"Rendez-moi mon stylo, jappe Poutine. Merci et bonne chance." »
Le Premier ministre se lève et claque la porte. Il a réussi sa prestation télévisée et conforté son image de protecteur du peuple contre les oligarques[1].

Humilié, mais pas brisé. Pour lui, il n'y aura ni bagne ni exil doré. Oleg Deripaska sait ménager le Kremlin, et il en a vu d'autres. À quarante-six ans il reste aujourd'hui l'un des hommes d'affaires les plus puissants de Russie. Pour ériger en une vingtaine d'années et garder le contrôle d'un groupe industriel et minier incluant le géant mondial de l'aluminium, ce ne sont pas seulement des manœuvres financières, des intrigues politiques et des aléas boursiers dont il a su triompher, mais d'une véritable guerre dont les protagonistes ont longtemps avancé l'arme au poing.

À Tel-Aviv, Mikhaïl Tchernoï, soixante-deux ans, n'aime rien tant que regarder à la télévision des matches de boxe et les exploits de son équipe de foot favorite, le PFC Levski Sofia, dont il a un temps détenu des

---

[1]. Igor Sedykh, « Pytin zastavil Deripasku podpisat' dogovor v Pikalevo », Rb.ru, 5 juin 2009.

parts. Ses liens avec la Bulgarie sont anciens et multiples, en particulier dans le tabac, l'hôtellerie et la téléphonie, mais il n'a pu y mettre les pieds pendant plusieurs années, soupçonné par les autorités locales de trop grande proximité avec la mafia russe. Pour les mêmes raisons, il ne peut pas se rendre aux États-Unis. L'Espagne l'a poursuivi dans le cadre des opérations Avispa, en 2005, quand plusieurs membres de réseaux mafieux ont été interpellés. Lui reste sous la menace d'un mandat d'arrêt international d'Interpol pour blanchiment d'argent et appartenance à une bande de crime organisé.

En décembre 2010, la publication des télégrammes diplomatiques dans le cadre de Wikileaks confirme les inquiétudes du Département d'État américain concernant la pénétration des réseaux mafieux russes en Europe. Le procureur espagnol chargé des poursuites dans le cadre des opérations Avispa puis Troïka insiste en particulier sur le « contrôle énorme » exercé par les mafias sur le secteur clé de l'aluminium. Tchernoï est nommément cité pour ses activités en Bulgarie, qui seraient masquées par un prête-nom bien vu du pouvoir local[1].

Comme d'habitude, la Grande-Bretagne fait preuve d'hospitalité envers ceux qui ont les moyens d'investir. Installant sa famille à Londres et confiant ses enfants aux écoles locales, l'homme d'affaires achète plusieurs biens immobiliers via des sociétés off shore – une façon de mettre sa fortune à l'abri[2].

---

1. *Le Monde*, 9 décembre 2010 et 14 décembre 2010.
2. Mark Hollingsworth et Stewart Lansley, *Londongrad...*, *op. cit.*

Un autre survivant de la guerre de l'aluminium, Iouri Chliaifchtein, a lui aussi refait surface à Londres. Propriétaire d'une maison sur Bishops Avenue, l'« avenue des milliardaires », équipée de systèmes de protection dernier cri et de vitrages pare-balles, il sera en vacances en Équateur lors de l'incendie qui la ravagera en 2012.

Mikhaïl Jivilo, qui avait refusé dans les années 1990 de céder ses fonderies d'aluminium aux frères Tchernoï, demande l'asile à la France en 2001. Invoquant des menaces de mort qui auraient été proférées contre lui par Tchernoï et Anton Malevski, le chef du groupe d'Izmaïlovo, l'une des plus puissantes organisations mafieuses russes, il réclame neuf cents millions de dollars de dommages et intérêts au groupe Rusal[1]. Jivilo obtiendra l'asile politique en 2005, on n'entendra plus parler de la plainte. Malevski, lui, a officiellement disparu. Le patron d'Izmaïlovo aurait trouvé la mort en novembre 2001, lors d'un saut en parachute en Afrique du Sud[2]. Comme nombre de mafieux ayant distribué des largesses à l'Église orthodoxe, il aura droit à un enterrement fastueux dans un monastère près de Moscou[3].

Quant à Tchernoï, sa vie de milliardaire en Israël, où il a émigré dès le début des années 1990, n'est pas de tout repos. Proche d'Avigdor Lieberman, le ministre des Affaires étrangères de Benjamin Netanyahou et fondateur

---

1. *Le Parisien,* 23 décembre 2002.
2. *Le Monde,* 27 novembre 2002.
3. Agniezka Moniak-Azzopardi. *La Russie orthodoxe : Identité nationale dans la Russie post-communiste,* L'Harmattan, 2009.

du parti d'extrême droite israélien, il a été soupçonné d'avoir largement financé la carrière politique de son ami et trempé dans différentes affaires à la limite de la légalité[1]. En Israël et ailleurs, il s'est toujours défendu de toute malversation. « Je suis un actionnaire, voilà tout ! » a-t-il coutume de répondre face aux multiples accusations dont il a fait l'objet. Il a créé une fondation philanthropique qui porte son nom, et continue de soutenir, malgré quelques polémiques, « The Intelligence Summit » – une conférence annuelle qui réunit des spécialistes mondiaux du renseignement et de l'anti-terrorisme, particulièrement prisée de la frange dure du parti républicain américain.

La fortune, les méthodes et la réputation sulfureuse de Mikhaïl Tchernoï croisent depuis longtemps le parcours d'Oleg Deripaska. Mikhaïl et son frère Lev ne l'avaient-ils pas pris sous leur protection en Russie, dans les années 1990, quand le secteur de l'aluminium nouvellement privatisé offrait tellement d'opportunités ?

« C'était l'âge d'or ! s'écrie Tchernoï en 2006, dans une rare apparition à la télévision. Il suffisait d'un peu d'initiative et d'intelligence... Vous alliez dans une usine avec du whisky, quelques cartouches de cigarettes, et vous achetiez pratiquement l'endroit[2] ! »

Né en Ukraine, élevé en Ouzbékistan, il s'est lancé dans les affaires dès 1989, enregistrant ses sociétés au Liechtenstein, en Suisse et à Chypre. En 1992, il crée avec Lev et les frères Reuben, négociants en métaux basés à Londres, le Trans-World Group (TWG) qui

---

1. *Haaretz*, 31 mai 2011.
2. Alexandre Gentelev, *Rise and Fall of Russian Oligarchs, op. cit.*

réalise d'énormes profits en transformant l'alumine en Sibérie et en revendant le métal sur les marchés russe et international. Pour gérer la fonderie de Saïanogorski, acquise en rachetant les parts distribuées aux ouvriers, il embauche un jeune homme de vingt-cinq ans aux yeux bleus dont il avait remarqué la vivacité dans une conférence à Londres : Oleg Deripaska[1].

Originaire d'une famille juive, pauvre, de la région Nijni-Novgorod, élevé par ses grands-parents à Oust-Labinsk, dans le Caucase, bercé de culture cosaque – « nous autres, nous sommes toujours prêts pour la guerre ! » dira-t-il plus tard –, diplômé de physique nucléaire et d'économie, passé par l'armée dans les forces de missiles stratégiques, le jeune Oleg comprend vite les règles du jeu. Boulimique de travail, insomniaque, introverti, il va s'approprier les lieux, n'hésitant pas à affronter de face les gangs armés alliés à ses concurrents et aux anciens communistes locaux qui lui en disputent le contrôle[2].

« À l'époque, c'était l'anarchie ! » admettra-t-il plus tard au *Financial Times* sans s'étendre davantage sur les moyens employés pour en triompher[3]. Il crée sa propre société, Sibal, en partenariat avec Tchernoï. Il affirmera plus tard que ce dernier n'en était pas copropriétaire, mais lui garantissait une protection contre la mafia – le fameux système de la *krycha*.

Contrairement aux autres oligarques qui se ruent sur les privatisations, Deripaska, un peu plus jeune, incarne

---
1. Ludovic Royer, « La guerre de l'aluminium en Russie », *Slavica Occitania*, n° 11, 2000.
2. Mark Hollingsworth et Stewart Lansley, *Londongrad...*, *op. cit.*
3. *Financial Times*, 13 juillet 2007.

LA GUERRE DE L'ALUMINIUM

déjà un changement de génération et de méthodes. Il va dominer progressivement le marché de l'aluminium sans passer d'abord par les intrigues politiques et les emprunts truqués, ralliant à sa cause ou écrasant, par tous les moyens, ceux qui se dressent sur sa route.

La foire d'empoigne sera sanglante. De 1993 à 1999, au plus fort de ce « capitalisme gangster » qui prend d'assaut les usines, le contrôle des fonderies par différents protagonistes, surtout dans la région de Krasnoïarsk, va provoquer plusieurs assassinats – les dirigeants s'alliant pour la circonstance à des groupes mafieux dont celui, redoutable, d'Izmaïlovo, et s'accusant mutuellement de collusions douteuses.

« Le problème n'était pas de trouver de l'argent, raconte Kakha Bendukidze, un Géorgien devenu oligarque qui s'était lancé dans la bagarre. La vraie question était : puis-je investir sans me faire tuer[1] ? »

Mikhaïl Tchernoï préfère quitter la Russie – en 1995, deux tueurs à gages sont arrêtés en Israël pour avoir tenté d'honorer un contrat contre lui. À Londres, inquiets des connexions mafieuses de leurs partenaires russes, les frères Reuben rompent leur accord d'association.

Isolé, Lev Tchernoï se rapproche de Boris Berezovski qui monnaye son entregent politique. Roman Abramovitch, associé alors à ce dernier et à Badri Patarkatsichvili, réalise un coup de maître : Sibneft, leur groupe pétrolier, acquiert TWG et s'empare en une seule transaction des deux tiers de l'aluminium russe. En 2000, Oleg Deripaska leur propose la fusion avec sa propre

---

1. *The New Yorker*, janvier 2014.

compagnie pour créer Rusal. Le groupe va ainsi contrôler 80 % du secteur[1].

Un commentaire publié à l'époque sur un site d'information russe donne une idée de l'ambiance : « Le feuilleton de la lutte des oligarques entre eux est tellement riche en doubles jeux – les directeurs attisant le mécontentement des ouvriers, exerçant des menaces, concluant des accords secrets tout en prétendant se faire la guerre – que lorsque de telles alliances sont annoncées et que les fusions demeurent opaques, l'absence de guerre ne signifie pas pour autant la paix. La paix, comme la guerre, a sa logique, et tant qu'elle demeure incomprise, la paix semble peu vraisemblable[2]. »

Deripaska vole désormais de ses propres ailes. Il se rapproche du Kremlin. En 2001, il épouse Polina Ioumatcheva, la belle-fille de Tatiana Eltsine, rejoignant par le biais de la famille le clan de Vladimir Poutine au moment même où ce dernier s'installe au pouvoir. Élu pour restaurer l'ordre, massivement approuvé par l'opinion publique, le nouveau président exige que les oligarques rentrent dans le rang et que les secteurs clés de l'économie russe, à commencer par l'aluminium, fonctionnent de façon plus régulière. Les concentrations sont encouragées. En 2003, Abramovitch, qui a sorti du jeu Berezovski et Patarkatsichvili, vend ses parts de Rusal à Deripaska pour 1,5 milliard de dollars.

---

1. Ludovic Royer, « La guerre de l'aluminium en Russie », art. cit.
2. Polit.ru, 11 avril 2000.

Cette année-là, Khodorkovski est envoyé au bagne. Les règles du jeu sont claires, et elles ne changeront plus.

Vainqueur en moins de dix ans de la guerre de l'aluminium, celui qui se définit comme un cosaque, toujours sur la brèche, dispute à Abramovitch le titre d'oligarque le plus riche de Russie. À l'époque, il pèse environ vingt milliards de dollars et sera dorénavant impliqué dans la plupart des opérations industrielles et financières avalisées par le Kremlin.

Depuis sa première fonderie sibérienne, le groupe de Deripaska, Basic Element, créé en 1997, s'est développé dans six secteurs : l'énergie, l'industrie, la finance, l'agriculture, les travaux publics et l'aviation. Il compte quelque 250 000 salariés. Ses activités sont internationales, de l'or en Mongolie, de la sous-traitance automobile au Canada, des travaux publics en Allemagne et en Autriche aux mines de bauxite en Guinée-Conakry – en 2009, Claude Guéant, alors secrétaire général de l'Élysée, ne se privera pas de lui recommander son gendre pour tenter de régler un conflit avec les autorités locales[1]. Le tiers de l'économie du Monténégro serait sous son contrôle[2]. Aux côtés du Canadien Peter Munck, le fondateur du plus gros producteur d'or Barrick Gold, de son ami Nathaniel Rothschild et de Bernard Arnault, le président de LVMH, il est l'un de principaux investisseurs de Porto Montenegro, une immense marina sur la baie de Kotor[3].

---

1. *Le Point*, 6 juin 2013.
2. *L'Express*, 3 janvier 2008.
3. *The New York Times*, 2 juin 2014.

L'étape essentielle est intervenue en 2007 : il consolide alors son emprise sur l'aluminium grâce à la fusion entre Rusal et ses principaux rivaux, Sual, détenu par Viktor Vekselberg, et Glencore, le géant suisse des matières premières.

Le Kremlin n'est jamais loin des alliances de cette ampleur. Le président se montre volontiers à la télévision discutant face à face dans son bureau avec Roman Abramovitch ou Oleg Deripaska.

Économiste réputé, Sergueï Gouriev a préféré quitter Moscou en 2013 après avoir subi pressions et menaces pour cause de proximité avec l'opposition et soutien déclaré à Mikhaïl Khodorkovski. Enseignant aujourd'hui à Sciences Po Paris, il explique comment ces deux oligarques représentent la charnière entre deux époques : « Ils sont l'un et l'autre liés à la famille Eltsine. Vladimir Poutine reste absolument loyal à la promesse faite à son prédécesseur quand il a pris le pouvoir. Il a son propre code de l'honneur. Il protège les proches – c'est la raison pour laquelle ces deux-là n'ont jamais été inquiétés. Berezovski aussi aurait été couvert, pour la même raison, s'il ne s'était pas agité dans tous les sens et n'avait pas choisi le combat frontal[1]. »

Deripaska n'hésite pas à afficher son patriotisme, déclarant au *Financial Times* qu'il n'est jamais que le gardien des biens de l'État, et qu'il les rendrait volontiers si on le lui demandait[2]. Démontrant la solidité du

---
1. Entretien, Paris, 28 mai 2014.
2. *Financial Times*, 13 juillet 2007.

cordon ombilical reliant la plupart des groupes russes au pouvoir politique, même quand ils sont hébergés dans des paradis fiscaux et cotés dans des bourses occidentales, Deripaska fait partie de ces oligarques considérés par Vladimir Poutine comme les ambassadeurs, sinon les bras armés, de la Grande Russie.

Quelles que soient sa puissance financière, son envergure internationale et sa proximité avec le Kremlin, Oleg Deripaska n'est pas entièrement libre de ses mouvements. Il a beau nier en toutes occasions la moindre implication mafieuse, ses anciennes relations lui coûtent cher.

Interdit du Forum de Davos jusqu'en 2007, il se voit refuser l'accès au territoire des États-Unis. Pour blanchir sa réputation, l'oligarque fait appel, à prix d'or, à différents cabinets d'enquêteurs, d'avocats, de lobbyistes américains – en vain. Un visa, accordé en 2005 grâce à l'entremise d'un ancien candidat républicain à la Maison Blanche, Bob Dole, est révoqué un an plus tard. En 2008, Deripaska rencontre à Paris deux agents du FBI. Il leur propose de mettre secrètement à profit ses bonnes relations d'affaires avec le régime de Téhéran pour tenter d'obtenir la libération de Robert Levinson, un espion américain à la retraite détenu en Iran. En échange, il veut un visa – contournant le Département d'État, le FBI lui accordera deux entrées, rien de plus. Il en profitera en 2009 pour rencontrer les dirigeants de Goldman Sachs et de Morgan Stanley, dans l'espoir d'introduire Rusal à Wall Street. L'opération n'aura pas lieu. Le groupe sera coté à Hong Kong[1].

---

1. *International New York Times*, 14 décembre 2013.

Ces entraves n'empêchent pas l'oligarque de vivre sur un grand pied avec sa femme et ses deux enfants, partageant son temps entre Moscou et Londres. Propriétés somptueuses en Angleterre, mais aussi à Paris, à Courchevel, sur la Côte d'Azur, à Davos, en Sardaigne, à New Delhi, à Pékin et à Kiev, jet privé, yacht de soixante-douze mètres, le *Queen K* – Deripaska affiche tous les signes extérieurs de l'oligarchie triomphante.

Ses vraies passions sont ailleurs. Fou de ballet classique, mécène du Bolchoï, passionné de physique – les seuls ouvrages qu'il lit en avion –, il fonctionne selon un rythme tel qu'il fait travailler plusieurs équipes de collaborateurs sur des fuseaux horaires différents.

« Oleg Deripaska a un mode de vie particulier, confirme un banquier français qui le connaît bien et tient à rester anonyme. Il vit la nuit. À trois heures du matin, après un dîner et une soirée avec ses amis, il est en pleine forme pour ses affaires. À Moscou, un cabinet qui travaille pour lui maintient en permanence une équipe de nuit, au cas où il en manifesterait le besoin. »

« Oleg est l'un des hommes les plus intelligents que j'aie jamais rencontrés. Un esprit d'une clarté et d'une rapidité remarquables. Très séduisant... » confie Marie-Hélène Bérard qui, après avoir quitté le CCF, a créé sa propre société et l'a conseillé sur plusieurs opérations depuis le début des années 2000. « À Paris, il a fallu surmonter quelques préventions à son égard, notamment du côté de BNP-Paribas... Aujourd'hui son groupe est parmi leurs clients importants en Russie, et ils ne s'en sont pas mal portés ! Son champ d'intérêt va bien au-delà du business. Il m'a beaucoup interrogée, par exemple, sur notre système français de formation de la haute fonction publique. À sa demande, avec quelques personnalités d'expérience, j'ai réuni un groupe de travail pour mettre au point une ENA russe. Entièrement financée par Deripaska, l'École fonctionne depuis 2005 sous l'égide de l'Université d'État de Moscou[1]. »

Malgré un mariage très en vue et une frugalité qui tranche avec les débordements de ses congénères, Deripaska a été longtemps la cible des convoitises de jeunes femmes très organisées, déterminées à séduire un oligarque pour s'assurer des jours meilleurs[2]. En figure de proue, Xenia Sobtchak, surnommée la « Paris Hilton russe » tant sa beauté blonde a été omniprésente à la télévision, sur les réseaux sociaux, et dans les mondanités de la jet-set internationale[3].

Fille de l'ancien maire de Saint-Pétersbourg, Anatoli Sobtchak, le mentor de Vladimir Poutine, filleule de ce dernier selon la rumeur, Xenia publie en 2010, avec une consœur, un petit livre au titre explicite : *Épouse d'un millionnaire*. Elles posent en couverture vêtues de robes longues très échancrées, une mitraillette à la main[4].

Depuis, Xenia Sobtchak a changé son fusil d'épaule. Lancée en politique, elle dénonce la propagande du Kremlin et prend part à Moscou, en 2012, aux manifestations hostiles à Vladimir Poutine – elle ne serait qu'un faux-nez, entend-on à l'époque. Elle persiste : « J'ai renoncé à l'argent pour les idées ! » affirme-t-elle au moment où elle est évincée de la télévision publique

---
1. Entretien, Paris, 12 août 2014.
2. Mark Hollingsworth et Stewart Lansley, *Londongrad...*, *op. cit.*
3. *Ibid.*
4. *Ibid.*

et humiliée par plusieurs perquisitions policières[1]. C'est à elle que Mikhaïl Khodorkovski, à peine libéré, choisira d'accorder à Berlin, en décembre 2013, sa première interview.

À Londres comme à Moscou, de façon plus discrète que Roman Abramovitch, demeuré son ami, Oleg Deripaska entretient avec soin ses réseaux d'influence. Aligné dès 2007 sur le code de bonne conduite de la BERD, la Banque de reconstruction et de développement, qui participe au financement de certaines de ses opérations, il est proche des milieux d'affaires britanniques – et surtout du fils de lord Jacob Rothschild, Nat Rothschild, patron du fonds Atticus, devenu son ami intime et son associé dans divers investissements.

C'est Rothschild qui, en 2004, le présente à Peter Mandelson, à l'époque commissaire européen en charge du Commerce et proche de Tony Blair. Mandelson traite parmi d'autres dossiers des conditions tarifaires d'importation d'aluminium et d'autres matières premières. Leurs relations vont entraîner force spéculations dans la presse britannique, sans qu'aucune preuve de collusion soit jamais établie. En 2008, d'autres rencontres à Corfou, sur le yacht de Deripaska, feront grand bruit, d'autant qu'y participe George Osborne, le futur ministre de l'Économie et des Finances de David Cameron, alors dans l'opposition. Dans un épisode resté fameux dans la chronique des mauvaises manières de la vie politique britannique, Osborne dénoncera publiquement les critiques sévères émises par Mandelson à l'encontre de

---

1. Gazeta.ru, cité dans *Courrier international*, 24 novembre 2012.

son propre Premier ministre, Gordon Brown. Rothschild fera tout pour empêcher que l'esclandre ne rejaillisse sur son associé russe[1].

C'est à Londres encore, devant la chambre commerciale de la Haute Cour, qu'Oleg Deripaska sera sommé de régler une vieille querelle.

En 2006, Mikhaïl Tchernoï est réapparu. Le faisant suivre par des détectives privés pour s'assurer de sa présence à Londres et lui faire remettre physiquement sa plainte, comme l'exige le droit anglais, il réclame à Deripaska plus de quatre milliards de dollars – la valeur, dit-il, des 20 % de Rusal qui lui appartiendraient toujours. Son ancien associé dément. Après six ans d'arguties juridiques, Tchernoï retire sa plainte. Deripaska a sans doute préféré régler le litige à l'amiable, à l'abri de la curiosité des juges londoniens.

En octobre 2008, à la suite de la faillite de Lehmann Brothers, la finance mondiale subit un spasme sans précédent. Frappé de plein fouet, le groupe de Deripaska perd plus de vingt milliards de dollars. Édifiée sans filet comme celles de ses congénères sur les richesses minières, pétrolières et les industries lourdes russes, sa fortune a été démultipliée grâce aux largesses des fonds d'investissement et des banques occidentaux qui ont généreusement octroyé leurs crédits.

Le Kremlin sait la fragilité de ces champions nationaux dont les propriétaires dépensent ailleurs leur fortune. C'est une bonne façon de les rappeler à l'ordre :

---

[1]. Mark Hollingsworth et Stewart Lansley, *Londongrad...*, *op. cit.*

des fonds publics leur sont accordés pour les maintenir à flot. Ils sont priés de s'en souvenir. Deripaska bénéficiera ainsi d'un prêt public de 4,5 milliards de dollars pour lui permettre de restructurer ses affaires[1]. En 2013, autre coup dur : le retournement des marchés de matières premières lui coûte 3,8 milliards de dollars[2].

Il n'en demeure pas moins l'une des figures emblématiques du nouveau capitalisme russe comme Vladimir Poutine les aime – d'autant qu'il les contrôle. Vice-président de l'association des industriels et entrepreneurs, représentant de son pays au conseil consultatif Asie-Pacifique, membre de plusieurs conseils d'administration dans les domaines de la culture et de l'éducation, Deripaska finance sa propre fondation philanthropique, Volnoe Delo, qui s'affiche comme la plus importante des institutions privées russes. Aujourd'hui séparé de son épouse, il a pour compagne une très jeune femme qui fait ses études à Londres.

Le patriotisme n'a pas de prix. Dès l'attribution des Jeux olympiques d'hiver à la ville de Sotchi en 2007, Deripaska se porte volontaire pour lancer un vaste programme d'investissements sur les rives de la mer Noire – le montant atteindra les deux milliards de dollars.

À l'époque, les cours du pétrole et du gaz, dont dépendent certaines de ses sociétés, sont au plus haut, et l'économie russe croît de 8 % par an. Sans appels d'offres, son groupe devient maître d'œuvre du village olympique, du nouvel aéroport, du centre de presse, d'un hôtel de

---

1. *Le Monde*, 18 août 2010.
2. *Les Échos*, 3 avril 2014 et 5 avril 2014.

luxe, le Rodina, sans compter un abri pour les chiens errants qui polluent la station balnéaire de son enfance.

En février 2014, changement de cycle : l'économie russe est au point mort et le cours des matières premières s'affiche à la baisse. Deripaska explique alors à la BBC pourquoi il a cofinancé ces opérations pharaoniques : « Pas seulement pour des raisons sentimentales... Ce sera à terme un excellent investissement, j'en suis sûr[1] ! »

Beaucoup de commissions se sont probablement dispersées dans la nature. Comme d'autres oligarques, qui ne paraissent plus en mesure de rembourser les crédits accordés par les pouvoirs publics, il va bénéficier de ristournes fiscales et des conditions préférentielles accordées par la banque publique de développement VEB.

L'afflux d'aluminium sur les marchés alourdit l'endettement de Rusal. La crise ukrainienne et les sanctions occidentales, aussi partielles soient-elles, compliquent encore l'accès au capital. Le groupe négocie avec ses créanciers un délai de paiement pour refinancer une partie de sa dette, qui s'élève à dix milliards de dollars[2].

En 2014, la fortune d'Oleg Deripaska a fondu, mais elle reste estimée à 6,5 milliards de dollars. Celui qu'on surnomme toujours le « milliardaire de Poutine » fait partie des vingt personnalités les plus riches du pays. En affaires, il a triomphé de tous ses adversaires. Il sait mieux encore que d'autres qui est le maître en Russie.

---

1. BBC News, 10 février 2014.
2. *Les Échos*, 24 mars 2014.

9

Affaires de couples

Vladimir Poutine n'a jamais oublié ce qu'il doit au KGB. Gamin au physique ingrat, élevé par des parents ouvriers dans une pièce de vingt mètres carrés d'un appartement communautaire à Leningrad, il raconte volontiers qu'il aurait glissé dans la délinquance s'il n'avait eu le goût des sports de combat[1]. Champion de lutte et de judo, il commence sa carrière d'agent secret dans le service de contre-espionnage local, chargé en particulier de pourchasser les « éléments antisoviétiques », avant de suivre une formation d'espion à l'institut Andropov de Moscou et de partir en poste à Dresde, en République démocratique allemande.

Appelé en 1991 par son ancien professeur Anatoli Sobtchak à la mairie de Saint-Pétersbourg pour s'occuper des relations économiques extérieures, l'officier du KGB prend rapidement en charge les secteurs clés de la ville. C'est lui qui a la signature des autorisations

---

1. Vladimir Poutine, Natalia Gevorkyan, Natalia Timakova et Andreï Kolesnikov, *First Person : An Astonishingly Frank Self-Portrait by Russia's President Vladimir Putin*, New York, PublicAffairs, 2000.

d'importation et d'exportation. La toute-puissante mafia de Tambov contrôle le marché du pétrole et les banques. En pleine perestroïka, les approvisionnements sont aléatoires et la corruption s'amplifie. S'il privilégie les investissements allemands – il parle parfaitement la langue –, aucune preuve tangible n'existe à ce jour contre le maire adjoint malgré les affirmations de certains chercheurs américains[1].

Vladimir Poutine compte dans son équipe un jeune avocat, son cadet de treize ans : Dimitri Medvedev. Pétersbourgeois lui aussi, fils d'intellectuels, avenant et policé, il a pour fonction d'examiner les projets d'investissements et la rédaction des contrats. En parallèle, le jeune homme se lance dans les affaires et s'intéresse au secteur forestier. En 1999, son patron l'appelle au Kremlin. Il va grimper dans la hiérarchie de l'administration présidentielle jusqu'à devenir vice-Premier ministre en 2005.

« Poutine sait évaluer les gens. Il sait recruter. C'est son métier d'origine, et il y excelle, affirme le politologue Ivan Krastev. Il ne s'intéresse pas au fonctionnement des institutions, ou aux péripéties du business : il ne croit qu'aux relations d'homme à homme – pour le meilleur ou pour le pire[2]. »

Poutine a trouvé son homme, dont il va jouer comme d'une pièce essentielle dans sa stratégie du pouvoir. Leurs relations ne seront pas sans anicroche. Mais

---
1. Karen Dawisha, Kennan Institute, 16 avril 2012.
2. Entretien, Berlin, 22 janvier 2014.

Medvedev est suffisamment ambitieux et souple – malléable, diront certains – pour s'accommoder du tempérament impérieux et secret de son mentor. D'entrée, les milieux d'affaires le considèrent comme plus ouvert et plus libéral que les *siloviki* – le clan dont s'est entouré le président, issu comme lui des services de sécurité et de l'armée, et réparti aux postes clés de l'administration et du secteur public.

Les fonctions officielles de Medvedev ne le détournent pas d'activités lucratives. En 2002, la compagnie de pâte à papier qu'il contrôle en partie est prise d'assaut par Oleg Deripaska – le litige sera soldé à l'amiable deux ans plus tard[1]. Il prend alors la présidence du conseil d'administration du géant gazier Gazprom, resté sous le contrôle de l'État – le poste de pilotage et d'observation le plus névralgique du paysage énergétique russe, au cœur des manœuvres et des ambitions de l'oligarchie.

Après le tourbillon des années Eltsine, dont une poignée d'affairistes avait tant bénéficié, Vladimir Poutine a promis au peuple de rétablir l'ordre – fût-ce au prix d'une suppression des avancées démocratiques. Durant ses deux premiers mandats présidentiels, il remodèle le paysage économique en renforçant spectaculairement le contrôle politique. Les investisseurs étrangers ne sont toujours pas favorisés, les opérateurs nationaux ont tout le loisir de développer leurs entreprises – et d'exporter leurs richesses – à condition de prouver leur allégeance. En 2003, les vingt-deux groupes les plus puissants du

---

1. Mark Hollingsworth et Stewart Lansley, *Londongrad...*, *op.cit.*

pays, détenus par les oligarques, contrôlaient 40 % de l'industrie russe[1].

Applaudi par la population qui les exècre, le Kremlin va procéder avec éclat à quelques expropriations : Ioukos est dépecé à l'arrestation de Khodorkovski. Abramovitch vend Sibneft à Gazprom, ce qui permet de créer Rosneft, une compagnie pétrolière publique, confiée à des proches. Le secteur des médias est mis sous contrôle, Berezovski et Goussinski ont été contraints à l'exil.

De bas en haut de la pyramide, la corruption réunit dans un même engrenage, grassement huilé, la bureaucratie, l'appareil judiciaire et les milieux d'affaires. L'opinion publique s'en accommode : grâce à l'envolée des cours des matières premières, l'économie russe bénéficie ces années-là d'une croissance sans précédent. Le PNB par tête est multiplié par deux, les salaires réels par trois, le chômage et la pauvreté sont réduits de moitié[2]. Le contrat passé entre Poutine et les Russes est clair : l'obéissance contre la croissance.

En 2008, interdit par la Constitution de se succéder à lui-même une troisième fois, Poutine propulse à la présidence ce collaborateur dont il a pu apprécier la loyauté.

Élu à quarante-deux ans avec 70 % des suffrages président de la Fédération de Russie, Dimitri Medvedev doit évidemment compter avec son propre premier ministre, qui n'est autre que Vladimir Poutine. De 2008 à 2012,

---

[1]. Sergueï Gouriev et Andreï Rachinski, « The role of oligarchs in russian capitalism », *Journal of Economics Perspectives*, Americain Economic Association, vol. 19 (1), 2005.

[2]. Sergueï Gouriev, conférence Sciences Po Paris, 1er juin 2014.

le subterfuge ne trompe pas grand monde, sauf quelques chancelleries occidentales qui lisent mal les rapports de force. Certes, il y aura des heurts : à la fureur de Poutine, Medvedev autorisera ainsi des ambassadeurs européens à suivre le deuxième procès de Khodorkovski et se prononcera contre un troisième jugement.

Jouant de ces nouveaux interstices dans la verticale du pouvoir, certains oligarques seront tentés de cultiver le président plutôt que le Premier ministre.

« Medvedev avait un discours apparemment plus ouvert, passionné par l'entreprise et les nouvelles technologies », raconte aujourd'hui, non sans amertume, Sergueï Gouriev. Le jeune économiste, qui avait mis son talent et son énergie au service du nouveau président, faisait partie de la commission sur l'innovation, créée avec éclat en 2009. Recteur de la nouvelle école d'économie de Moscou, conseiller du gouvernement jusqu'en 2013, il n'en sera pas moins soumis aux intimidations policières quand il dénoncera les dérives du régime. « Medvedev voulait privatiser les grandes entreprises demeurées sous la coupe de l'État. Il l'a annoncé plusieurs fois, mais rien ne s'est passé. Son discours était très pro-business. Il a fait rentrer la Russie dans l'Organisation mondiale du commerce. Il prônait la concurrence, la propriété privée, la règle de droit et la lutte contre la corruption. Il cultivait une rhétorique abondante qui promettait un changement d'orientation. Mais à en juger par les actes plutôt que les mots, même si la vie était un peu plus facile à l'époque, Medvedev n'a pas changé grand-chose[1]... »

---

1. Entretien, Paris, 27 mai 2014.

La crise financière de 2008-2009 contraint le gouvernement à puiser dans ses réserves pour intervenir massivement et soutenir le secteur privé en difficulté. L'heure n'est plus aux proclamations libérales. Le président Medvedev veut néanmoins juguler les ardeurs des oligarques. Les convoquant au Kremlin en octobre 2009, il ne mâche pas ses mots : « Je soupçonne que nombre d'hommes d'affaires paient des pots-de-vin aux tribunaux de justice pour que des décisions soient prises en leur faveur. Je tiens à vous dire que désormais tout acte de ce genre sera durement réprimé par la loi[1]. »

Pour être clamée haut et fort, la campagne contre la corruption n'engrange guère de résultats. Mais elle a suffi à inquiéter les tenants de l'ordre établi, qui n'apprécient guère les proclamations pro-démocratiques de ce président-là.

En 2012, le culbuto intervient dans l'autre sens : Poutine redevient président, Medvedev Premier ministre.

« À ce moment-là ont eu lieu quelques reconversions étonnantes, raconte Gouriev. Ceux qui n'avaient pas bénéficié des faveurs de Medvedev ont demandé vengeance. Et ceux qui avaient été choyés sont allés demander pardon à Poutine – ou alors ils l'ont payé cher[2]... »

On murmure que l'un d'eux s'est mis à genoux pour jurer allégeance au vrai maître du Kremlin. Une ancienne coutume de son pays d'origine, l'Ouzbékistan. L'homme est craint pour sa puissance – il est

---

1. www.lesaffaires.com, 21 septembre 2009.
2. *Ibid.*

aujourd'hui l'oligarque le plus riche de Russie et, en passant, la première fortune de Grande-Bretagne, dont il est résident. Il est aussi connu pour son goût de la procédure, poursuivant devant les tribunaux tous ceux qu'il estime hostiles à ses intérêts.

À soixante-deux ans, Alicher Bourkhanovitch Ousmanov pèse plus de dix-huit milliards de dollars[1]. Ce n'est pas tant son poids financier qui le rend singulier que son extraordinaire capacité à anticiper les retournements de situation, et son flair pour s'associer, à l'ère d'Internet, avec une nouvelle génération d'entrepreneurs russes.

En mars 2014, au lendemain du discours où il a invoqué les mânes de la Russie éternelle pour justifier l'annexion de la Crimée, Vladimir Poutine s'adresse aux grands patrons du pays réunis à Moscou.

Le message est plus musclé que jamais : « Les entreprises russes doivent être déclarées sur le territoire de notre nation, dans notre pays, et avoir une structure capitalistique transparente », lance-t-il à la ronde. « Je suis certain que ceci est également dans votre intérêt ! » ajoute-t-il en les regardant tour à tour[2].

Le président ne mentionne ouvertement ni la crise ukrainienne, dont le coût pèse sur une économie déjà fortement ralentie, ni les sanctions occidentales qui menacent certains des individus présents, ou leurs sociétés.

Assis au premier rang, Alicher Ousmanov ne cille pas. Son empire va du minerai de fer jusqu'aux médias. Le public averti sait que son entreprise Internet, Mail.ru,

---
1. *Forbes*, mars 2014.
2. Reuters, 20 mars 2014.

la plus puissante du pays, est domiciliée aux îles Vierges britanniques, et qu'il a organisé un réseau de holdings à Chypre, dont l'opacité bancaire et fiscale est très appréciée des Russes. Il a beau avoir perdu 2,5 milliards de dollars depuis le début de la crise, les sanctions occidentales ne l'impressionnent pas.

« L'intégration de l'économie globale est telle que toute rupture de lien dans les relations économiques ne peut qu'avoir des conséquences pour tout le monde, déclare-t-il, impassible. Donc, il convient d'éviter les sanctions[1]. » Malgré sa proximité avec le Kremlin, Ousmanov ne figure pas sur les listes édictées par Washington et par l'Union européenne, qui ne visent officiellement que les individus et les sociétés impliqués en Ukraine.

Deux jours avant le colloque de Moscou, dans une volte-face qui avait surpris les marchés, Ousmanov vendait son portefeuille américain – essentiellement l'important paquet d'actions Apple et Facebook, dont il avait été l'un des premiers acheteurs dès 2009. Désormais il vise la Chine : il renforce sa participation dans le groupe Alibaba, la plus spectaculaire réussite de l'Internet chinois, et dans la plate-forme d'achats JD.com. « Les sociétés chinoises représentent désormais de 70 à 80 % de nos investissements Internet à l'étranger, précise Ivan Streshinski, qui dirige la filiale concernée, USM Advisors LLC. La Chine ne prendra jamais de sanctions contre nous, et c'est notre premier partenaire commercial. Nous pensons que ces entreprises seront encore plus performantes que les américaines, poursuit-il. Les crises

---

1. *Ibid.*

créent toujours d'excellentes opportunités. Nous envisageons d'accroître nos participations en Russie dans OAO Megafon and Internet company Mail.ru Group Ltd. Ce sont des sociétés qui opèrent au pays. Les gens ne vont pas cesser de téléphoner ni d'utiliser Internet[1] ! »

Deux mois plus tard, Vladimir Poutine effectuera à son tour le pivot vers la Chine, et signera avec Xi Jinping un contrat de quatre cents milliards de dollars pour lui fournir mille cent milliards de mètres cubes de gaz sur trente ans.

Alicher Ousmanov n'a pas toujours été en phase avec les autorités de son pays. Pur produit de la nomenklatura soviétique – son père était procureur général de Tachkent – diplômé de la MGIMO, la prestigieuse école de formation des diplomates, il rentre en Ouzbékistan au début des années 1980 pour atterrir en prison. Accusé d'extorsion de fonds et de corruption, il y passera six ans, victime, affirmera-t-il plus tard, d'un complot du KGB local. Il sera blanchi en 2000 par la Cour constitutionnelle de la république devenue autonome à la disparition de l'URSS. « Toutes les accusations dont j'ai été la cible en 1980 se sont révélées fausses. La Cour a statué que ces crimes n'avaient jamais existé ! » déclare-t-il au *Guardian* en 2007[2]. Un ancien ambassadeur britannique à Tachkent, Craig Murray, maintient, lui, que ces connexions mafieuses étaient bien réelles[3]. En tout cas la biographie d'Ousmanov sera désormais délestée de toute allusion au passé, pour ne mentionner

---

1. *Les Échos*, 18 mars 2014.
2. *The Guardian*, 19 novembre 2007.
3. *Le Point*, 27 janvier 2011, et Mark Hollingsworth et Stewart Lansley, *Londongrad...*, op. cit.

que les étapes d'une spectaculaire ascension vers les sommets de l'oligarchie russe.

Dans les années 1980, l'Union soviétique ne connaît pas encore les sacs en plastique. Ce sera la première entreprise d'Alicher Ousmanov, qui a conservé un exemplaire, confectionné en 1988 à l'occasion de la rencontre historique Reagan-Gorbatchev : un sachet frappé des drapeaux russe et américain sur les ailes d'un papillon. En 1994, il crée Interfin, l'un des premiers fonds d'investissement à s'intéresser au marché russe. Lui, musulman, a épousé son amour de jeunesse, Irina Viner, de religion juive, championne de gymnastique qui entraîne plusieurs champions olympiques. Leur union, à l'époque, fait quelque bruit[1].

En 1997, il rejoint Gazprom – une nébuleuse de sociétés gravitant autour de l'activité principale : l'exploitation, le transport et le commerce du gaz naturel – pour diriger Gazprominvestholding, le fonds d'investissement du groupe demeuré public. Il en profite pour racheter Gazmetal et créer MetalloInvest, principal fournisseur de tubes d'acier de Gazprom. À l'époque, le président du conseil d'administration de Gazprom s'appelle Dimitri Medvedev – ils partagent le même intérêt pour les nouvelles technologies, et leur proximité servira les intérêts de l'oligarque.

Une fois Vladimir Poutine élu à la présidence, épargné par la purge qui frappe les dirigeants de Gazprom, Ousmanov va conseiller Alexeï Miller, un ancien collaborateur de la mairie de Saint-Pétersbourg, bombardé en 2001 à la tête du géant gazier sans aucune expérience

---

1. *Forbes*, 3 décembre 2010.

du secteur. Utilisant des méthodes qualifiées de particulièrement efficaces par la presse russe, il va aider ce dernier à récupérer nombre d'actifs qui avaient été dispersés auprès des protégés de la famille Eltsine, et à conforter l'emprise de l'État[1].

À la différence d'autres oligarques, Ousmanov n'a pas fait fortune à la faveur des privatisations sauvages et des prêts contre actions. À la tête d'un conglomérat personnel qui contrôle 40 % du minerai de fer russe et les deux principales aciéries du pays, il mène ses affaires sans jamais se heurter aux intérêts et aux susceptibilités du Kremlin.

Il va ainsi superviser le regroupement, au sein de Gazprominvestholding, de plusieurs médias qui avaient appartenu aux oligarques tombés en disgrâce. Pour assurer leur reprise en main, vont être réunis plusieurs chaînes de télévision, de radio et quelques grands journaux : NTV, la radio Ekho Moskvy, *Komsomolskaïa Pravda*, *Izvestia*... En 2006, Ousmanov rachète « à titre personnel » pour trois cents millions de dollars le principal quotidien économique, *Kommersant*, qui avait appartenu à Berezovski, puis à son ami Patarkatsichvili, auquel le Kremlin a clairement forcé la main. Ousmanov limoge aussitôt le rédacteur en chef.

En 2011, nouveau coup de balai. Candidat à la présidentielle de 2012, le Premier ministre Poutine affronte alors une vague de contestation sans précédent. *Vlast*, le magazine appartenant au groupe, ose évoquer des fraudes électorales en faveur de son parti avec un jeu

---

1. *Challenges*, 26 octobre 2006.

de mots subtil permettant de mélanger les expressions « Russie unie » et « bourrage des urnes », assorti de la photo d'un bulletin de vote barré d'un « Poutine, va te faire foutre ! ». « Violation de l'éthique journalistique ! » s'exclame le propriétaire, selon Gazeta.ru. Le site fait partie du même groupe, ainsi que la chaîne sportive 7TV, la chaîne musicale MUZ-TV, et UTH, dont la majorité de Disney Russia[1].

Titulaire de la médaille d'honneur présidentielle pour services rendus aux affaires et à la philanthropie, Alicher Ousmanov, comme beaucoup de ses congénères, aime autant Londres que Moscou. Ses affaires, abritées dans divers paradis fiscaux, sont cotées à la City. Quelques personnalités britanniques, comme lord Owen, siègent à ses conseils d'administration.

Si son style de vie est plus discret que celui de son ami Abramovitch, il s'est installé avec sa famille dans une immense propriété de style Regency acquise pour soixante-dix-sept millions de dollars[2]. Il possède aussi cent vingt hectares dans le Surrey, et un domaine en Sardaigne. « Pour prévenir toute tentative de diffamation ou d'invasion de sa vie privée », il s'est attaché les services du cabinet d'avocats le plus féroce de Londres, Schillings[3]. En avril 2014, une poignée de manifestants viendront néanmoins devant son portail londonien, pancartes à la main, protester contre les agissements russes en Ukraine.

---

1. *Les Échos*, 4 avril 2014, et *Le Monde*, 23 décembre 2011.
2. *Forbes*, 3 décembre 2012.
3. Mark Hollingsworth et Stewart Lansley, *Londongrad…, op. cit.*

En 2007, Ousmanov s'est offert ce que les Russes appellent avec humour « un aérodrome de secours » : il devient le plus gros actionnaire du club de football anglais Arsenal. Un investissement spectaculaire, qu'il accroîtra à hauteur de 30 % des parts, et une excellente affaire puisque les revenus commerciaux de la Premier League augmenteront de quelque 20 % au fil des années[1]. Pour faire bonne mesure, son groupe Metalloinvest devient aussi le sponsor du club Dinamo de Moscou.

Jusque-là, on ne lui connaissait guère d'intérêt pour le football. Sa vraie passion, c'est l'escrime, grâce, paraît-il, à la lecture assidue des *Trois Mousquetaires* d'Alexandre Dumas. Président de la Fédération internationale d'escrime et de la fédération russe, il a créé une fondation de bienfaisance, « Pour l'avenir de l'escrime », et use volontiers de métaphores sportives pour expliquer son style en affaires.

Vladimir Poutine apprécie les philanthropes et les bons patriotes.

En 2007, à la mort de Mstislav Rostropovitch, qui ne lui ménageait pas son soutien et qui vivait à Moscou depuis son retour d'exil en 1990, la collection d'art russe de l'immense musicien doit être dispersée aux enchères par Sotheby's à Londres. Elle sera entièrement enlevée pour quelque vingt-cinq millions d'euros par un mystérieux acheteur qui s'engage à la ramener en Russie. Il n'est autre qu'Alicher Ousmanov, qui en fera don à

---

1. *La Tribune*, 5 juin 2014.

l'État et l'installera à ses frais au palais Constantin à Strelna, près de Saint-Pétersbourg. « Je suis prêt à offrir à la Russie tout ce que j'ai, si elle en a besoin, parce que je suis un citoyen russe et j'en suis fier ! » déclare-t-il à cette occasion[1]. Dans le même élan, il prendra sa part dans le financement des Jeux olympiques de Sotchi de 2014, investissant quelque 97 millions de dollars dans les infrastructures de télécommunications.

À la différence d'un Deripaska, Alicher Ousmanov a su échapper aux aléas des matières premières et de l'industrie lourde qui ont fait la fortune de la première génération d'oligarques. Parce qu'il sait reconnaître le talent des autres et anticiper l'émergence d'un monde nouveau, il est devenu le plus riche d'entre eux.

La Russie est aujourd'hui le premier pays européen en nombre d'internautes : soixante-six millions de foyers connectés, quatre-vingt-dix millions d'utilisateurs de mobiles[2]. Ousmanov contrôle environ 70 % de l'Internet russe, sans oublier ses parts dans MegaFon, le deuxième opérateur de téléphonie mobile du pays. Il joue désormais un rôle majeur dans le financement de l'économie numérique à l'échelle mondiale grâce à sa rencontre, en 2008, avec un garçon au parcours singulier : Iouri Milner. Il va en faire son associé.

Né en 1961 à Moscou dans une famille juive de l'intelligentsia – il doit son prénom, comme beaucoup de garçons de sa génération, au cosmonaute Gagarine –,

---
1. *Le Point*, 27 janvier 2011.
2. *Les Échos*, 7 janvier 2014.

Iouri Milner se passionne pour la physique théorique. Diplômé de l'université de Moscou, il travaille à l'Institut Lebedev, dans le même département que le futur Prix Nobel Vitali Guinzburg, et côtoie Andreï Sakharov, physicien nucléaire et militant des droits de l'homme, en préparant son doctorat.

Estimant qu'il n'est pas assez fort pour marquer sa discipline, il décide de changer de vie. En 1990, au lieu de se précipiter dans la foire d'empoigne des privatisations comme d'autres jeunes scientifiques, il obtient de haute lutte un visa pour les États-Unis et part étudier la finance à la Wharton School de l'université de Pennsylvanie. Sans aller jusqu'au bout, il est embauché par la Banque mondiale à Washington pour analyser le développement du secteur bancaire dans une Russie livrée au capitalisme sauvage. Il va s'y ennuyer trois ans avant de décider de rentrer au pays.

« Des années perdues à observer de loin les privatisations ! » s'exclamera-t-il plus tard. Installé à Moscou en 1995, il valorise sa formation américaine en se faisant embaucher par la banque de Mikhaïl Khodorkovski, Menatep. Devenu directeur général d'un fonds d'investissement, il découvre une étude de la banque américaine Morgan Stanley consacrée à l'émergence de l'économie numérique aux États-Unis.

La Russie en est loin. Inspiré par les premiers succès de Yahoo, Amazon et eBay, Milner décide de se lancer dans les trois secteurs à la fois : le courrier, le commerce et les enchères électroniques. Une société est créée en 2001 : Mail.ru, à la fois portail et plate-forme de communication. Les débuts sont mouvementés. Dix ans plus tard, elle sera cotée à Londres et valorisée 5,6 milliards de dollars[1].

Après quelques tâtonnements, Milner crée Digital Sky Technology (DST). À la recherche de financement, il contacte Alicher Ousmanov. Son premier fonds, lancé en 2005, a quintuplé la mise ; de quoi inspirer confiance. L'oligarque devient le premier actionnaire de DST à hauteur de 35 % aux côtés de la banque américaine Goldman Sachs, du groupe sud-africain Naspers et de Tencent, l'un des géants chinois.
 « Tu connais cette société qui s'appelle Facebook ? » lui demande Milner au téléphone en 2009. « Non, répond Ousmanov, mais mes neveux la connaissent[2] ! »
 En pleine crise financière internationale, alors que les investisseurs se font rares, Milner rencontre Zuckerberg à Palo Alto : les deux Russes acquièrent 1,96 % de sa société pour deux cents millions de dollars. Malgré l'introduction en bourse ratée de Facebook en mai 2012, leur participation vaudra bientôt deux milliards.
 Facebook, mais aussi Groupon, Twitter, Spotify, Zynga, Flipkart, ZocDoc, 360Buy.com, Planet Labs, Airbnb, 23andMe, Coursera, un site d'éducation en ligne, et GenapSys, une société de séquençage du génome humain : Milner est devenu l'un des principaux acteurs financiers de la galaxie Internet. Son horizon dépasse la Californie : dès 2011, il parie sur le succès de Jacky Ma, le fondateur de la plate-forme d'achats Alibaba, déjà cotée à Hong Kong. Lors de son introduction à la Bourse de New York

---

1. *Wall Street Journal*, 22 novembre 2013.
2. *Forbes*, 3 décembre 2012.

en septembre 2014, la plus importante de l'histoire, la valorisation du groupe chinois dépassera les deux cents milliards de dollars – plus que LVMH, EDF et Airbus réunis[1].

À l'entendre, le goût de Iouri Milner pour la révolution numérique confine à la monomanie : « Depuis quelques années, je n'ai vraiment pas le temps de m'intéresser à autre chose. J'en suis même venu à oublier ce que j'aimais avant, comme la littérature par exemple... Je n'ai pas de hobby, je ne collectionne rien, je ne m'intéresse à aucun sport, à part la gym quelques fois par semaine[2]. » Il fait évidemment partie à Moscou de la Commission pour l'innovation mise en place par le président Medvedev, mais il n'a jamais fréquenté les allées du pouvoir.

Sa vraie passion, le business mis à part, reste l'innovation scientifique. Il crée en 2012 un prix consacré à la physique fondamentale – mieux doté que le Nobel, il accorde trois millions de dollars à chaque lauréat. Il réussit à associer les plus gros concurrents du firmament Internet – Serguei Brin, le fondateur de Google, Mark Zuckerberg, Arthur Levinson, le président d'Apple – pour fonder un autre prix récompensant les avancées dans les sciences de la vie[3]. Comme Brin, il croit à l'émergence d'un « cerveau global » connectant hommes et machines et régissant à terme les activités terrestres.

« Notre culture est envahie par la célébration de gens sans intérêt, proclame-t-il. Il faut se concentrer sur les

---
1. *Le Monde*, 7 septembre 2014.
2. *Vedomosti*, 28 décembre 2010.
3. *Wall Street Journal*, 22 novembre 2013.

questions à long terme : qu'est-ce que l'Univers ? d'où vient la vie[1] ? »

En attendant d'obtenir les réponses, Milner garde le sens des affaires. Ousmanov et lui contrôlent désormais, via Mail.ru, le premier réseau social russe VKontakte (VK).

Fondé par un garçon de vingt-neuf ans, Pavel Dourov, à sa sortie de l'université de Saint-Pétersbourg, ce réseau réunit dans l'ex-URSS plus de cent millions d'utilisateurs, soit 40 % du marché – mieux que son concurrent américain Facebook. Créateur en parallèle de l'application de messagerie instantanée Telegram, Dourov, une véritable star dans son pays, a vendu ses parts tout en restant directeur général. Il aurait touché alors, selon le journal russe *Vedomosti,* plus de quatre cents millions de dollars[2].

Quelques semaines plus tard, Dourov va claquer la porte : il n'admet pas le comportement de son actionnaire principal. Ouvertement libertaire, le jeune homme avait refusé en 2011, lors des mouvements de protestation contre Vladimir Poutine, de bloquer l'accès du réseau aux groupes d'opposition et de livrer aux services de renseignement les données personnelles des organisateurs[3].

En février 2013, une nouvelle loi resserre encore le contrôle du régime sur les réseaux sociaux : toutes les données en ligne pourront être bloquées sans ordonnance

---

1. *Ibid.*
2. Reuters, AFP, 18 mars 2014.
3. *Le Point,* AFP, 1er avril 2014.

du tribunal. En mars, VK est sommé de supprimer tous les liens connectés à Alexeï Navalny – l'activiste a fait d'Internet l'arme principale de ses combats politiques. Sur sa propre page, Dourov écrit : « Ni moi ni mon équipe n'allons nous engager dans la censure politique. Nous n'allons pas éliminer toute la communauté anticorruption de Navalny, ni des centaines d'autres communautés. La liberté de diffusion de l'information est le droit inaliénable de la société post-industrielle[1]. »

Moscou a beau avoir accueilli Edward Snowden, l'informaticien américain qui a lancé l'alerte sur les systèmes de renseignement de son pays, la Russie n'a pas atteint ce stade-là. En décembre 2013, le FSB exige que lui soit livrée la liste des militants ukrainiens du groupe Euromaïdan. Dourov refuse, faisant valoir que la juridiction russe ne s'applique pas aux utilisateurs ukrainiens de VKontakte et que « ce serait une trahison vis-à-vis de ces millions de personnes en Ukraine qui nous ont fait confiance ». Il dénonce par la même occasion le jeu de ses actionnaires alignés sur les instructions du Kremlin.

En avril 2014, Pavel Dourov a préféré fuir la Russie. Selon Sergueï Gouriev, il adore Paris, mais n'a pas encore choisi son nouveau point d'ancrage.

Iouri Milner et Alicher Ousmanov ont fait ensemble d'excellentes affaires. Autant se faire plaisir. L'oligarque s'est acheté en 2012, pour trois cent cinquante millions de dollars, un Airbus A340 (375 sièges en usage

---

1. *NextInpact*, 24 mars 2014.

commercial), qui sera aménagé à son goût[1]. Plus grand que le Boeing 767 d'Abramovitch, et même que l'Ilyouchine Il-96 utilisé par Vladimir Poutine, l'avion a été baptisé du nom du père d'Alicher, Bourkhan. Son yacht de cent dix mètres s'appelle *Dilbar*, comme sa mère.

Quant à Milner, il ne passe plus beaucoup de temps en Russie. Il a abandonné son poste de président de Mail.ru et gère ses investissements depuis la Silicon Valley. Marié à un ancien mannequin russe devenue photographe de renom, il a acheté en 2011, à Los Altos en Californie, une propriété de sept hectares comportant un château à la française de 2370 m^2 et une maison d'amis de 510 m^2. Le prix : cent millions de dollars – le montant le plus élevé jamais payé à l'époque pour une demeure privée[2].

À cinquante-deux ans, de *Fortune* à *Foreign Policy Magazine*, Iouri Milner figure aujourd'hui en bonne place sur les listes de toutes les publications américaines sélectionnant chaque année les personnalités les plus influentes du monde.

Len Blavatnik, lui, est vraiment citoyen américain. Et fier de l'être. Il est propriétaire de l'une des marques de divertissement les plus emblématiques de la culture d'outre-Atlantique. En 2011, il a racheté Warner Music pour 3,3 milliards de dollars au Canadien Edgar Bronfman Jr. Non qu'il soit particulièrement féru de musique, mais c'est une belle entreprise, le numéro trois mondial

---

1. *Les Échos*, 4 avril 2014.
2. *The San Francisco Chronicle*, 12 mai 2011.

du disque, une ouverture vers le numérique, et le socle d'un nouvel empire. Il aurait pu y ajouter EMI, mais il n'aime pas avoir la réputation de payer tout trop cher – il s'est contenté du catalogue Parlophone, qui inclut les Pink Floyd mais pas les Beatles. En 2013, il injecte cent millions d'euros dans Deezer, la jeune pousse française devenue le numéro deux mondial de la musique en ligne. Il a voulu acquérir l'une des agences d'impresarios de Hollywood, avant de l'estimer trop petite. Pour s'amuser, il a investi un peu d'argent dans la société de production de son ami Harvey Weinstein, mais les affaires n'étaient pas bonnes, et il n'était pas le patron. Il lui prête néanmoins son yacht, *Odessa*, pour le Festival de Cannes. Il faut à Len Blavatnik du lourd, du brillant, qui lui apporte notoriété et respect.

Surtout le respect. Estimant que la banque JP Morgan Chase en avait manqué à son égard pour avoir investi dans des produits à risque sans son feu vert, il lui a fait un procès qui a duré des années, avant d'obtenir partiellement satisfaction. « Un gars ordinaire ne peut pas entreprendre une telle démarche. Moi, je suis riche. Je peux dépenser autant que nécessaire[1]. »

En bon Américain qui a fait fortune, Blavatnik finance les campagnes politiques – lors de la dernière élection présidentielle, il fut l'un des plus généreux contributeurs d'Obama, mais finança aussi son rival Romney. Il aurait aussi soutenu Nicolas Sarkozy.

Il adore l'immobilier : en France, il possède le Grand Hôtel de Saint-Jean-Cap-Ferrat, et quelques demeures parisiennes. À New York, il a acheté deux

---

1. *The New York Times*, 24 septembre 2010.

hôtels particuliers dans l'Upper East side et un immense appartement sur la Ve avenue – seule déconvenue, son rejet par les copropriétaires d'une autre résidence de prestige, choqués qu'il se soit présenté flanqué de gardes du corps armés. À Londres, il a acquis à la barbe d'Abramovitch trois résidences contiguës sur Kensington Palace Gardens, l'avenue la plus chère de la capitale, et donne des fêtes mémorables où il y a, paraît-il, trois fois moins d'hommes que de ravissantes jeunes femmes. Pour maîtriser les arcanes de la bonne société londonienne, il s'est attaché les services d'un diplomate à la retraite et pris conseil auprès de lord Weidenfeld, grand éditeur et vénérable pilier des institutions culturelles européennes. « À déjeuner, il m'a expliqué qu'en fait il n'était pas un oligarque, raconte ce dernier, mais un émigrant naturalisé américain... Je ne connais pas en détail son histoire russe, elle ne m'intéresse pas[1]. »

L'émigrant a réalisé son rêve américain : son nom est gravé sur le frontispice des plus grandes universités du monde. Il a offert cinquante millions de dollars à Harvard, dix millions à Yale, cent-dix-sept millions de dollars à Oxford – l'un des dons les plus importants reçus par la prestigieuse institution britannique en ses neuf cents ans d'histoire. Là, en septembre 2010, dans un bâtiment construit par les grands architectes suisses Herzog & de Meuron, a été inaugurée la Blavatnik School of Government, destinée à former les étudiants aux affaires publiques – l'apothéose quelque peu paradoxale d'un parcours singulier.

---

1. Connie Bruck, *The New Yorker*, 20 janvier 2014.

Ne demandez jamais à un Russe comment il a gagné son premier million, dit-on volontiers à Moscou. Le dicton vaut pour Leonid Valentinovich Blavatnik, né en 1957 dans une famille juive d'Odessa, en Ukraine soviétique. Ses parents sont enseignants. Il fait à Moscou des études d'ingénieur des transports – les Juifs ne sont pas les bienvenus dans les filières de prestige. À la fin des années 1970, l'Union soviétique entrouvre ses frontières et les autorise à émigrer. La famille Blavatnik débarque à Brooklyn en 1978. Leonid, 21 ans, devient Len et réussit un parcours brillant : un diplôme d'informatique à Columbia, un emploi chez Macy's puis Arthur Andersen, un premier fonds d'investissement baptisé Access Industries et la Harvard Business School en 1989. Un copain d'études l'appelle alors de Moscou. Son nom : Viktor Vekselberg, originaire d'Ukraine, lui aussi. Les privatisations sauvages ont commencé. Reviens, lui dit-il, trouve de l'argent, il y a des occasions en or ici, tout est à prendre ! Len suit son conseil et fonde avec lui la société Renova. Leur premier terrain d'action sera l'aluminium, à Irkoutsk. Ils ciblent des proies moins voyantes que les frères Tchernoï et Deripaska, mais les méthodes se ressemblent. « Je ne connais rien à l'aluminium, aurait déclaré Blavatnik à ses partenaires, mais je sais faire de l'argent. À vous de fabriquer l'aluminium, à moi de faire fructifier l'argent[1] ! » En dix ans, leur groupe, Sual, devient le deuxième du pays et fusionne en 2006 avec Rusal, le groupe d'Oleg Deripaska. En 2007, Glencore

---

1. *Ibid.*

entre dans le jeu : United Company Rusal deviendra le numéro un mondial de l'aluminium.

Vekselberg et son associé ne s'arrêtent pas là. Ils élargissent leurs activités au pétrole en prenant progressivement le contrôle de Tyumen Oil, TNK, l'une des plus importantes sociétés d'exploitation du pays et l'une des dernières à être privatisées. Ils s'associent pour l'occasion à un drôle de trio : Mikhaïl Fridman, Guerman Khan et Alexeï Kouzmitchov, les propriétaires d'Alfa Group dont fait aussi partie Piotr Aven. En 2003, ils créent ensemble le consortium AAR réunissant leurs actifs pétroliers en Russie et en Ukraine. Dotés de moyens colossaux, ils interviendront dans la plupart des grandes opérations boursières à travers des fonds d'investissement occidentaux qui gèrent une partie de leurs avoirs[1].

Aux yeux de ses associés de l'époque, Blavatnik possède deux atouts majeurs : son passeport américain, et un savoir-faire qui rassure des interlocuteurs pour le moins effarouchés par les méthodes russes.

« Blavatnik est relativement civilisé, raconte aujourd'hui le financier new-yorkais George Soros. Il a participé dans le passé à des activités dont il n'aime pas parler, mais à l'époque, il n'était pas le pire... Comme il est Américain, donc acceptable aux yeux des Occidentaux, et que les oligarques voulaient se développer à l'Ouest, ils l'utilisaient comme intermédiaire. Globalement, ce n'est pas un criminel, lui[2]... »

---

1. *Le Monde*, 18 août 2008.
2. Entretien, Barcelone, 30 avril 2014.

Réunis au sein d'AAR pour assouvir leurs appétits pétroliers, Blavatnik et Vekselberg ont désormais partie liée avec Alfa Group.

Des matières premières à la banque, à la grande distribution et aux télécommunications, Alfa Group est devenu le plus puissant, le plus diversifié et le plus internationalisé des consortiums privés russes. Depuis la création d'une banque en 1991, aujourd'hui la première du pays, le groupe n'a cessé de croître. Trois de ses sociétés figurent au FTSE-100, l'indice des cent plus grosses valorisations de la Bourse de Londres. Sa chaîne de magasins X5 Retail Group est domiciliée à Amsterdam. Il contrôle en particulier Turkcell en Turquie, Orascom Telecom racheté à l'Égyptien Sawiri et dispute au Norvégien Télénor la majorité de VimpelCom, un des plus grands groupes de télécoms du monde, coté à New York. En août 2014, en dépit des sanctions occidentales à l'encontre de Moscou, le groupe se porte acquéreur de la filiale hydrocarbures de l'allemand RWE, pénétrant ainsi le secteur du gaz algérien[1].

Né en Ukraine comme Blavatnik et Vekselberg, Mikhaïl Fridman est l'actionnaire de référence d'Alfa Group. Diplômé de l'Institut de métallurgie de Moscou, âgé aujourd'hui de cinquante ans, il est à la tête de la deuxième fortune de Russie, derrière Alicher Ousmanov, et pèse près de dix-huit milliards de dollars[2].

---

1. *Les Échos*, 22 août 2014.
2. *Forbes*, mars 2013.

Lancé très tôt dans les affaires – il aurait commencé en montant une coopérative étudiante de lavage de vitres et en vendant du sucre au marché noir – il compare volontiers leur conduite à la guerre et adore, bien qu'il s'en défende, utiliser les tribunaux pour parvenir à ses fins. On ne compte plus le nombre de procès intentés devant différentes juridictions, un peu partout dans le monde, à l'encontre d'adversaires ou même de partenaires pas assez vigilants. Mettant à profit, sans relâche, les pratiques des années Eltsine, il a pris pied avec ses associés dans le pétrole avec TNK, la Compagnie des pétroles de Tioumen, puis dans Kondpetroleum, puis dans Yugraneft aux dépens d'un groupe canadien, Norex Petroleum – les actions en justice sont toujours en cours[1].

« Fridman est un remarquable homme d'affaires – sans doute le plus discipliné des grands acteurs de l'économie russe, et il en est fier, explique un expert. Il reste pourtant un personnage très à part dans cette oligarchie... Même s'il a les mêmes associés depuis longtemps, il n'appartient pas complètement au paysage, il est ailleurs. Il ne se sent pas vraiment russe. Son véritable engagement, ce qui lui tient profondément à cœur, c'est le monde juif. Il a bien sûr un passeport israélien. Il considère que la Russie reste un pays profondément antisémite, même si Poutine lui-même n'a jamais sacrifié à cette tradition-là, au contraire. À Saint-Pétersbourg, Poutine avait eu pour professeur d'allemand une femme d'origine juive, qui a émigré en Israël et à laquelle il est resté attaché... Le président a toujours ménagé et même

---

1. www.lesaffaires.com9-12.2009. 28 octobre 2010.

encouragé la communauté juive. Fridman, lui, est mal vu du clan des *siloviki*, les durs du Kremlin, et il sait que le risque existe en permanence qu'on lui confisque son empire. »
En avril 2012, l'oligarque accorde une rare interview à Xenia Sobtchak. Ils avaient parié ensemble sur la reconduction ou non de Medvedev au poste de Premier ministre, Fridman avait perdu et honore sa parole. Il insiste d'abord sur sa loyauté vis-à-vis de Vladimir Poutine : « Je soutiens très sincèrement le président élu... Dans n'importe quel pays, même les plus démocratiques, les hommes d'affaires n'ont pas envie d'entrer en conflit avec les autorités ! » Il ajoute cependant : « Beaucoup de choses ne me plaisent pas dans la Russie d'aujourd'hui. Je ne pense pas que je vais être très original. Je n'aime pas qu'on ait un haut niveau de corruption, je n'aime pas qu'il se passe des choses dans la police comme elles se passent au Tatarstan, je n'aime pas qu'on n'ait pas une concurrence normale dans différents domaines. » Xenia Sobtchak lui fait remarquer qu'il est d'accord là-dessus avec Navalny et Nemtsov, les dirigeants de l'opposition, et qu'il pourrait donc les financer. « Je ne les rejoins pas sur les méthodes de combat... Je préfère lutter contre les conditions négatives d'une manière évolutive. Le pouvoir n'a pas besoin de notre soutien, et c'est très bien. Et je ne vais pas financer l'opposition pour la bonne raison que c'est une erreur pour le business dans nos conditions russes de prendre une part active, efficace en politique[1]. »

---

1. « Sobtčak živěm », *Dožd*, 11 avril 2012.

Fridman est l'un des fondateurs du Congrès juif russe, créé en 1996 pour revitaliser la culture juive dans le pays. À ses côtés, à l'époque, Vladimir Goussinski et Leonid Nevzline – l'ancien magnat des médias et l'ex-numéro deux de Mikhaïl Khodorkovski – ont depuis fui la Russie pour Israël, où résident une partie de l'année plusieurs autres hommes d'affaires russes. L'exode des Juifs soviétiques remonte aux années 1970, quand le sénateur américain Henry Jackson fait voter par le Congrès une loi conditionnant l'accès au marché américain à la libéralisation de l'émigration juive. Une fois amorcé l'écroulement du système communiste, plus d'un million de personnes quitteront l'ex-URSS pour Israël entre 1980 et 1990.

Fridman est l'un des principaux donateurs du Fonds juif européen, tout comme son partenaire Guerman Khan. Avec lui et son autre associé Piotr Aven, Mikhaïl Fridman a créé le prix Genesis qui, chaque année, récompense à hauteur d'un million de dollars tout individu russophone qui attribue sa réussite à l'identité et aux valeurs de la judéité. Lancé en 2012 à l'occasion d'une visite officielle de Vladimir Poutine à Jérusalem, administré par une organisation présidée par Nathan Chtcharanski, l'ancien mathématicien et dissident russe devenu président de l'Agence juive à Jérusalem, le prix a été attribué à l'ancien maire de New York, Michael Bloomberg. Milliardaire lui-même, ce dernier a aussitôt annoncé qu'il en redistribuerait le montant à des gens davantage dans le besoin[1].

Piotr Aven, économiste de formation, ancien ministre de Boris Eltsine, co-fondateur d'Alfa Group dès le début

---
1. *The New York Times*, 26 juin 2012.

des années 1990, est depuis cette époque un acteur aussi puissant que discret du monde des affaires à la russe. Il n'en va pas de même de l'autre compère, Guerman Khan, qui préfère la manière forte. Ayant débuté sa carrière en vendant des jeans sur les marchés de Moscou, il aurait affirmé que *Le Parrain*, de l'auteur américain Mario Puzo, est pour lui un manuel de savoir-vivre, et il porterait en permanence dans la poche un revolver plaqué or[1].

L'opération la plus spectaculaire de la nouvelle association entre Alfa Group, Viktor Vekselberg et Len Blavatnik interviendra dans le secteur pétrolier. Ils vont bénéficier d'un parrain bienveillant – Vladimir Poutine, et d'un de ses amis aux poches profondes, Igor Setchine.

Maîtres de la compagnie pétrolière TNK sans avoir nécessairement réglé le montant total de leur acquisition à l'État russe, les associés regroupés au sein de l'AAR engagent avec le géant britannique British Petroleum une bataille féroce qui va durer plusieurs années.

L'enjeu : Chernogorneft, une compagnie pétrolière qu'ils acculent à la faillite alors que BP a investi massivement dans la holding de tête. Chantages, pots-de-vin, contournements en tous genres de lois que personne ne respecte en Russie, procès aux États-Unis, lobbying au sommet à Londres, menaces physiques sur les collaborateurs étrangers et même tentative

---

1. Connie Bruck, *The New Yorker*, 20 janvier 2014, et *Le Monde*, 18 mai 2011.

d'empoisonnement du patron britannique de la filiale commune TNK-BP, créée en 2003 en présence du président Poutine et du Premier ministre Tony Blair : le feuilleton judiciaire, politique, financier et mafieux va tenir en haleine le monde pétrolier. « Une bataille à mains nues ! » commentera en connaisseur Vladimir Poutine, qui veillera tout au long à ce que les protagonistes russes ne perdent jamais la main. « Haut en couleurs ! Une affaire splendide, malgré tout ! » confie, de façon très britannique, lord Simon, un ancien président de BP, qui insiste sur l'intérêt, pour les Russes, de conserver sur le plan technologique un partenaire occidental autre qu'américain[1].

BP finira par s'incliner avec les honneurs. Le Kremlin impose sa solution. En 2012, Rosneft, la compagnie pétrolière publique, qui a déjà absorbé une partie de Ioukos après l'arrestation de Khodorkovski, rachète TNK-BP pour soixante et un milliards de dollars. British Petroleum reçoit en contrepartie 19,75 % de la nouvelle entité, et maintient sa présence en Russie. Le consortium AAR reçoit pour sa part vingt-huit milliards de dollars en cash[2].

L'argent ne restera pas en Russie. Avant même que l'opération ne soit finalisée, Alexeï Kouzmichev, l'un des coactionnaires d'Alfa, achète pour vingt-huit millions d'euros un pied-à-terre de 1 850 m^2 à Paris : l'ancien siège de Pernod Ricard Europe avec vue sur la Seine et le musée d'Orsay. Passionné un temps par la sauvegarde des ruines de Babylone – un projet gelé

---

1. Entretien, Londres, 16 juin 2014.
2. *Le Monde*, 22 octobre 2012.

par la détérioration de la situation en Irak –, il vient de racheter à un baron belge une propriété à Saint-Tropez pour un montant de 40 millions d'euros.

Enrichi de 7 milliards de dollars, Fridman crée en juin 2013, à Londres, une société d'investissement, L1 Energy, filiale de la holding luxembourgeoise déjà chargée de la gestion des avoirs étrangers d'Alfa Group[1]. Au printemps 2014, malgré la crise ukrainienne et la menace de nouvelles sanctions occidentales, Alfa négocie avec le groupe d'électricité allemand RWE le rachat, pour 5,1 milliards de dollars, d'une filiale qui lui apporterait environ cent quatre-vingt-dix licences ou concessions pétrolières et gazières en Europe, au Moyen-Orient et en Afrique du Nord[2].

Quant à Len Blavatnik, sa fortune s'est accrue du même montant – sept milliards de dollars. Mais il n'a pas apprécié cette période où il a dû jouer de ses relations américaines et risquer sa réputation à New York comme à Londres. Il s'est mis en retrait, et a entrepris de se distancer de ses anciens partenaires d'Alfa Group – quelques articles font état du mépris qu'ils lui inspireraient désormais[3].

L'« Américain » a désormais tous les moyens d'assouvir sa passion immobilière, mais aussi de financer à foison musées, expositions, bonnes œuvres, soirées mondaines, prix scientifiques et nouvelles aventures

---

1. *Le Monde*, 25 mars 2014.
2. *International New York Times*, 18 mars 2014, et Capital.fr, Reuters, 15 juin 2014.
3. *Le Monde*, 18 mai 2011.

dans l'univers de la musique et du divertissement aux États-Unis. Son groupe, Access Industries, n'en demeure pas moins aux aguets, prenant position au cours de l'été 2014, sur le marché scandinave des télécoms, en pleine recomposition[1].

L'amitié qui lie Blavatnik et Viktor Vekselberg a résisté à toutes les péripéties. Toujours à la tête du groupe Renova et d'une fortune de plus de dix-sept milliards de dollars, ce dernier serait aujourd'hui la troisième fortune de Russie[2] et la quatrième de Suisse. Actionnaire important du groupe zurichois OC Oerlikon, il développe sa présence dans la Confédération, où il a été acquitté d'une accusation d'infraction à la loi sur les Bourses[3]. Il s'intéresse aux mines en Afrique du Sud et à l'hôtellerie en Russie[4]. C'est dans ce secteur qu'il investit cinq cents millions de dollars à Sotchi en vue des Jeux olympiques.

Lui aussi sait soigner son image tout en jouant avec finesse des sourdes luttes d'influence entre les clans Poutine et Medvedev.

En 2004, Viktor Vekselberg rachète à la famille américaine Forbes neuf des fameux œufs de Pâques que Fabergé avait ciselés pour les tsars Alexandre III et Nicolas II à la fin du XIXe siècle. En 2013 il confie à la BBC qu'il en possède quinze, non pour son plaisir personnel mais pour la gloire de la Russie, et qu'il entend construire un musée pour les exposer. Jouant

---

1. *Les Échos*, 8 juin 2014.
2. *Forbes*, mars 2014.
3. Radio Télévision Suisse, 18 octobre 2010.
4. *Wall Street Journal*, 31 janvier 2014.

sur le terme populaire qui désigne aussi les attributs masculins, la plaisanterie courut à Moscou que Vekselberg avait tout fait pour montrer « ses œufs » à Vladimir Poutine – on peut voir la collection aujourd'hui à Saint-Pétersbourg. En 2006, autre fait d'armes : il rapatrie à grands frais au monastère Danilov les cloches de Lowell House qui avaient été léguées à l'université Harvard, et les remplace par des copies. En 2007, il acquiert la Villa Feltrinelli sur le lac de Garde – l'hôtel de luxe avait servi de résidence à Mussolini en 1943. Il n'aime pas pour autant être pris pour un nouveau riche. En 2012, il obtiendra réparation de la maison Christie's qui, quelques années plus tôt, lui avait vendu une *Odalisque* du peintre russe Koustodiev – un faux manifeste, prouveront les experts de sa propre fondation.

En 2010, Dimitri Medvedev, alors président de la Fédération, veut accélérer le développement technologique de la Russie pour échapper à sa dépendance de l'exploitation du pétrole et du gaz. Surnommé par les humoristes « Aïphone Aïpadovitch » tant il affiche sa passion pour la révolution numérique, il crée le centre de recherche et développement Skolkovo, appelé à devenir la Silicon Valley russe. Le Kremlin investit cinq milliards d'euros. Quatre ans et quelques scandales plus tard, le centre tarde à prendre forme malgré les multiples avantages offerts aux partenaires étrangers, américains pour la plupart[1].

---

1. *Le Point*, 5 juin 2014.

À la tête de Skolkovo, Viktor Vekselberg. Nommé par Medvedev, il a été suffisamment habile pour se faire adouber par Poutine, et éviter d'être emporté dans les affaires de détournement de fonds qui ont, comme à Sotchi, entaché le projet.

Skolkovo reste un terrain de discorde entre le président et son Premier ministre – ou plutôt entre les conservateurs du clan présidentiel et les « modernistes » proches de Medvedev[1]. En mai 2013, les services de sécurité perquisitionnent les bureaux de Vekselberg. Les rumeurs courent Moscou : subventions évaporées, rapports scientifiques factices, arrangements familiaux… Un proche de Medvedev, Vladislav Sorkov, vice-Premier ministre, démissionne du conseil d'administration. Mais le Premier ministre tient bon. En ouverture du festival Start-up Village en juin 2014, il renouvelle ses promesses : « Malgré la crise économique, le gouvernement continuera à soutenir Skolkovo, c'est une de ses priorités. » « Faites du business et n'oubliez pas de faire la fête ! » recommande de son côté Viktor Vekselberg, comme pour instiller un peu d'esprit californien dans la banlieue moscovite[2].

Il n'en néglige pas pour autant ses propres affaires. En mars 2012, il démissionne avec fracas de la présidence de Rusal, le géant de l'aluminium qu'il détient avec Len Blavatnik et Oleg Deripaska. Il accuse ce dernier d'avoir dangereusement endetté le groupe et d'avoir conclu un accord avec Glencore qui serait contraire au

---

1. *La Tribune*, 8 novembre 2013.
2. *Le Point*, 5 juin 2014.

pacte d'actionnaires. Un mois plus tard, l'affaire est portée devant les tribunaux londoniens[1].
Pour régler leurs différends, les oligarques apprécient décidément la justice britannique.

---
1. *The Guardian*, 10 avril 2012.

10

Histoires de ruptures

Skorpios n'a jamais été une île heureuse. Propriété de l'armateur grec Aristote Onassis, ce petit joyau de la mer Ionienne dont il avait fait son paradis a vu s'enfuir sa première femme, Tina Livanos, pleurer la Callas, splendide abandonnée, nager nue Jackie qui ne s'appelait plus Kennedy, mourir Alexandre, le fils bien-aimé, qui y est enterré, s'étourdir Christina, la fille ingrate, qui y repose aussi, près de son père et de sa tante Artemis. Athina, la petite fille et unique héritière, y a été baptisée, mais l'endroit lui fait peur. Elle monte à cheval au Brésil, et n'est allée là-bas que quelques fois. L'île est bien entretenue, son accès interdit, ses tombes fleuries. Elle appartient aux morts.

En avril 2013, Athina, vingt-huit ans, vend Skorpios pour cent millions d'euros à Ekaterina, vingt-quatre ans. Dans un communiqué, la nouvelle propriétaire explique qu'il s'agit « d'un investissement financier à long terme » et qu'elle veut développer les infrastructures « à l'aide de technologies respectueuses de l'environnement[1] ». Son premier projet est d'y fêter son anniversaire avec la jet-set internationale et un concert de Beyoncé[2].

D'une fortune grecque, édifiée sur la mer à coups d'audace et d'entregent au milieu du siècle dernier, l'île est passée aux mains de la fille aînée d'un oligarque russe de quarante-huit ans, un ancien roi de la potasse à l'histoire sulfureuse, aujourd'hui résident monégasque, qui doit s'acquitter d'une dette de 3,295 milliards d'euros – la moitié de sa fortune et le prix de son divorce, l'un des plus coûteux jamais enregistrés.

Au début des années 1980 à Perm, centre minier au pied des monts Oural, proche d'un camp de détention parmi les pires de l'URSS, ils se rencontrent sur les bancs de la faculté de médecine. Elena Tchouprakov est belle et brillante. Dimitri Rybolovlev lui fait la cour et l'épouse en 1987. Il n'y a pas de contrat de mariage, juste les registres de l'état civil. Embauchés dans le même service de cardiologie, ils développent une petite société de magnétothérapie créée par le père de Dimitri. Entraînés par l'air du temps et l'emballement des années Eltsine, ils abandonnent l'hôpital, se lancent dans l'opération « prêts contre actions », fondent une banque, rachètent des mines et montent au capital de plusieurs entreprises. La plus importante d'entre elles : Uralkali, l'un des principaux producteurs mondiaux d'engrais potassiques, exportés au Brésil, en Chine et en Inde[3].

---

1. *Le Figaro*, 17 avril 2013.
2. Lefkada, blog, avril 2014.
3. *Vanity Fair*, novembre 2013.

Dans son ascension, le couple a pris la précaution de s'associer avec un ancien officier du renseignement, mais la *krycha* – la protection – s'avère insuffisante pour éviter intimidations et menaces. Dès 1995, Elena et Dimitri décident de s'installer à Genève, siège d'une de leurs filiales. Rybolovlev poursuit sa conquête du secteur de la potasse, évince la société autrichienne qui dominait les circuits d'exportation et se retrouve en prison. En 1996, il est accusé d'avoir commandité l'assassinat du directeur de Neftekhimik, une entreprise dont il venait de prendre le contrôle. Il restera incarcéré onze mois avant d'être acquitté faute de preuves. « Ce fut très difficile, notamment le choc physique de l'enfermement, dira-t-il dans une rare interview à *Paris Match* en novembre 2013. Je me suis présenté aux autres détenus comme un médecin, je leur donnais des consultations. Ça m'a protégé[1]...»

Tandis qu'à Genève Elena apprend les langues, court les galeries, collectionne les impressionnistes et prépare leur installation dans une réplique du Petit Trianon à Cologny, au dessus du lac Léman, Dimitri gère et élargit l'empire. Mais en 2006, c'est la catastrophe : l'une des plus importantes mines d'Uralkali s'écroule[2]. Le désastre écologique provoque le déplacement de villages entiers, les centrales électriques sont paralysées, la production s'effondre. La commission d'enquête officielle déclenchée par Moscou conclut à une catastrophe naturelle. La chance revient : au moment où Rybolovlev introduit sa société à la Bourse de Londres, le cours de la potasse

---

1. *Paris Match*, 13 novembre 2013.
2. *Le Point*, 31 décembre 2013.

s'envole. En 2007, il rejoint la liste des cent plus grandes fortunes du monde.

Le couple procède alors à quelques acquisitions : une propriété à Palm Beach, en Floride, rachetée au milliardaire américain Donald Trump, une autre à Gstaad, un hôtel particulier rue de l'Élysée à Paris...

Rien n'est trop cher, rien n'est trop beau pour assouvir la soif de luxe du couple et gâter leurs deux filles. Entiché un temps de Biarritz – la rumeur courut qu'il allait acheter la villa Stravinsky pour le compte de Poutine –, Dimitri fait venir de Hawaï le champion du monde de surf, payé mille dollars par jour, pour donner des leçons à sa fille cadette.

En 2008, c'est la disgrâce. Il ne fait pas partie des proches du nouveau président Medvedev. Vladimir Poutine, lui, apprécie encore moins cet oligarque qui, à la différence des autres, n'a pas fait acte d'allégeance alors que la Russie joue de fait un rôle d'arbitre sur le marché mondial des engrais. Il n'aime pas non plus ses frasques extraconjugales – il a déjà fait la leçon à Abramovitch qui, lui, en a tenu compte.

Le Kremlin rouvre le dossier de la catastrophe d'Uralkali et exige de son propriétaire une amende colossale. Les cours de Bourse s'effondrent. En 2010, acculé, Rybolovlev vend 53 % du capital à un protégé du pouvoir, Suleyman Kerimov, soutenu par un prêt de la banque publique VTB. Rybolovlev empoche 5,3 milliards de dollars, sans compter la vente de ses actions du groupe aurifère Polyus Gold et d'une autre société de potasse[1].

---

1. *Le Temps*, 30 octobre 2010.

Le feuilleton de la potasse ne va pas s'arrêter là. Quels que soient ses appuis au Kremlin, Kerimov, représentant de la République du Daghestan au Sénat russe, milliardaire connu pour son club de football Anji Makhatchkala, se heurte de front au président de Biélorussie, Alexandre Loukachenko, un autre proche de Poutine. Alors que les groupes russe Uralkali et biélorusse Belaruskali opéraient en cartel, la baisse des cours est telle qu'ils se font concurrence. En guise de rétorsion, Loukachenko envoie en prison le patron russe basé à Minsk. Les actions baissent. Kerimov doit revendre ses footballeurs vedettes, Samuel Eto et Roberto Carlos. La bagarre permet à la Chine, par le biais de son fonds souverain China Investment Corporation, d'entrer au capital d'Uralkali – c'est la première participation directe de CIC dans les ressources naturelles russes[1].

Le couple Rybolovlev, lui, bat de l'aile. Trop de fêtes sur le yacht de soixante-sept mètres, baptisé par Dimitri *My Anna*, du nom de sa fille cadette, trop de dames transportées dans son Airbus A319 ou son Falcon 7X, des goûts trop différents, même s'ils continuent d'accumuler ensemble tableaux et meubles anciens – une collection qui sera évaluée à cinq cents millions d'euros[2].

En 2005, Dimitri propose à sa femme de signer un contrat de mariage qui, en cas de séparation, garantirait à cette dernière une somme de cent millions d'euros sans plus de droits sur l'évolution du patrimoine. Une

---

1. *Le Monde*, 25 septembre 2013.
2. *L'Express*, 10 août 2013.

broutille par rapport à une fortune évaluée alors à seize milliards d'euros. Elena sait que la loi helvétique lui en accorderait la moitié. Elle refuse.

En 2008, elle intente une procédure de divorce devant le tribunal de première instance de Genève.

Elle découvre alors que l'époux a entièrement réorganisé leur fortune pour échapper à sa vigilance. Sur les conseils d'un fiscaliste genevois, Rybolovlev a créé à Chypre deux fondations-écrans, Aries et Virgo – « une planification successorale pour assurer l'avenir des enfants », affirmera-t-il[1]. La première abrite ses participations industrielles, la seconde le yacht et le patrimoine artistique. Douze toiles de maître sont entreposées dans le port franc de Singapour. D'autres structures, aux îles Vierges, au Luxembourg et au Panama, se superposent pour opacifier le montage[2]. Rybolovlev est devenu le premier actionnaire russe de la Bank of Cyprus, le principal établissement de l'île, pour un montant de 223 millions d'euros[3]. Il a obtenu la nationalité chypriote et finance la rénovation de la cathédrale orthodoxe de Limassol – affichant volontiers sa foi, il avait déjà financé la restauration des icônes du monastère de Zatchatevski à Moscou.

Elena Rybolovleva ne va pas lâcher prise. Elle prend pour avocat une star du barreau de Genève, Marc Bonnant. Pendant cinq ans, assistés par des cabinets à New York et à Londres, ils vont envoyer des enquêteurs à Chypre, à Singapour, aux îles Vierges et lancer des procédures de saisie conservatoire dans une dizaine de pays.

---

1. *Paris Match*, 13 novembre 2013.
2. *Vanity Fair*, novembre 2013.
3. *L'Express*, 10 août 2013.

Sorti de la potasse, Dimitri a investi une partie de sa fortune dans l'immobilier : un complexe hôtelier à Gstaad, l'ancienne villa de l'acteur Will Smith à Hawaï... En 2011, il achète au nom de sa fille aînée un somptueux duplex sur Central Park West, à New York – à quatre-vingt-huit millions d'euros, il s'agit de l'appartement le plus cher jamais vendu à Manhattan[1].

La même année, il acquiert à Monaco, pour 235 millions d'euros, l'appartement où est mort mystérieusement le financier libanais Edmond Safra – les quatre derniers étages de l'immeuble « La Belle Époque ». Il prend soin de les faire bénir par un pope avant de s'y installer avec ses parents et sa fille aînée, Ekaterina, une jeune fille comblée qui a choisi son camp – son père finance pour elle une écurie de concours hippique qui lui permet de se classer dans les concours internationaux.

Dimitri Rybolovlev, lui, s'est pris de passion pour le football. En décembre 2011, il est devenu l'actionnaire majoritaire et le président de l'AS Monaco. Alors que le club se traînait en Ligue 2 au grand dam du prince Albert, l'oligarque investit cent trente millions d'euros en une semaine pour attirer quelques-uns des meilleurs joueurs du monde, à commencer par le Portugais Ricardo Carvalho. Le budget de l'ASM atteindrait cent soixante-dix millions d'euros pour la saison 2014-2015 – de quoi concurrencer le PSG et ses mécènes qataris, et inquiéter les autres clubs français.

---
1. *Le Figaro*, 22 décembre 2011.

Estimant qu'il faut investir à armes égales, la Ligue de football professionnel exige au printemps 2014 que le siège social des clubs soit installé et fiscalisé en France.

Devenu un familier de la famille princière, figure des mondanités locales, Rybolovlev refuse que l'ASM perde ses avantages monégasques. Il rejette avec brutalité le compromis financier proposé par Noël Le Graët, le président de la Fédération française de football. L'affaire est portée devant le Conseil d'État.

En 2013, les oligarques russes qui, depuis des années, apprécient Chypre et ses mœurs bancaires ont été quelque peu mis à mal par la crise de l'euro. Au bord de la faillite, l'État chypriote a dû accepter une sévère cure de vertu. La Bank of Cyprus, dont Rybolovlev est actionnaire, est mise sous tutelle. Les gros opérateurs comme lui perdent des plumes, mais ils ont eu le loisir et les moyens de transférer leurs avoirs dans d'autres paradis fiscaux.

En février 2014, Elena Rybolovleva est interpellée par la police à Chypre. Elle est accusée par son mari et sa fille aînée d'avoir subtilisé une bague en diamant valant plusieurs millions d'euros. Elle est relâchée faute de preuves.

« Depuis ma demande de divorce, je suis suivie en permanence par des détectives à la solde de mon mari ! » s'exclame-t-elle dans un magazine suisse. En mai 2014, après six ans de bagarre, le tribunal de Genève va lui accorder satisfaction. Elle a bien droit à la moitié de la fortune de Rybolovlev – 3,295 milliards d'euros. Elle obtient aussi l'autorité parentale sur Anna, leur fille cadette, et récupère des œuvres d'art, des bijoux et des biens immobiliers. Elle va pouvoir continuer à mener à Genève une vie mondaine et culturelle épanouie.

À l'entendre, elle continue d'être la cible de détectives privés, bien connus à Genève, qui la poursuivent jusque dans une île perdue de Thaïlande. Son avocat porte plainte pour surveillance « oppressante et intimidante », et fait appel du classement sans suite ordonné par le ministère public genevois. Son époux, lui, a décidé de faire appel du jugement de divorce[1].

Dimitri Rybolovlev n'aime pas qu'on le qualifie d'oligarque. Il en donne une définition qui en dit long sur le statut des autres milliardaires proches aujourd'hui de Vladimir Poutine : « Je n'ai pas reçu d'entreprise de l'État... J'ai reçu de l'État la même possibilité que tous les Russes à l'époque : celle de prendre des participations au moment du grand mouvement de privatisations[2]. »

Lui non plus n'a pas reçu d'entreprise de l'État et il déteste qu'on lui accole l'étiquette d'oligarque. Il en a pourtant été le prototype, célébré comme tel en France où sa fortune, sa barbe de pope et son goût du mystère faisaient sensation. Des chantiers navals à l'immobilier, de la télévision à l'épicerie de luxe, Sergueï Pougatchev, né en 1963, s'est construit un empire en jonglant d'un compte off-shore à l'autre – un château de cartes bancaires qui finira par s'effondrer quand il perdra sa *krysha* – sa protection suprême, celle du Kremlin. Et c'est en France qu'on en verra et qu'on en paiera quelques-unes des conséquences.

---

1. *Le Temps*, 9 juillet 2014.
2. *Paris Match*, 13 novembre 2013.

Diplômé de l'université de méthodologie du savoir de Moscou puis de l'université d'État de Leningrad, il rencontre Vladimir Poutine au début des années 1990 quand ce dernier officie à la mairie aux côtés d'Anatoli Sobtchak.

À la tête d'une banque, la Banque de commerce du Nord, puis de la Mejprombank, Pougatchev commence par faire fortune grâce à la famille Eltsine, et surtout grâce à Tatiana, la fille cadette. Sa banque gère les comptes des services généraux de la présidence. En 2001, son ami Poutine parvenu au sommet, il devient sénateur de la République de Touva, en Sibérie, aux confins de la Mongolie, où il prend le contrôle d'un vaste gisement de charbon. Il conservera ce mandat jusque début 2011.

Dès 1999, soucieux de sortir des fonds vers des cieux plus cléments, il se lance à Monaco puis à Nice dans une affaire de voitures de luxe avec chauffeur, Star Limousines, non sans attirer la curiosité de la Direction générale des douanes françaises qui le mettra à l'amende pour sous-évaluation des actifs. Pougatchev va très vite passer à des entreprises d'une autre ampleur. Énergie, aéronautique, construction navale : en une dizaine d'années, sa holding OPK va prospérer, au point de faire de cet homme secret l'un des oligarques les plus puissants du moment. Surnommé un temps le « banquier du Kremlin » puis le « banquier de Poutine », il gagnera en 2002 un procès retentissant contre le journal d'opposition *Novaïa Gazeta* qui avait révélé des opérations de blanchiment d'argent menées par sa banque MPB[1]. Il est

---

1. *Le Quotidien*, 12 octobre 2007.

devenu propriétaire de deux grands chantiers navals de Saint-Pétersbourg et Severnaïa Verf construira notamment le plus gros brise-glace russe.

Cultivé, très proche de l'Église, on l'appelle aussi à Moscou l'« oligarque orthodoxe ». Depuis que Vladimir Poutine a fait de l'exaltation de la tradition religieuse de la Russie un élément refondateur de sa grandeur perdue, plusieurs oligarques participent avec plus ou moins de piété à la restauration des sites historiques de l'orthodoxie. Pougatchev compte parmi les premiers, grand mécène du monastère Sretenski, dont l'higoumène, l'archimandrite Tikhon, serait le confesseur particulier de Vladimir Poutine.

Pougatchev voit plus loin que l'horizon russe. Dès 2004, il crée en Nouvelle-Zélande une société holding pour administrer sa fortune et multiplier les investissements qui sont autant d'occasions de sortir des capitaux de Russie. C'est à la France que vont ses préférences. Sa famille s'est installée sur la Côte d'Azur. Différentes sociétés luxembourgeoises détiennent pour son compte le château de Gairaut, au-dessus de Nice, et deux villas à Saint-Jean-Cap-Ferrat. Son fils Alexandre fait ses études à Monaco. Séparé de sa femme, il rencontre à Moscou une ravissante Britannique qui lui apprend l'anglais avant de lui donner deux fils : Alexandra Tolstoï, lointaine descendante de l'illustre écrivain.

Pougatchev aime le luxe et croit à son potentiel. Il investit au Luxembourg dans une chaîne du câble, Luxe TV, dont il devient le premier actionnaire et rachète en 2007, au prix fort, l'épicerie Hédiard à la richissime famille monégasque Pastor. Ce ne sera pas une bonne affaire. Après avoir injecté plus de cent millions d'euros et épuisé cinq directeurs généraux successifs, il lâchera prise. Hédiard sera placé en redressement judiciaire avant d'être repris, en juin 2014, par un groupe autrichien, Do & Co. Autre déconfiture : *France-Soir*. Racheté en 2009, le journal est confié au fils aîné, Alexandre Pougatchev, vingt-trois ans à l'époque, qui dépensera en vain une centaine de millions d'euros dans des tentatives de relance successives. Le titre historique de la presse française sera liquidé en 2012.

En 2010, le vent s'est retourné avec violence contre l'empire Pougatchev. La crise financière internationale a démantelé son écheveau de sociétés off-shore, immatriculées aux îles Vierges britanniques, et met au jour le niveau d'endettement du groupe. Sa banque, MPB, doit rembourser deux cents millions d'euros d'ici l'été. En mal de liquidités, Pougatchev cherche à vendre ses chantiers navals au nouveau conglomérat public OSK, qui regroupe désormais l'ensemble du secteur. À la tête de cette réforme qui a pour but de restaurer la puissance russe sur les mers, Igor Setchine – le puissant vice-Premier ministre aux côtés de Vladimir Poutine, à l'époque Premier ministre du président Medvedev. C'est avec Setchine qu'Alain Juppé, alors ministre de la Défense du président Sarkozy, signe en janvier 2011 un contrat qui s'avérera empoisonné.

La Russie commande à la France deux navires de guerre, deux porte-hélicoptères de type Mistral. Leur construction est confiée aux chantiers de Saint-Nazaire. Ils porteront les noms de *Vladivostok* et de *Sevastopol*

– la grande base russe de Crimée, à l'époque sous contrat avec le gouvernement de Kiev.

En juin 2014, en plein drame ukrainien, quatre cents marins russes ont débarqué discrètement à Saint-Nazaire pour se familiariser avec le maniement des Mistral[1]. Leur livraison, qui devait intervenir à l'automne 2014, alimente une vive polémique auprès des partenaires de l'Otan. Le président Obama exprime son inquiétude, les pays Baltes insistent sur la menace que ces bâtiments de guerre représenteront dans la Baltique, d'autres experts soulignent le danger de renforcer les capacités offensives de la marine russe en Méditerranée – elle protège en particulier le port syrien de Tartus pour le compte de l'allié de Moscou, Bachar el-Assad. Vu de Paris, un contrat de 1,2 milliard d'euros qui garantit plus de cinq cent emplois pendant quatre ans l'emporte sur les protestations diplomatiques. En juillet 2014, malgré l'aggravation de la crise ukrainienne, le président Hollande affirme que le premier porte-hélicoptères sera bien livré comme prévu – le second, en revanche, pourrait être remis en question[2]. La troisième série de sanctions européenne interdit toute nouvelle exportation d'armement à l'exclusion des contrats en cours. Un mois plus tard, Moscou riposte : la facture ne sera réglée qu'à réception de celui-ci[3].

Jusqu'en 2010, tout au long des tractations menant jusqu'au contrat, fort de ses réseaux franco-russes, Sergueï

---

1. *L'Express*, 3 juillet 2014.
2. AFP, 12 août 2014.
3. *Le Monde*, 23 juillet 2014.

Pougatchev joue les intermédiaires. Il souhaite aussi que quelques-uns des bâtiments qui doivent être construits sur le modèle des Mistral français soient confiés à ses propres chantiers de Saint-Pétersbourg[1]. S'est-il montré trop gourmand, comme le suggère aujourd'hui Christophe de Margerie, le président de Total, qui connaît bien Igor Setchine pour le pratiquer dans le secteur pétrolier ? Pougatchev a-t-il surestimé ses appuis politiques[2] ?

En octobre 2010, la Banque centrale de Russie décide de suspendre les activités de MPB. Le motif officiel prête à sourire quand on sait les pratiques de l'oligarchie russe : la banque aurait sorti des actifs du pays pour les transférer sur les comptes de son propriétaire[3]... Dans un premier temps, les autorités refusent d'engager des poursuites pénales. Pougatchev tente de mobiliser ses soutiens pétersbourgeois. Mais la disgrâce s'accélère. Le tribunal arbitral de Moscou prononce la faillite de la banque, il perd son poste de sénateur de Touva, le président Medvedev fait bloquer son projet d'hôtel de luxe sur la place Rouge. Le Premier ministre n'intervient pas. « Pougatchev mène une politique managériale risquée ! » se contente de dire, non sans humour, son ancien ami et protecteur, Vladimir Poutine.

En décembre 2013, sur ordre du Kremlin, le comité d'enquête diligente de nouvelles poursuites contre l'oligarque déchu pour faillite frauduleuse et évasion massive de capitaux. Un tribunal ordonne son arrestation. En juin 2014, le tribunal de commerce de Moscou lance une

---

1. *Le Point*, 30 juin 2010.
2. Entretien, Paris, 11 juillet 2014.
3. *Le Figaro*, 5 décembre 2010.

autre procédure pour lui réclamer deux milliards de dollars. Une façon de rappeler aux autres hommes d'affaires, en pleine crise ukrainienne, la fragilité de leurs empires et de leurs opérations en dehors de la mère patrie[1]. Serguei Pougatchev, lui, s'est évanoui dans la nature.

Vladimir Potanine n'a jamais connu la disgrâce. Voilà vingt-cinq ans, pour son plus grand profit, qu'il agit au sommet du pouvoir, quel qu'il soit, et il ne s'en est jamais caché.

Né en 1961, brillant et pur produit de la nomenklatura soviétique, fils d'un haut fonctionnaire au ministère du Commerce extérieur, il y fait ses premières armes avant de créer, dès 1991, sa propre société, Interros. Favori de la famille Eltsine, il va bénéficier pleinement de l'opération « prêts contre actions » dont il est l'un des instigateurs. Il peut ainsi privatiser deux banques, dont celle du commerce extérieur (Oneximbank), et participer brièvement au gouvernement au rang de vice-Premier ministre avant de prendre le contrôle de Norilsk Nickel.

Dans le Grand Nord, le site d'un ancien goulag a été privatisé pour qu'y soient exploités d'immenses gisements de nickel et de palladium. Les conditions très avantageuses, sinon suspectes, qui permettent à Interros en 1995 de s'arroger 38 % du groupe devenu premier producteur mondial sont remises en cause par le Kremlin à l'arrivée de Vladimir Poutine. En juillet 2000, quand le nouveau président réunit pour la première fois les oligarques pour leur mettre la bride sur le cou, il le

---

1. *Les Échos*, 27 décembre 2013, *Le Figaro*, 27 décembre 2013 et *Challenges*, 26 juin 2014.

désigne nommément et l'enjoint de payer à l'État une amende de cent quarante millions de dollars. Dorénavant, l'oligarque saura se conduire, et répondre aux attentes présidentielles.

En 2003, Potanine est nommé à la tête du Conseil national pour la bonne gouvernance des entreprises (NKSU), censé améliorer l'encadrement législatif, réglementaire et éthique des affaires en Russie. À l'époque, 88 % des Russes sont convaincus que toutes les grandes fortunes ont été acquises illégalement. « Les oligarques doivent s'habituer à ne pas être aimés, remarque placidement Potanine. Les gens vivent dans des conditions difficiles. Je ne peux pas leur en vouloir[1]. »

Parlant anglais et un peu de français, cultivé, il entretient aussi sa réputation de mécène au point de devenir président du conseil d'administration du musée de l'Ermitage de Saint-Pétersbourg, et d'être administrateur de la Fondation Guggenheim à New York. Il recevra à Paris en 2007 la médaille des Arts et des Lettres pour services rendus à la culture.

Potanine s'intéresse aussi aux médias, mais il est suffisamment perspicace pour savoir s'en débarrasser. En 2013, au lendemain des mouvements de contestation qui ont agité Moscou, le Kremlin veut resserrer son contrôle. Potanine accepte de vendre à Gazprom Prof-Medias, une filiale regroupant une maison d'édition, un réseau de cinémas, des stations de radio et de télévision[2].

---

1. *The Independent*, 20 juillet 2004.
2. *Financial Times*, 9 décembre 2013.

Dès 2008, il s'est mis sur les rangs pour investir à Sotchi en préparation des Jeux olympiques. Sans appel d'offres, c'est lui qui va financer le domaine de Rosa Khoutor, où auront lieu des épreuves de ski alpin. Coût officiel : 2,6 milliards de dollars – soixante-dix-sept kilomètres de pistes de montagne artificiellement redessinées, un parc de snowboard, et l'un des deux villages olympiques. Il passera contrat avec une entreprise française, la Compagnie des Alpes, filiale de la Caisse des dépôts et consignations, qui aura pendant vingt-cinq ans la charge de l'exploitation[1]. Comme c'est le cas pour Deripaska, l'ampleur des investissements affichés par Potanine est telle qu'ils ne seront jamais amortis – mais entre l'affichage patriotique, la part de commissions dissimulées en surfacturations et le soutien des banques publiques, l'opération était sans doute une bonne affaire.

En 2008, c'est précisément avec Deripaska, autre actionnaire important de Norilsk Nickel, que Potanine est entré en conflit ouvert. Il reproche au roi de l'aluminium de détourner une partie des dividendes pour colmater les brèches de sa société Rusal. La querelle s'éternise, le Kremlin s'en mêle – pas question que l'affaire soit encore une fois tranchée par un tribunal à Londres.

En novembre 2013, la télévision russe diffuse l'entretien accordé à Potanine par Vladimir Poutine[2]. Le président aime rappeler au peuple qui les déteste que les oligarques sont tenus à l'œil. Roman Abramovitch est

---
1. *Le Monde*, 1er février 2014.
2. *Financial Times*, 29 novembre 2012.

prié d'entrer dans le jeu, de façon à mettre un terme à une situation lourdement pénalisée par les marchés. Deripaska conserve 28 % du groupe, Potanine le contrôle et en reste P-DG. « Norilsk continue de fonctionner comme un ministère soviétique, se plaint-il alors. Il faut moderniser et revoir notre stratégie[1] ! » Il finira par racheter les parts de Deripaska pour neuf milliards de dollars.

Vladimir Potanine passe désormais beaucoup de temps aux États-Unis. À la tête de sa propre fondation depuis 1999, il devient en 2013 le premier oligarque russe à rejoindre l'association des multi-milliardaires américains Bill Gates et de Warren Buffett, Giving Pledge, s'engageant ainsi à faire don de la moitié de sa fortune à des projets philanthropiques[2].

Dans un entretien publié sur le site de Coutts, la vénérable banque britannique qui gère une partie de la fortune de la reine et plusieurs fondations anglo-saxonnes, Potanine offre une explication assez candide de son engagement en faveur de l'éducation et de la culture : « Le problème en Russie, c'est que l'opinion publique reste convaincue que les institutions, toutes les institutions sont corrompues ou très bureaucratiques. Les gens ne leur font pas confiance et ne veulent pas donner leur argent… Je crois indispensable de développer la philanthropie pour améliorer aussi bien la législation que la société civile[3]. »

---

1. *Financial Times*, 9 septembre 2013.
2. *Forbes*, juin 2014.
3. Coutts, 2014.

Pas question pour autant de se mêler de politique, ou de s'écarter un tant soit peu de la ligne du Kremlin. En mars 2014, en pleine crise ukrainienne, le président Poutine fait la leçon aux hommes d'affaires russes exposés à l'élargissement éventuel des sanctions occidentales. Vladimir Potanine est au premier rang.
« Les sanctions sont une arme à double tranchant, on verra qui en souffrira le plus ! » déclare-t-il à l'agence Reuters, prédisant qu'il n'y aura aucun durcissement[1]. « Mais en cas de réactions émotionnelles de tel ou tel pays, il faut se préparer ! » Il annonce aussitôt que son propre groupe envisage de réorienter ses activités vers la Chine et le Japon.

En février 2014, sa femme Natalia demande le divorce après trente ans d'union. Non contente de toucher 240 000 dollars par mois en guise de compensation, elle s'efforce, à l'image d'Elena Rybolovleva, d'explorer l'étendue de la fortune de son ancien époux, estimée à quelque quatorze milliards de dollars[2]. Elle obtient ainsi d'un tribunal new-yorkais d'en savoir plus sur le fonds américain Altpoint qui regroupe les investissements de Potanine aux États-Unis, à commencer par la célèbre agence de mannequins Ford[3]. L'affaire est loin d'être close.

C'est pourtant une rupture d'une tout autre nature qui a marqué la chronique des oligarques au cours des années Poutine. Mikhaïl Prokhorov, diplômé de l'Institut de

---
1. Reuters, 20 mars 2014.
2. *Forbes*, juin 2014.
3. *ABC News*, 10 février 2014.

finances de Moscou, a vingt-sept ans quand il rencontre Vladimir Potanine, de quatre ans son aîné. Ensemble, ils vont fonder Interros, prendre le contrôle de Norilsk Nickel et fonder Onexim Bank, liée à la fois au ministère des Finances et à la ville de Moscou. Tout au long des années Eltsine et des privatisations à l'encan, leur empire et leurs fortunes vont se développer de concert.

Prokhorov n'est pas un associé de façade : il est à la manœuvre, président exécutif du géant du nickel, supervisant en particulier la fusion des activités aurifères pour créer Polyus Gold.

En février 2007, coup de théâtre : Prokhorov démissionne de Norilsk Nickel. Les deux partenaires entreprennent des négociations serrées pour séparer leurs actifs au sein d'Interros et créer deux holdings distinctes.

Le mois précédent, Mikhaïl Prokhorov, célibataire de haute taille (2,03 m) au physique avenant, désigné depuis longtemps comme le plus beau parti de Russie, avait passé quelques jours à Courchevel pour fêter le Noël russe avec le faste qui convient. Il n'était pas seul. Ayant pour habitude de traiter convenablement ses amis, il avait invité pour les distraire une cohorte de ravissantes jeunes femmes. En pleine nuit, alors qu'ils font la fête à l'hôtel Byblos, la police judiciaire de Lyon fait irruption et les embarque, lui et son escorte. Une information judiciaire est ouverte pour proxénétisme aggravé. Entendu comme témoin assisté, Prokhorov passe quatre nuits en prison.

À Moscou, l'affaire fait scandale. La Douma, la chambre basse du Parlement de Russie, interrompt ses travaux. La presse russe en fait ses choux gras pendant des semaines. À la radio, à la télévision, les parodies se multiplient. Une campagne de publicité pour jus de fruit, diffusée sur la chaîne nationale, mettant en scène des policiers escortant des filles nues sous leurs fourrures et un oligarque en peignoir de bain, expliquera qu'il y a d'autres façons de profiter de la vie[1].

Son associé estime, lui, que ce n'est pas une façon de conduire ses affaires. Potanine contraint Prokhorov à quitter Norilsk Nickel. Ce dernier va réaliser une excellente opération. Il cède ses parts à Deripaska contre huit milliards de dollars et une participation de 14 % dans Rusal, le géant de l'aluminium. Le calendrier lui sourit : le voilà inondé de liquidités en octobre 2008, au moment où la crise financière fait plonger les cours des matières premières et appauvrit les autres oligarques. Il devient l'un des trois hommes les plus riches de Russie.

À travers Onexim, son fonds d'investissement, il va édifier un nouvel empire allant des nanotechnologies à l'assurance en passant par l'or, l'immobilier et la voiture électrique – il développe un prototype, la Yo-Mobile, en partenariat avec Vincent Bolloré, ce qui lui vaudra une Légion d'honneur remise à l'ambassade de France en 2011 par son ami Marek Halter.

Mikhaïl Prokhorov a failli s'offrir la propriété la plus somptueuse de la Côte d'Azur, la villa Leopolda. Construite en 1902 à Villefranche-sur-Mer pour Leopold II, roi des Belges, elle était la propriété de Lily Safra, la veuve du banquier à laquelle Rybolovlev a racheté ses appartements de Monaco. Prix : 390 millions d'euros, plus cent millions d'euros pour les œuvres d'art et le

---

1. Mark Hollingsworth et Stewart Lansley, *Londongrad...*, *op. cit.*

mobilier ; caution de garantie : 39 millions d'euros. Le compromis de vente est signé. Puis, sans explication, Prokhorov change d'avis. À la suite d'un imbroglio judiciaire – l'oligarque et ses conseils ne maîtrisent pas le droit immobilier français –, il devra s'acquitter du montant de la caution et ne donnera pas suite à ses projets immobiliers sur la Côte d'Azur.

En 2010, il a réalisé un rêve de gosse en rachetant une équipe de basket américaine, les Brooklyn Nets, pour deux cents millions de dollars. À New York, où il loue régulièrement la suite au dernier étage de l'hôtel Four Seasons à trente-cinq mille dollars la nuit, son meilleur ami et coactionnaire s'appelle Jay Z, l'empereur du rap et de l'industrie musicale américaine, le mari de Beyoncé. Prokhorov est le premier non-Américain à être propriétaire d'un club national.

C'est un Français, Christophe Charlier, qui en préside le conseil d'administration. Banquier à New York et à Moscou, il a été recruté par Prokhorov il y a une dizaine d'années et participe désormais aux diverses activités de son fonds Onexim[1].

Prokhorov est un fou de sports. Président de la fédération russe de biathlon, il en pratique plusieurs, et surtout le ski. Il retourne désormais à Courchevel, où il possède deux chalets reliés par souterrain. Deux ans après ses tracas judiciaires en France, il avait bénéficié d'un non-lieu et fêté l'occasion en reconstituant chez lui, à Moscou, une fausse geôle avec portes, barreaux, et quelques jolies prisonnières à l'intérieur[2].

---

1. *France-Amérique*, 28 mars 2013.
2. *Le Point*, 4 août 2011.

En août 2013, à la demande du journal *Vedomosti*, le portail Superjob.ru effectue un sondage pour désigner le plus sympathique des hommes d'affaires russes cités le plus souvent par les médias. Abramovitch est le plus populaire auprès des jeunes grâce au football. Khodorkovski, Potanine, Ousmanov et Deripaska n'intéressent que 4 à 2 % des sondés. Prokhorov, lui, arrive en tête avec 13 % des voix[1].
« Il est le plus connu parce qu'il n'est pas marié ! Un type tellement riche et toujours célibataire, voilà qui intrigue la presse et les sites people ! explique en souriant le politologue Ivan Krastev. On n'en est plus aux oligarques de la génération Eltsine, affamés de médias et de publicité, qui concurrençaient le pouvoir politique tout en se battant entre eux à travers leurs propres chaînes de télé et leurs journaux. À leur façon, ils assuraient une forme de pluralisme... La génération actuelle est largement inconnue du public russe ; on en parle plus en Occident. Quand les médias russes décrivent le style de vie des multimilliardaires, ce sont des relations publiques. Il n'y a plus cette obsession antioligarques des années 1990. Le récit est positif, et s'adresse à la même clientèle, celle qui rêve sur papier glacé[2]... » Depuis 2008, Prokhorov est propriétaire d'un magazine intitulé *Snob*, de chaînes câblées et d'un site Internet de la même veine.

Il ne néglige pas pour autant les affaires sérieuses.

En novembre 2013, le voilà qui surgit en chevalier blanc pour mettre un terme au conflit de la potasse avec

---

1. *Vedomosti*, 2 août 2013.
2. Entretien, Barcelone, 1er mai 2014.

la Biélorussie. Prokhorov rachète à Souleïman Kerimov ses 21,75 % d'Uralkali pour quatre milliards de dollars. L'opération surprend. Ne venait-il pas de vendre pour 3,6 milliards ses parts dans Polyus Gold, la société d'exploitation de l'or dont il détenait plus du tiers, signifiant ainsi son retrait des affaires ? N'avait-il pas déclaré en mars 2013 qu'il en avait confié la gestion à ses associés pour se consacrer à sa nouvelle passion ?

Mikhaïl Prokhorov s'est en effet lancé en politique. Seul parmi les oligarques à sortir du cadre fixé par Vladimir Poutine depuis les malheurs de Khodorkovski, il s'est présenté à l'élection présidentielle de 2012. Véritable adversaire ou complice de circonstance ? Les interprétations divergent.

En 2011, il a rejoint « Juste cause », un parti conçu pour soutenir une éventuelle candidature du président sortant Medvedev. Il en prend la tête avant de dénoncer les manœuvres des « marionnettistes du Kremlin » – c'est-à-dire du vice-Premier ministre, Vladislav Sourkov – et de concourir en indépendant. Il n'est pas opposé à Poutine, dit-il, il veut offrir une alternative. En mars 2012, il arrive en troisième position avec 8 % des voix – un score acquis auprès des élites urbaines en quête d'un peu de libéralisme, alors que, selon les sondages, l'immense majorité des Russes ne connaissent même pas son nom.

En juin 2012, Prokhorov lance une nouvelle formation « Plate-forme citoyenne », assurant que désormais il s'y met sérieusement. Aux élections municipales de septembre, à la surprise générale, un des membres de son parti, Evgueni Roïzman, est élu à une large majorité maire d'Ekaterinbourg, la quatrième ville de Russie.

Un autre de ses partisans, l'ex-maire de Iaroslav, est envoyé en prison pour une affaire de corruption. Prokhorov affirme qu'il est en réalité victime des faucons du Kremlin et demande un arbitrage présidentiel. Poutine répond qu'il n'a pas l'habitude d'intervenir dans le travail des forces de l'ordre, mais promet de se pencher sur l'affaire. « Espérons que le président se penche sur ce cas avec autant d'attention qu'il l'a fait pour Navalny ! », commente Prokhorov sur son blog, évoquant le seul véritable opposant au régime[1].

« Prokhorov ne prendra jamais un risque frontal, assure l'économiste Serguei Gouriev. Quand il s'est présenté, sans doute espérait-il un tout autre scénario – une conversion de Poutine au libéralisme, une accélération de sa carrière politique... Vous verrez, il n'ira pas plus loin, il cherche déjà la sortie[2]. »

« Prokhorov n'est pas un farfelu, assure de son côté le politologue Ivan Krastev. Au-delà de ses frasques à Courchevel, c'est un manager très respecté, un négociateur redoutable. Politiquement, c'est un libéral, plutôt pro-occidental, qui passe la moitié de son temps aux États-Unis. Sa fondation, dirigée par sa sœur, publie une grande majorité des ouvrages traduits de l'anglais et du français qu'on peut trouver à Moscou. Bien sûr, pour se présenter, il a eu le feu vert de Vladimir Poutine, qui l'apprécie. Ce sont les durs du Kremlin, les *siloviki* de l'administration présidentielle, qui lui sont hostiles et multiplient les embûches. Sa sœur Irina, qui préside maintenant le parti, m'a raconté qu'ils avaient l'intention d'aller voir Poutine

---
1. *Courrier de Russie*, 21 novembre 2013.
2. Entretien, Paris, 28 mai 2014.

et de lui déclarer : si vous voulez nous tuer, autant nous le dire[1]. »

Irina Prokhorova, cinquante-sept ans, jouit d'un prestige certain auprès de l'intelligentsia. Lors des mouvements contestataires de décembre 2011, elle avait participé aux manifestations anti-Poutine. En mars 2014, au moment de l'annexion de la Crimée, elle fait partie des rares voix qui s'élèvent pour critiquer la politique du Kremlin. Dans un entretien publié à l'époque par le magazine américain *Foreign Policy*, elle dénonce le durcissement du régime à l'encontre des « traîtres » ou de « la cinquième colonne » – le vocabulaire ressuscité par les médias officiels. « C'est très difficile psychologiquement, dit-elle. C'est comme si tout à coup nous vivions dans un pays différent, où la liberté d'expression et les droits de l'homme dépérissent. »

Au même moment, en pleine crise ukrainienne, Vladimir Poutine exhorte les oligarques, exposés à un élargissement des sanctions occidentales, à faire preuve de patriotisme. Prokhorov laisse entendre qu'il pourrait rapatrier progressivement en Russie la holding qui contrôle son club de basket américain[2]. Il réclame une « nouvelle NEP » à la façon de Lénine à la fin de la guerre civile – une nouvelle politique économique qui rende la Russie moins dépendante de ses exportations de pétrole et de gaz[3].

---
1. Entretien, Barcelone, 1ᵉʳ mai 2014.
2. Reuters, 26 mars 2014.
3. *Le Monde,* 28 avril 2014.

HISTOIRES DE RUPTURES

À quarante-neuf ans, Mikhaïl Prokhorov dispose d'une fortune de treize milliards de dollars. Poursuivra-t-il ses velléités politiques ? La prochaine élection présidentielle en Russie aura lieu en 2017.

11

Frères ennemis d'Ukraine

Printemps 2014. L'est de l'Ukraine n'en finit pas de souffrir d'une guerre civile larvée. On meurt à Slaviansk, à Slavianogorsk, à Donetsk, à Lubiansk et même à Odessa, la belle cosmopolite endormie au bord de la mer Noire. On fuit les villages en fonction de lignes de front éphémères. Les réfugiés se comptent par milliers. Les séparatistes veulent leur « république populaire » et organisent un référendum tronqué par la peur. Moscou fait mine de l'interdire. Des hommes cagoulés et armés, aux treillis noirs sans insigne, sont à la manœuvre tandis que le Kremlin a mobilisé des forces importantes à la frontière. La propagande et la désinformation inondent les médias.

Depuis que les manifestants de la place Maïdan à Kiev ont chassé du pouvoir le président Viktor Ianoukovitch qui, pressé par Moscou, leur barrait la route de l'Europe, Vladimir Poutine n'a eu de cesse de dénoncer le « pouvoir félon » et les « fascistes » qui lui ont succédé. En mars 2014, en guise de rétorsion, il décrète le retour de la Crimée à la Russie – « la réparation d'une erreur historique ! » clame-t-il, celle de Nikita Khrouthev, Ukrainien d'origine, qui en 1954 avait rattaché la péninsule à la république socialiste de Kiev.

Pris de court, vite résignés, les Occidentaux, qui lui mesurent leur soutien financier, pressent le gouvernement provisoire ukrainien d'organiser de nouvelles élections.

Malgré les troubles dans le Donbass, dans l'est du pays, et les menaces de Moscou qui dénonce d'emblée un scrutin « illégal et illégitime », la majeure partie des Ukrainiens éliront leur nouveau président à la date prévue, le 25 mai 2014 – le même jour que le scrutin parlementaire organisé au sein de cette Union européenne dont le drapeau étoilé a longtemps été brandi place Maïdan.

Petro Porochenko a quarante-neuf ans. Jusqu'à ce qu'il soit élu président de son pays dès le premier tour, avec plus de 53 % des voix, et qu'il revête un uniforme de général pour aller conforter son armée près de la frontière russe, on l'appelait l'« oligarque du chocolat ».

Né près d'Odessa dans une famille russophone – son père, patron d'usine, eut maille à partir avec les autorités soviétiques qui l'accusaient de trafic –, diplômé d'économie de l'université de Kiev, il se lance très tôt dans le commerce des fèves de cacao. À partir des années 1990, il prend le contrôle de diverses entreprises de confiserie et crée le groupe Roshen, dont le principal marché se développe à l'est, en Russie. Roshen devient le dix-huitième plus grand chocolatier du monde. Porochenko diversifie ses activités dans le secteur automobile, la construction navale et les médias avec la chaîne de télévision 5 Kanal et le magazine *Korrespondent*[1]. Il bâtit la sixième fortune du pays, avec près de 1,3 milliard de dollars. Il réussit aussi en politique. Ses capacités financières n'y sont pas étrangères. Plusieurs fois député, changeant d'allégeance selon les clans qui se succèdent au pouvoir, il soutient Viktor Ioutchenko, l'homme au visage grêlé par une tentative d'empoisonnement du KGB, porté au pouvoir par la « révolution orange » en 2004. Porochenko sera brièvement son ministre des Affaires étrangères, plaidant à ce titre, contre Moscou, pour l'entrée de son pays dans l'Otan – une candidature qui n'a pas été retenue par l'Alliance atlantique. Quand Victor Ianoukovitch, le candidat de Poutine, l'emporte sur Ioutchenko aux élections de 2010, le roi du chocolat devient ministre du Commerce et du Développement économique – il le restera jusqu'à l'automne 2012.

Phénomène assez rare dans la vie publique ukrainienne, Porochenko est resté un personnage respecté malgré ses revirements et son statut d'oligarque, confirme le politologue ukrainien Constantin Sigov, professeur à l'université de Kiev, figure de proue des intellectuels de Maïdan : « Ses engagements en faveur de l'assainissement de la vie publique et du rapprochement avec l'Union européenne ont été constants, et reconnus comme tels. Il a eu du courage et de l'obstination, même si ses intérêts personnels ont été à plusieurs reprises mis à mal par Moscou[2]. »

À l'automne 2013, faisant pression sur Kiev pour empêcher l'accord d'association avec l'Union euro-

---
1. *Slate*, 26 mai 2014.
2. Entretiens, Sarajevo et Paris, 30 juin 2014.

péenne, le Kremlin commencera par interdire les importations de chocolat – 40 % du chiffre d'affaires de Roshen – et les comptes en banque à Moscou de l'Ukrainien seront saisis. Porochenko devient la cible de dénonciations répétées de la propagande russe : ses bonbons seraient cancérigènes, son père, d'origine juive, aurait été assassiné et lui serait le représentant de l'« Internationale oligarchique globale[1] ».

L'oligarque va mettre ses médias au service des manifestants de Maïdan. Projetée sur de grands écrans installés par ses soins dans plusieurs villes du pays, sa chaîne de télévision va faire contrepoint aux médias officiels. Lors de la campagne électorale troublée qui précédera son élection en mai 2014, Petro Porochenko, l'oligarque du chocolat, apparaîtra comme le candidat le plus fiable, le mieux à même de faire pour l'Ukraine, comme il le promet alors, ce qu'il a réussi pour son entreprise.

À Kiev, les militants de Maïdan ont découvert avec stupéfaction les propriétés de l'ancien président, et repêché dans son lac privé des documents confidentiels qui avaient été noyés à la hâte. Ianoukovitch a fui en Russie avec plusieurs malles d'argent liquide. Une plaisanterie court encore à son sujet à Kiev : « Quelqu'un demande à Ianoukovitch : comment se fait-il que Poutine s'en prenne à l'Ukraine ? C'est moi qui le lui ai demandé, répond le président. Et comment vous est venue l'idée ? C'est lui qui me l'a demandé[2]... »

---

1. Vzgliad dans *Courrier international*, 28 mai 2014.
2. Svetlana Alexievitch, *Le Monde*, 17 mars 2014.

FRÈRES ENNEMIS D'UKRAINE

À Maïdan, pendant trois mois, bravant les assauts des forces de l'ordre et de l'hiver glacial au prix de plus d'une centaine de morts, les manifestants ont réclamé la fin du système oligarchique qui contrôle les deux tiers de l'économie nationale. Ils ont crié pour plus de justice sociale. Ils ont exigé l'instauration d'une démocratie directe, qui ne soit plus détournée par les partis et les clans à la solde des plus riches. À Kiev, à la différence de Moscou, il existe une expérience et une aspiration démocratiques, aussi malmenées soient-elle depuis la désintégration du système communiste.

« En Ukraine, malgré le poids de la Russie, la manipulation des cours du gaz, les menaces commerciales, la corruption qui affaiblit nos institutions, explique le politologue ukrainien Constantin Sigov, nous avons une expérience démocratique. Depuis l'indépendance de 1991, nous avons élu cinq présidents ! Cela prouve bien qu'il existe une forme de débat politique. Paradoxalement, et c'est une autre grande différence avec la Russie, cet espace existe en partie grâce aux oligarques. À partir du moment où chacun a voulu sa chaîne de télévision, ses réseaux d'influence et parfois son parti politique, leurs rivalités et leurs conflits ont nourri une forme de pluralisme. Aucun oligarque n'a jamais contrôlé entièrement le système. Maintenant bien sûr nous espérons qu'avec le président Porochenko, notre vie politique se transforme, s'assainisse, et que la confrontation avec Moscou renforce la légitimité démocratique[1] ! »

---

1. Entretiens, Sarajevo et Paris, 1er juillet 2014.

Petro Porochenko a promis qu'une fois élu il se retirerait de toutes ses affaires sauf une : sa chaîne de télévision.

Depuis l'indépendance, en 1991, lorsque Boris Eltsine annonce la dislocation de l'Union soviétique, les oligarques n'ont cessé de se disputer et de se partager le pouvoir en Ukraine.

Sur le papier, les institutions instaurent une démocratie parlementaire et présidentielle assurant la mise en place de l'économie de marché. En fait, de façon plus caricaturale encore qu'en Russie à la même époque, les biens d'État vont être accaparés par une poignée d'industriels et d'affairistes tous liés, d'une manière ou d'une autre, à l'ancienne métropole.

« Ce partage de biens, conçu au départ comme une étape parallèle à la création d'institutions [...] a fini lui aussi par former un régime par défaut[1] », écrit Annie Daubenton, spécialiste de l'Ukraine.

L'État hérité du système soviétique dans ce qui était considéré comme la plus russe des provinces, berceau des tsars et de l'orthodoxie, échappe à toute réforme. Pourquoi changer un système si facile à maîtriser ? Quelques fortunes spectaculaires vont être édifiées dans les secteurs d'activité qui tous dépendent de Moscou : l'acier, le charbon et le gaz – la géographie a placé l'Ukraine en zone de transit au cœur du continent européen. Prêts contre actions, banques privatisées trafiquant à leur profit les mises aux enchères des entreprises publiques : les méthodes sont identiques à celles qui sont à l'œuvre dans la Fédération de Russie. Les mafias s'en mêlent et

---

1. *L'Indépendance à tout prix*, Buchet Chastel, 2014.

prospèrent. Les exigences de protection bénéficient aux services de sécurité privés. Chaque oligarque se déplace avec son armée de gardes du corps. En Ukraine, seule l'échelle est différente : les gagnants sont moins nombreux – et ils ont quartier libre.

À Kiev comme en province, les oligarques font et défont la comédie politique : ils financent les partis, font élire leurs commensaux, façonnent la législation au mieux de leurs intérêts lors de sessions parlementaires qui tournent parfois au pugilat, et possèdent les médias qui, en ukrainien et en russe, informent l'opinion. Parfois le peuple tressaille, et ses sursauts les prennent de court. En 2004, la « Révolution orange » va faire palpiter une autre Ukraine, celle d'une génération qui s'occidentalise et aspire à des mœurs politiques différentes. Ses espoirs seront déçus. Si Leonid Koutchma, le deuxième président après l'indépendance, fidèle aux intérêts de Moscou, est remplacé en 2004 par Viktor Ioutchenko, le candidat pro-occidental, l'alliance tumultueuse de ce dernier avec Ioulia Timotchenko, à trois reprises Premier ministre, va mettre à mal toute tentative de réforme.

Surnommée la « princesse du gaz », la belle Ioulia a fait fortune dans le négoce des hydrocarbures avant d'arborer ses tresses blondes et d'incarner un temps l'émancipation de l'Ukraine par rapport à Moscou. Associée au départ à Pavlo Lazarenko, son mentor, qui une fois ministre va octroyer à leur propre société le monopole du marché du gaz avant d'être condamné à la prison aux États-Unis pour fraude et blanchiment, elle va édifier au cours des années 1990 une fortune colossale. Négociant avec Gazprom, le fournisseur russe, des contrats particulièrement avantageux, elle est à la tête d'un groupe diversifié dans l'uranium, la banque et les compagnies aériennes. Entrée en politique en 1996 pour échapper aux poursuites et bénéficier de l'immunité parlementaire, charismatique et opiniâtre, l'oligarque se transforme en pasionaria de la lutte contre la corruption. Son parcours au gouvernement et dans l'opposition sera particulièrement mouvementé jusqu'à ce qu'en 2011 son ennemi juré, le pro-russe Ianoukovitch, l'envoie en prison. Ironie de l'histoire, le motif invoqué est l'abus de pouvoir dont elle aurait été coupable dans le cadre des contrats gaziers signés avec Vladimir Poutine. En mauvaise santé, elle ne sera libérée qu'en février 2014, grâce à la contestation de Maïdan. Candidate malheureuse à l'élection présidentielle de 2014, elle sera réhabilitée par la Cour suprême ukrainienne, qui décidera de clore l'« affaire du gaz ».

Parmi les ennemis jurés de Ioulia Timotchenko, qui voulait détruire un empire gazier édifié en cheville avec quelques bons amis russes, un autre oligarque ukrainien, qui a fait fortune lui aussi dans les hydrocarbures et dans le titane, ne décolère pas. En mars 2013, Dmitro Firtach a été arrêté à Vienne, et remis en liberté sous caution – une caution de cent vingt-cinq millions d'euros. Au moment où Vladimir Poutine annexe la Crimée, son arrestation prend valeur de premier avertissement adressé aux oligarques proches du Kremlin et du pouvoir pro-russe qui vient d'être renversé à Kiev.

Comme beaucoup de ses congénères ukrainiens et russes, Firtach possède une résidence et des intérêts en Autriche, pays qui, entre autres charmes, est membre de l'Union européenne et de la zone euro. Siège de nombreuses organisations internationales, Vienne serait d'ailleurs la capitale mondiale de l'espionnage, avec quelque 7 000 espions recensés[1].

À la tête du groupe DF, actif en Europe et en Asie dans la production d'engrais, de soude et de titane, la distribution de gaz, la banque, la presse et l'immobilier, Firtach dispose d'une fortune estimée à plus de trois milliards de dollars. Proche du président déchu au point d'être soupçonné d'être au cœur du réseau quasi mafieux du clan Ianoukovitch père et fils, suivi à la trace par le FBI, qui a demandé à l'Autriche son arrestation, Firtach s'indigne du traitement qui lui est réservé : « Poutine ? Mon sort lui est parfaitement indifférent, affirme-t-il au *Financial Times*. Suis-je proche de quelques hommes d'affaires russes qui sont ses amis ? Oui. Et alors ? nos relations n'ont rien à voir avec la politique[2]. »

Comme le monde des oligarques ukrainiens est petit, Firtach est un ami proche du nouveau président Porochenko. C'est chez lui, à Vienne, que ce dernier a négocié les termes de leur alliance politique avec un autre héros de la place Maïdan, l'ancien boxeur Vitaly Klitschko.

Le plus habile, le plus ambigu et le plus sympathique des oligarques ukrainiens se nomme Victor Pintchouk. Né à Kiev en 1960 dans une famille de confession juive dont il revendique l'héritage, ingénieur diplômé

---
1. *Daily Telegraph*, 31 juillet 2014.
2. *Financial Times*, 1ᵉʳ mai 2014.

de l'Institut de métallurgie de Dnipropetrovsk, il commence à faire fortune dans la fabrication de tubes en acier avant d'épouser Elena, la fille du président Leonid Kouchma.

À la tête d'un groupe aux activités diversifiées, dont plusieurs chaînes de télévision, il milite depuis des années pour l'entrée de l'Ukraine dans l'Union européenne. On le voit chaque année au forum économique de Davos, où il tient table ouverte, et on rêve d'être convié aux rencontres de Yalta qu'il organise fastueusement chaque année. Là, dans le charme suranné des palais tsaristes qu'affectionnait Staline, au milieu des casinos et des touristes russes qui les fréquentent depuis des générations, Pintchouk réunissait jusqu'en 2013 Bill et Hillary Clinton, Tony Blair, l'ancien président polonais Aleksander Kwasniewski, Dominique Strauss-Kahn et d'autres personnalités de poids de la scène européenne. En septembre 2014, les rencontres ont été rapatriées à Kiev. C'est un ami qui sait se montrer généreux, finançant la fondation Clinton comme le Centre pour la foi de l'ancien Premier ministre britannique. Propriétaire à Londres d'une somptueuse propriété à Kensington, il a laissé à Courchevel le souvenir d'un anniversaire fastueux célébré en 2010 avec le Cirque du Soleil – montant des factures : 6,5 millions de dollars[1].

Tandis que sa femme est à la tête d'une fondation philanthropique qui s'est très tôt intéressée au fléau du sida – maladie longtemps taboue dans le monde post-soviétique – Victor Pintchouk est devenu l'un des grands mécènes de l'art et de la création contemporains.

---

1. *Los Angeles Times*, 18 décembre 2010.

Collectionneur émérite, amateur de Damien Hirst, de Jeff Koons et de Takashi Murakami, fondateur du Pinchuk-ArtCenter à Kiev, il a créé plusieurs récompenses artistiques, financé des concerts et coproduit avec Steven Spielberg un documentaire sur l'Holocauste en Ukraine. Conscient de l'importance de l'image et de la communication – il fait travailler en particulier Stéphane Fouks, du groupe français Havas –, Pintchouk a très habilement géré la période troublée de l'automne 2013 et du printemps 2014 à Kiev. D'un côté des tribunes publiées dans la presse occidentale pour dire son soutien au mouvement démocratique et pro-européen, de l'autre une distance prudente par rapport aux manifestations de la place Maïdan. « En même temps, insiste Constantin Sigov, étroitement mêlé au grand rassemblement d'intellectuels occidentaux organisé à Kiev avant l'élection présidentielle de mai 2014, c'est Victor Pintchouk qui, en coulisses, par le biais de ses médias et de ses différentes organisations, a en partie financé et assuré notre succès[1]. »

Rinat Akhmetov n'a pas eu le même engagement. À quarante-huit ans, né à Donetsk, dans l'est du pays, dans une famille de mineurs musulmans d'origine tatare, parti de rien, ancien garçon boucher, sans diplôme, il est le plus riche des oligarques ukrainiens, et le plus mystérieux.

Doté d'une fortune estimée aujourd'hui à plus de dix-sept milliards de dollars, il a construit à partir de 1992 un empire bâti sur des mines de charbon et de coke élargi à la banque, aux assurances, à l'immobilier, aux télécommunications et aux médias. Depuis des années,

---

[1]. Entretiens, Sarajevo et Paris, 30 juin 2014.

ses avocats s'affairent à étouffer les rumeurs courant sur les origines de cette extraordinaire ascension – ses débuts dans l'ombre du parrain de la mafia locale, Akhat Braguine, dit Alik le Grec, dont il deviendra l'héritier avant que ce dernier ne périsse en 1995, victime d'un attentat en plein match de football[1].

Associé à Victor Pintchouk pour contrôler le secteur de la sidérurgie jusqu'à ce que Ioulia Timochenko, alors Premier ministre, ne casse leur affaire au profit de l'Indien Mittal, Akhmetov était surtout connu à l'étranger pour les exploits de son club de football, le FC Chakhtar Donetsk. À Londres, au One Hyde Park, on lui connaît, sur trois étages, l'un des appartements les plus chers du monde.

Principal soutien financier de l'ancien président Ianoukovitch, originaire de la même région, propriétaire des mines et des centres sidérurgiques les plus importants du Donbass, Akhmetov s'est retrouvé en première ligne à partir du moment où les mouvements séparatistes surgis dans l'est de l'Ukraine ont compromis le fonctionnement de ses usines.

« Le futur de notre pays est menacé, déclare-t-il dans un communiqué en mars 2014. L'usage de la force et le recours à l'action illégale de l'extérieur sont inacceptables… J'en appelle à tous les citoyens pour l'unité et l'intégrité de l'Ukraine[2]. »

Pour juguler les ardeurs des séparatistes et maintenir l'activité de quelques-unes de ses usines, Akhmetov fait parfois donner ses gros bras. Mais il est lui-même débordé, au point de se réfugier à Kiev au moment de

---

1. *Le Figaro*, 7 mars 2014.
2. *Ibid.*

l'élection présidentielle, empêché de voter à Donetsk dont le gouverneur, un oligarque de moindre acabit, est pourtant l'un de ses proches. Il continue de ménager ses intérêts : l'une de ses sociétés de télécommunication serait désormais immatriculée en Russie et opérerait dans la Crimée annexée.[1]

C'est un autre oligarque, important celui-là, que les autorités de Kiev ont nommé à la tête de la province de Dnepropetrovsk, au cœur de la région industrielle la plus prospère d'Ukraine. Son nom : Igor Kolomoïski. Sa mission : mater les mouvements séparatistes. Il engage une partie de sa fortune personnelle – près de deux milliards de dollars –, s'aménageant ainsi une sorte de virginité par rapport à des agissements passés dans le monde trouble des affaires.

Quatrième oligarque du pays, il détient trois passeports – ukrainien, israélien et chypriote – et un empire, le PrivatGroup, basé sur la banque du même nom et différentes activités qui vont de la métallurgie aux médias et au transport aérien – il possède 75 % de la compagnie nationale ukrainienne.

Les batailles entre oligarques ukrainiens, comme entre Russes, ont pour théâtre la chambre commerciale de la Haute Cour de Londres et font la fortune des avocats spécialisés. Kolomoïski et un de ses associés sont poursuivis par Pinchuk pour un contrat minier non honoré. Montant des dommages et intérêts demandés : trois milliards de dollars[2].

---

1. *Voix de la Russie*, 31 juillet 2014.
2. *Telegraph*, 17 novembre 2013.

Aussi actif que contesté dans la communauté juive, férocement anti-russe, Igor Kolomoïski s'est distingué en offrant d'entrée une récompense de mille cinq cents dollars pour une kalachnikov et dix mille dollars pour la capture d'un agent russe. Il a aussi proposé au nouveau président Porochenko de construire un rideau de fer de mille neuf cents kilomètres le long de la frontière russo-ukrainienne... L'idée n'a pas été retenue[1].

Grâce à un forfait fiscal négocié avec les autorités de Genève, il y installé sa famille et passe du temps l'été dans sa propriété d'Anthy, près de Thonon, sur le lac Léman[2].

En juin 2014, Kolomoïski a été condamné à mort par contumace par les autorités russes, qui l'accusent de crimes de guerre et de conspiration pour assassinat.

---

1. *Le Figaro*, 16 juin 2014.
2. *La Tribune de Genève*, 30 mai 2014 et *Le Messager du Chablais*, 10 juin 2014.

12

Les jeux du gaz et du pétrole

Partout dans le monde post-soviétique, profitant de l'écroulement du système économique, de la désorganisation et du désarroi de populations, des hommes ont surgi, édifiant en peu de temps des fortunes colossales, soumettant à leurs intérêts les nouvelles autorités politiques locales ou s'arrogeant tout simplement le pouvoir. Parmi eux, beaucoup d'anciens membres de l'appareil sécuritaire soviétique – KGB, GRU –, devenus les nouveaux oligarques de l'ancien empire.

On les voit dans toutes les républiques d'Asie centrale, consolidant à leur profit le culte du chef et couvrant d'or leurs propres statues, tel feu le président Nyyazow au Turkménistan, finançant à grands frais réseaux d'influence, symposiums et manifestations culturelles, comme au Kazakhstan et en Azerbaïdjan, forts de leurs besoins en technologie occidentale et des énormes contrats accordés aux entreprises européennes et américaines. On les suit dans leurs tribulations violentes, tel cet oligarque kazakh, Moukhtar Abliazov, détenu en France avant d'être fixé sur son éventuelle extradition, ou ces milliardaires prudents qui, à l'instar de leurs homologues russes, achètent à Londres résidences et tranquillité fiscale. Ils ont tous en commun deux caractéristiques singulières, qui les relient, envers et contre tout, au centre de l'ancien empire : leurs richesses sont dans le sous-sol de leurs contrées ingrates, enfouies dans les nappes de pétrole et de gaz, dans les mines de métaux précieux et de terres rares. Et c'est avec Moscou, avec les groupes géants qui exploitent dans la Fédération de Russie les mêmes richesses et organisent leur transport, avec les oligarques qui les contrôlent, que les liens sont restés les plus étroits.

« Nous illuminons le football ! » Lors de la finale de la Ligue des champions en mai 2014, à Lisbonne, on voit partout la flamme qui sert de logo à Gazprom. Le premier exportateur de gaz du monde soutient l'UEFA à hauteur de quelque cinquante millions d'euros par an et anime son site Internet. La FIFA bénéficiera de ses largesses à partir de 2015 – la Russie a été choisie pour organiser le prochain Mondial en 2018.

« Je suis convaincu que cette collaboration améliorera la réputation de Gazprom et accroîtra la notoriété de notre marque à un niveau inédit à l'échelle mondiale ! » s'est exclamé, réjoui, Alexei Miller, le président de Gazprom, qui est aussi le vice-président de la fédération russe de football[1].

À Paris, au Parc des Princes, tout au long du printemps ukrainien, les banderoles de Gazprom flottaient aux flancs du stade.

---

1. *Le Monde*, 16 mai 2014.

LES JEUX DU GAZ ET DU PÉTROLE

« Le foot est une vitrine pour Gazprom, explique Alla Lazareva, qui dirige l'hebdomadaire ukrainien *Oukraïnski Tyden*. C'est aussi un outil de promotion de la Russie dans le monde qui s'inscrit dans une grande ambition géopolitique, dans la lignée de l'expansionnisme russe du XIXe siècle. Et aujourd'hui un moyen de compenser une image dégradée par l'annexion de la Crimée[1]. » Avec la Crimée, Moscou s'est octroyé au passage une zone maritime trois fois plus importante que la péninsule terrestre, et riche en gisements de gaz et de pétrole.

Le club allemand Schalke 04 reçoit vingt-cinq millions d'euros par an de Gazprom. Le club de Gelsenkirchen, membre de la Bundesliga, a pour premier supporter Gerhard Schröder, ancien chancelier d'Allemagne et président du conseil de surveillance de Nordstream, le gazoduc reliant la Russie à l'Allemagne.

L'Étoile rouge, le club de foot de Belgrade, peut également compter sur la générosité de Gazprom. Le gazoduc Southstream, toujours en projet, devra traverser la mer Noire et la Serbie pour atteindre la Bulgarie, porte d'entrée de l'Union européenne. Quand la Commission de Bruxelles gèle les crédits pour calmer les ardeurs prorusses des autorités bulgares, un raid mystérieux met à mal les banques de Sofia, et le ministre russe des Affaires étrangères vient sur place rappeler l'importance des enjeux.

Tel le tracé de notre système nerveux, la carte des gazoducs sillonnant l'Europe à partir des champs d'exploitation de l'immense espace russe illustre l'importance

---

1. *Ibid.*

303

vitale, d'un côté comme de l'autre, de l'approvisionnement en énergie.

Cette fois, on ne joue plus. Le 17 juin 2014, Gazprom coupe ses livraisons de gaz à l'Ukraine.

Moscou réclame à Kiev le règlement d'une facture de 4,45 milliards de dollars pour livraisons déjà effectuées, et entend désormais se faire payer d'avance. Kiev récuse un tarif augmenté de 80 % en février 2014 après l'éviction de l'ancien président Ianoukovitch sous la pression des manifestants de la place Maïdan. Les deux parties s'en réfèrent au tribunal d'arbitrage de Stockholm, ce qui prendra des années[1]. « L'Ukraine traite le gaz qui passe dans ses tuyaux comme s'il lui appartenait, ce n'est pas son droit ! » s'écrie Alexeï Miller, qui dirige depuis treize ans l'entreprise d'État détentrice des plus vastes gisements de gaz du monde[2].

« Il ne s'agit pas de gaz, s'exclame le Premier ministre ukrainien Iatseniouk, mais bien d'un plan général de la part de la Russie pour détruire l'Ukraine[3] ! »

C'est la troisième fois en huit ans que la Russie coupe le robinet ukrainien. L'Ukraine signera néanmoins avec l'Union européenne, en juin 2014, l'accord de partenariat économique dont le principe même avait déclenché la crise sept mois plus tôt[4].

La Russie assure 39 % de la consommation européenne de gaz, et la moitié transite par l'Ukraine. Sans

---

1. *Le Monde*, 18 juin 2014.
2. *Fortune*, 16 juin 2014.
3. *The Independent*, 17 juin 2014.
4. *The New York Times*, 28 juin 2014.

LES JEUX DU GAZ ET DU PÉTROLE

s'être jamais accordée sur une politique commune de l'énergie, ni même sur une meilleure coordination entre États membres, l'Union européenne constate encore une fois sa dépendance vis-à-vis de Moscou. Elle diffère selon les pays : l'Italie et l'Allemagne sont fortement consommateurs, les Pays-Bas bénéficient du transit par le port de Rotterdam, ce qui explique en partie la tiédeur affichée au début de la crise ukrainienne vis-à-vis d'un durcissement des sanctions. La Commission de Bruxelles a par ailleurs engagé des poursuites contre Gazprom pour distorsion de concurrence au détriment de huit pays d'Europe de l'Est – les négociations sont aujourd'hui gelées.

À l'annonce de la coupure du gaz destiné à Kiev, il n'y aura aucune réaction autre que verbale. Et le gaz sera soigneusement exclu du champ des sanctions européennes qui se sont durcies à l'été 2014[1].

De son côté, Gazprom – et le budget national de la Russie – dépendent de l'Union européenne pour la majeure partie de leurs revenus à l'exportation. Pas question d'inquiéter les grands clients européens. Les porte-paroles de Gazprom ont donc pris soin de souligner que l'approvisionnement européen n'est pas directement menacé par la coupure du robinet ukrainien.

« Il n'y a plus matière à discussion, l'Ukraine doit rembourser sa dette. Nous ne sommes pas dans l'escalade. Où est l'aide de l'Europe ? Nous voulons juste être payés ! » proclame le patron de Gazprom[2].

---

1. *The New York Times*, 11 août 2014.
2. *Les Échos*, 17 juin 2014.

Économiste de formation, Alexeï Borissovich Miller n'avait au départ aucune compétence particulière pour exercer ses talents dans le domaine de l'énergie. Mais aux yeux de Vladimir Poutine, qui aussitôt arrivé au Kremlin purge l'ancienne direction de Gazprom et le bombarde à la tête du monopole gazier, Miller possède deux qualités éminentes : il est né à Saint-Pétersbourg, dans une famille d'origine allemande, et il a fait ses classes à la mairie en travaillant pendant cinq ans dans l'équipe de l'ancien officier du KGB.

De 1991 à 1996, Miller est l'adjoint de Vladimir Poutine au Comité des relations extérieures de la mairie de Saint-Pétersbourg. Il organise le développement des premières zones d'investissement à Poulkovo, où s'installent des usines de Coca-Cola et de Gillette, et à Parnas, où est produite la bière Baltika. Il coordonne l'arrivée des premières banques étrangères à Saint-Pétersbourg – la Dresden Bank, passé est-allemand du chef oblige – et le Crédit Lyonnais. Il s'occupe également du secteur hôtelier, à commencer par le prestigieux hôtel Europa.

Lorsque Sobtchak et Poutine quittent la mairie, Miller s'occupe un temps du port de Saint-Pétersbourg, puis du pipeline de la Baltique avant de rejoindre brièvement le ministère de l'énergie.

En mai 2001, à la stupeur des administrateurs qui en sont avertis par un coup de téléphone du Kremlin une heure avant leur réunion, le voilà nommé à la tête de Gazprom. Il va faire tandem avec un autre ancien de la municipalité pétersbourgeoise, Dimitri Medvedev, qui prend la présidence du conseil d'administration.

Malgré des rivalités internes, parfois violentes, le clan pétersbourgeois ne cessera de se serrer les coudes, tout en s'accommodant des inflexions voulues par le Kremlin.

Il faut d'abord se défaire de l'emprise de la famille Eltsine sur différents pans d'activité, parfois très éloignés des hydrocarbures. Miller s'appuie sur Alicher Ousmanov pour nettoyer et consolider le vaste conglomérat dont il a la charge – ce dernier, on l'a vu, n'oubliera pas ses propres intérêts au passage.

Le Pétersbourgeois gère le mastodonte sans faire de vagues. Il sait rester discret, d'autant que Vladimir Poutine garde la main haute sur toutes les affaires d'importance, à commencer par celles qui assurent l'essentiel des revenus du pays : le gaz et le pétrole constituent 67 % de ses exportations[1]. Gazprom ne représente-t-il pas à lui seul 8 % de la production de la Russie et 20 % de ses revenus[2] ? À peine voit-on le nom de Miller apparaître dans les négociations tarifaires avec l'Ukraine ou le Turkménistan, autre gros producteur de gaz : héritier de l'ancien ministère du gaz soviétique, Gazprom sait jouer sur les prix et reste un outil d'intimidation puissant vis-à-vis des anciennes républiques de l'Union.

Au milieu des années 2000, Miller est pris dans les remous de l'affaire Ioukos. Une fois Khodorkovski envoyé au bagne et son empire dépecé, un groupe d'actionnaires minoritaires, surtout américains, dépose à la Cour de Washington un recours collectif contre

---

1. *The New York Times*, 20 mai 2014.
2. *Financial Times*, 6 juin 2013.

la Fédération de Russie et quelques compagnies énergétiques russes et leurs dirigeants, dont Miller, qu'ils accusent de conspiration en vue d'une « nationalisation de facto » de Ioukos. Les Russes ripostent en poursuivant le district de Columbia. Le litige s'est enlisé parmi d'autres procédures interminables, que la libération de Khodorkovski fin 2013 va remettre en lumière.

En décembre 2005, c'est Alexeï Miller qui annonce officiellement la nomination de Gerhard Schröder à la tête du consortium NorthStream. « Le prestige et l'expérience de M. Schröder pourraient jouer un grand rôle pour la réalisation du projet, déclare le président de Gazprom. Un projet très important pour améliorer la sécurité énergétique de l'Allemagne et de l'Union européenne, puisqu'il pose un itinéraire foncièrement nouveau pour le gaz russe en Allemagne[1]. » Le gazoduc évite en effet les pays Baltes et la Pologne, membres de l'Otan depuis la disparition de l'Union soviétique, et férocement rétifs aux méthodes d'intimidation russes dont l'Ukraine, pays de transit gazier, fait régulièrement les frais.

La négociation et la construction du gazoduc d'Europe du Nord, construit via la Baltique par Gazprom et les Allemands E.ON et BASF pour alimenter directement l'Allemagne, seront étroitement surveillées par Vladimir Poutine lui-même.

Le maître du Kremlin a tissé avec l'ancien chancelier des liens personnels étroits depuis leur opposition commune à la guerre irakienne de George W. Bush et l'adoption par le couple Schröder de deux enfants

---

1. *Ria Novosti*, 13 décembre 2005.

russes. Cette amitié – et le montant des émoluments accordés à l'ancien chef du parti social-démocrate – ne cessera de faire débat en Allemagne. Pendant la crise ukrainienne, Schröder va multiplier les démonstrations d'affection et de soutien à son ami Poutine. En mars 2014, juste avant l'annexion de la Crimée, lors d'un colloque organisé par le magazine *Die Zeit*, il admoneste les Européens en général et son successeur, Angela Merkel, en particulier, pour ne pas comprendre le sens de l'histoire[1]. Et c'est avec le président russe qu'il célèbre en avril 2014, à Saint-Pétersbourg, son soixante-dizième anniversaire[2].

Les revenus d'Alexeï Miller à la tête de l'entreprise d'État intriguent les quelques journalistes qui osent s'intéresser à l'apparition d'un nouveau spécimen : l'oligarque d'État. Selon l'édition russe du magazine américain *Forbes*, *Russki Forbes,* Miller est en 2013 le troizième sur la liste des dirigeants d'entreprise les mieux payés avec, au bas mot, vingt-cinq millions de dollars annuels. Outre Gazprom, il est à la tête du conseil d'administration de Gazpromneft, Gazprombank et Sogaz. « Les bonus de Miller augmentent plus vite que les revenus des actionnaires ! » peut-on lire dans *Vedomosti* dès 2007[3].

À l'époque, déjà, on annonçait son départ. Tout au long de son parcours à la tête de Gazprom, Miller a été la cible de rumeurs incessantes annonçant son éviction

---

1. *Die Zeit* dans *Courrier international*, 13 mars 2014.
2. *Le Monde*, 30 avril 2014.
3. *Vedomosti*, 1ᵉʳ novembre 2007.

prochaine. Il est pourtant reconduit en 2011. Le maître du Kremlin sait reconnaître et apprécier la loyauté.

En mai 2014, à Shanghai, un Vladimir Poutine rayonnant applaudit son ancien collaborateur et son homologue chinois qui viennent de signer en grande pompe un contrat qualifié d'historique : Gazprom livrera désormais à la Chine trente-huit milliards de mètres cubes de gaz par an pendant trente ans. Montant : quatre cents milliards de dollars – autant, sur le papier, que le fruit des livraisons à l'Europe. « La compétition pour l'accès au gaz russe vient de commencer ! » pavoise le patron de Gazprom.

La signification politique est claire : Moscou réalise le « pivot » vers Pékin pour mieux répliquer aux menaces occidentales. La réalité économique est moins évidente : au terme de quinze ans de négociations, le prix exact du mètre cube de gaz n'a pas été révélé, et la Chine pourrait avoir profité à bon compte de la hâte du président russe à infliger un camouflet à Washington et à Bruxelles[1]. Dans la foulée, Gazprom fait son entrée à la Bourse de Singapour et serait bientôt cotée à Hong Kong, accentuant ainsi le tournant asiatique voulu par le Kremlin.

L'essentiel du contrat chinois sera vraisemblablement réglé en yuan – la Russie et la Chine défient de concert la domination séculaire du dollar américain. À en croire le *Financial Times*, plusieurs entreprises russes craignent d'avoir plus difficilement accès au marché des financements en dollars et envisagent d'utiliser la devise

---

1. *Süddeutsche Zeitung* cité dans *The Week,* 31 mai 2014.

chinoise pour leurs transactions commerciales, malgré les incertitudes qui pèsent encore sur sa fiabilité. Elles se tournent déjà davantage vers l'euro[1].

En dépit du contrat chinois, Gazprom a perdu de sa superbe. Trop lourd, trop cloisonné, trop mou, pas assez ambitieux : Vladimir Poutine ne soutient plus systématiquement le mastodonte public. Sa gestion, traditionnellement opaque, alimente la corruption et pèche par inefficacité. Les rumeurs concernant une destitution de Miller courent plus que jamais Moscou. On lui reproche son incapacité, et celle de son équipe, à s'adapter aux nouvelles technologies, notamment en matière de liquéfaction, et à anticiper la percée du gaz de schiste américain. « Le gaz de schiste ? Un mythe ! De la propagande de la CIA ! » avait lancé Miller, bravache.

Mal lui en prit. L'autonomie énergétique américaine affecte les flux planétaires. Les prix sur le marché « spot » du gaz ont baissé bien en dessous des prix pratiqués par Gazprom pour ses contrats à long terme, encore indexés sur le cours du pétrole. Gazprom doit abandonner son projet d'exploiter avec Total à Chtokman, dans l'Arctique, un immense gisement sous-marin. Avec retard, le géant russe s'initie aux méthodes d'exploitation du gaz de schiste en s'appuyant sur l'américain Halliburton[2].

Miller avait promis en 2008 que la capitalisation de son groupe atteindrait un trillion de dollars d'ici 2015, ce qui en aurait fait le premier du monde. La voici réduite

---

1. *Financial Times*, 9 juin 2014 et 27 juin 2014.
2. *Enjeux Les Échos*, juin 2014.

à quatre-vingt-quatre milliards[1]. Miller n'a rien vu venir des bouleversements du marché de l'énergie ni sur le plan international ni sur le plan intérieur[2].

À l'automne 2013, nouvel échec : Vladimir Poutine annonce qu'à partir du 1er janvier 2014, le gaz naturel liquéfié pourra être exporté librement vers les marchés asiatiques. Gazprom a perdu son monopole historique de l'exportation d'hydrocarbures.

Le grand bénéficiaire – et l'artisan – de cette libéralisation est le patron d'un autre groupe public, dont les ambitions bousculent Gazprom depuis des années : Igor Setchine, le président-directeur général de Rosneft. Ancien vice-Premier ministre, son étroite proximité avec Vladimir Poutine explique à la fois sa puissance et sa visibilité : en avril 2014, il devient la première personnalité du secteur pétrolier russe à être personnellement sanctionné par Washington en rétorsion aux menées du Kremlin en Ukraine.

En juillet 2014, c'est au tour de son groupe d'être placé sur liste noire. Contrôlé par l'État tout en étant la plus grosse société pétrolière du monde cotée en bourse, Rosneft est largement internationalisé : British Petroleum en possède 20 %, Shell est partenaire d'un site de liquéfaction du gaz sur l'île de Sakhaline, et Exxon Mobil mène de concert l'exploration d'une gigantesque région de l'Arctique[3]. À l'instar des expor-

---
1. *Visions de la Russie*, 7 mai 2014.
2. *Les Échos*, 22 octobre 2013.
3. *The New York Times*, 30 avril 2014.

tations de gaz, les sanctions américaines et européennes ne visent pas les ventes de pétrole russe, mais bien l'accès à des technologies occidentales sensibles. Pour autant, les intérêts des pétroliers occidentaux seront eux aussi affectés[1].

Si Igor Setchine est doublement sanctionné, ce n'est pas seulement dû au poids spécifique de Rosneft dans l'économie russe : il joue un rôle politique majeur au sein de ce que certains kremlinologues dénomment « le Politburo 2.0 » – le centre nerveux du système Poutine.

Le « tsar du pétrole », comme on le surnomme à Moscou, aime s'entourer de mystère. Une vieille habitude professionnelle ?

Voilà encore un Pétersbourgeois, né en 1960, qui travaille dans l'équipe Poutine à la mairie dès 1993 avant de suivre son mentor au Kremlin et devenir son directeur de cabinet, puis son conseiller. « Sa vie privée n'existe pas. Rien n'existe en dehors de Poutine, et du travail », remarque à l'époque un observateur[2].

Son parcours antérieur le rend plus singulier que d'autres membres du clan de Saint-Pétersbourg. Bon fils, bon élève, une mère à l'usine, des études de philologie romane, diplômé de français et de portugais, il part d'abord au Mozambique sous couvert d'une mission du Commerce extérieur, puis en Angola, alors en pleine guerre civile, où il sert comme interprète militaire avec le rang de capitaine. Fait-il partie du GRU, le redoutable service de renseignement de l'armée russe ? C'est en

---

1. *Les Échos*, 31 juillet 2014.
2. *Sobessednik*, 27 mars 2007.

313

tout cas là qu'il se lie avec le représentant soviétique des organes de renseignement en Afrique, un certain Sergueï Ivanov, futur ministre de la Défense, aujourd'hui directeur de l'administration présidentielle de Vladimir Poutine. Ivanov figure lui aussi sur la liste des sanctions américaines, ainsi que Dimitri Kozak, dont Setchine fut le collaborateur. Vice-Premier ministre, ancien du renseignement, Kozak supervisait les Jeux olympiques de Sotchi pour le compte de Poutine avant de devenir responsable du développement de la Crimée nouvellement annexée.

Igor Setchine est au cœur de la garde prétorienne qui accompagne le président russe depuis vingt ans, son homme lige, le pilier du clan des *siloviki* de ces anciens du GRU, du KGB devenu SFB, du service des renseignements et de l'armée qui se veulent les garants de la ligne dure, anti-libérale, nationaliste et expansionniste du Kremlin[1].

On reconnaît la marque de Setchine dans le rapport du Conseil de la stratégie nationale qui annonçait en 2003, juste avant l'arrestation de Khodorkovski, que « la Russie était mûre pour un coup d'État oligarchique[2] ». Durant les dix dernières années, Setchine a veillé avec vigilance à rétablir et à renforcer la mainmise de l'État sur l'économie, et singulièrement sur l'exploitation des matières premières, quitte à bousculer sans ménagement ceux qui ne respectent pas la ligne.

---

1. *Kommersant-Vlast*, 14 juillet 2003.
2. *Kommersant-Vlast*, 1er décembre 2003.

LES JEUX DU GAZ ET DU PÉTROLE

S'il joue un rôle clé dans la partition politique du Kremlin, Setchine offre un autre avantage : il s'intéresse aux problèmes de l'énergie depuis sa thèse à l'Institut des mines de Saint-Pétersbourg. C'est lui qui, pour le compte de Poutine, va inspirer la reprise en main de Gazprom confiée au tandem Medvedev-Miller au début des années 2000, et mener la charge pour démolir Ioukos – dans un entretien au *Sunday Times* en 2008, Khodorkovski accusera nommément l'« ancien officier du KGB Setchine » d'avoir orchestré le démantèlement de son groupe pétrolier[1].

Nommé en 2004 à la tête de Rosneft, alors un acteur mineur du secteur, l'ancien officier de renseignement va s'octroyer de belles prises de guerre et développer rapidement son empire. Échaudé par le cas Khodorkovski, et le pouvoir conquis grâce au pétrole par un acteur privé, Vladimir Poutine veut un groupe puissant qui reste à la main de l'État. En 2006, Setchine reprend Ioukos à la casse. En 2012, il rachète à Fridman et à ses partenaires, à prix d'or cette fois, le groupe TNK-BP. En quelques années, Rosneft est devenu l'un des premiers producteurs de brut du monde avec 4,5 millions de barils par jour[2].

Entre-temps, son influence et ses appétits ne se sont pas limités aux hydrocarbures. C'est Setchine qui assure les liens étroits entre le Kremlin et le président du Venezuela Hugo Chavez, lui qui serait selon certaines sources le protecteur du grand trafiquant d'armes

---

1. *Sunday Times*, 18 mai 2008.
2. *Les Échos*, 22 octobre 2013.

315

Viktor Bout, un ancien du GRU au Mozambique et en Angola arrêté à Bangkok puis extradé aux États-Unis[1]... C'est encore Setchine qui a freiné les ardeurs des protégés du clan Medvedev quand ce dernier était président et Poutine Premier ministre, lui qui a contraint Rybolovlev, le roi de la potasse, à vendre ses participations dans les mines d'Uralkali, lui qui a restructuré la construction navale et signé le contrat des Mistral français, lui qui a dirigé la commission de développement de la métallurgie, lui encore qui serait à la manœuvre au bénéfice de quelques-uns dans les allées secrètes du pouvoir.

Fin 2007, un obscur homme d'affaires, Oleg Chvartsman, tient au quotidien *Kommersant* des propos édifiants. Son fonds d'investissement, Finansgroup, raconte-t-il, gère à travers des sociétés off-shore les avoirs de certains hommes politiques. Il affirme que sa société, avec le soutien de l'État, est impliquée dans ce qu'il appelle une « reprivatisation de velours » des entreprises bradées dans les années 1990, utilisant à cette fin des « instruments coercitifs volontaires » et des vétérans des forces spéciales du ministère de l'Intérieur... Il précise qu'il a été « chargé de ces opérations par le *silovy blok* et notamment par son chef Igor Setchine, le premier adjoint de l'administration du Kremlin »... L'interview fait sensation, mais ne changera rien au système[2]. En décembre 2008, c'est au tour du *New York Times* de décrire sobrement Setchine comme le plus grand « raider » de Russie « quelquefois pour le compte du gou-

---
1. *Le Nouvel Observateur*, 4 octobre 2010 et *Le Point*, 24 janvier 2014.
2. *Kommersant*, 3 décembre 2007.

vernement, quelquefois pour le compte d'entreprises amies »[1].

En 2012, une fois Poutine réélu président et Medvedev redevenu Premier ministre, son rôle se précise davantage encore : il devient officiellement le président du groupe pétrolier public, mais aussi le secrétaire général de la « commission sur la stratégie du développement du complexe des combustibles et énergies », présidée par Poutine lui-même – autrement dit, Setchine contrôle pour son patron tout le secteur de l'énergie.

À la tête de Rosneft, il fait feu de tout bois, au risque d'endetter lourdement son groupe.

En 2013, il signe avec la CNPC (China National Petroleum Corporation) un énorme contrat de livraison évalué à 270 milliards de dollars sur vingt-cinq ans, et crée une coentreprise pour l'exploitation d'un gisement sibérien. Rosneft, et non Gazprom, décroche l'approvisionnement des centrales russes de l'électricien italien Enel, auquel il rachète sa part dans la société gazière sibérienne SeverEnergia[2]. Récemment nommé président du conseil des directeurs de RAO EES (l'équivalent russe d'EDF), il s'empare aussi du producteur russe de gaz Itera.

« Lorsque Setchine parle de libéralisation des exportations, il ne vise pas seulement le gaz naturel liquéfié vers l'Asie, mais aussi les ventes par gazoduc vers l'Europe... En fait, il veut casser Gazprom ! » analyse Konstantin Simonov, de la Fondation pour la sécurité

---

1. *The New York Times*, 7 décembre 2008.
2. *Les Échos*, 22 octobre 2013.

énergétique nationale[1]. Pavel Baev, de l'Institut français des relations internationales, est plus nuancé : « Les observateurs russes amplifient souvent la concurrence entre Gazprom et Rosneft, particulièrement quand Miller et Setchine prétendent à tour de rôle que leur entreprise est le premier contributeur au budget fédéral. Il existe effectivement un certain nombre de conflits entre les intérêts des deux champions. [...] Les querelles qui déchirent le triangle politico-énergétique que forment le gouvernement, Gazprom et Rosneft, Poutine jouant le rôle d'un arbitre suprême mais de plus en plus inattentif, rendent chacune des parties incapable d'élaborer des projets réalisables, y compris à court terme. [...] Mais ces compagnies appartenant officiellement à l'État et contrôlées de facto par des individus appartenant au même clan ont davantage intérêt à unir leurs forces[2]. »

Setchine a pour bras droit un Français, Éric Liron, un ancien de Schlumberger, qui a la tâche difficile de fusionner les équipes du géant russe et de TNK-BP, aux modes de fonctionnement très différents[3]. Ses réseaux internationaux se sont étoffés. Dominique Strauss-Kahn, l'ancien directeur général du FMI, siège au conseil de la banque régionale de développement, qui appartient à Rosneft[4]. L'ancien patron de Morgan Stanley, John Mack, qui lui avait vendu les activités de trading pétrolier de la banque américaine, a dû quitter le conseil

---
1. *Ibid.*
2. IFRI Russie.NEI. *Visions*, n° 75, mars 2014.
3. *Les Échos*, 29 octobre 2013.
4. *International New York Times*, 24 mars 2014.

LES JEUX DU GAZ ET DU PÉTROLE

de Rosneft au lendemain de l'annonce des sanctions américaines – pour des raisons personnelles, dit-il[1].

Pourtant, un mois après sa mise à l'index, le tsar du pétrole signait toutes sortes d'accords, souligne *Le Monde* : extension de son partenariat avec Exxon Mobil dans l'Arctique, coentreprise avec BP pour les huiles de schiste dans le bassin de la Volga, coopération avec le norvégien Statoil, participation dans North Atlantic Drilling Ltd du Norvégien-Chypriote John Frederiksen, entrée dans le capital du fabriquant de pneus italien Pirelli. Insistant néanmoins auprès du président russe sur les difficultés accrues de mise en œuvre de ses projets internationaux, Igor Setchine a demandé que la libéralisation des exportations d'hydrocarbures à destination de l'Asie ne soit pas accordée à tous les acteurs – uniquement aux sociétés majoritairement détenues par l'État ou des actionnaires russes[2].

En juillet 2014, la situation s'aggrave. Rosneft est directement visé par de nouvelles sanctions américaines. Son partenariat avec Exxon Mobil n'est pas remis en cause pour le moment, mais l'accès au financement à moyen et à long terme sur les marchés occidentaux est sérieusement compromis. « C'est une décision injustifiée, biaisée et illégale parce que la société ne joue aucun rôle dans la crise ukrainienne, réplique Igor Setchine. Je vous assure que chaque camp tient ses comptes et accumule de la haine… […] Je pense que c'est la mauvaise approche, mais je suis convaincu que Dieu observe tout

---

1. *Financial Times*, 30 mai 2014.
2. *Le Monde*, 8 juin 2014.

et remettra tout en ordre[1]. » En attendant, il demande au Kremlin trente et un milliards d'euros pour compenser l'impact des sanctions[2].

La fortune personnelle comme la vie privée de cet oligarque d'État ne font à Moscou l'objet d'aucune publicité. Sa femme travaillerait dans le secteur du bâtiment, le fils dans le groupe de son père, la fille dans une banque tout en étant l'épouse du fils du ministre de la Justice Oustinov. En 2012, l'édition russe de *Forbes* le place au cinquième rang des dirigeants d'entreprise les mieux payés de Russie avec vingt-cinq millions de dollars. De fait, sa richesse serait bien plus considérable.

Peu de temps après sa libération, Mikhaïl Khodorkovski a accordé un entretien intéressant au magazine *Snob* – par ailleurs la propriété de Prokhorov, l'oligarque tenté par la politique.

« Aujourd'hui, c'est très facile de faire des parallèles. Regardez, Rosneft c'est l'ancien Ioukos – Setchine, c'est l'ancien Khodorkovski. Le capital qui m'appartenait personnellement chez Ioukos n'est pas supérieur – je pense – au capital que contrôle réellement Setchine […]. Mais moi je n'ai jamais eu le lien avec les organes d'État [c'est-à-dire le service des renseignements] qu'entretient aujourd'hui Setchine. On peut en dire autant d'autres oligarques de l'ère Poutine[3]. »

---

1. *Financial Times*, 17 juin 2014.
2. Reuters, 14 août 2014.
3. *Snob*, 23 décembre 2013.

LES JEUX DU GAZ ET DU PÉTROLE

Christophe de Margerie, le patron du géant pétrolier français Total, pratique Igor Setchine depuis des années. « Nous avons croisé le fer une première fois quand on voulait prendre une participation dans une petite boîte prometteuse qu'on avait repérée en 2002 sur notre écran radar : Novatek. On est entré au capital. On n'a eu que des ennuis alors que la boîte ne représentait que 1 % du marché russe. La bagarre a duré huit ans jusqu'à ce que je comprenne que le Kremlin, dont nous sollicitions le soutien, considérait sans le dire qu'on n'avait pas assez valorisé l'affaire. On se l'est fait souffler par... le "système", dirons-nous ! Gazprom a pris 10 %. Plus tard, c'est Setchine qui m'a poussé à monter dans Novatek pour développer le gaz liquéfié – et ce aux dépens de Gazprom. Il m'a dit : Christophe, le président souhaite que tu t'occupes de Novatek, et pas que de Gazprom. Comme les deux entreprises sont rattachées au même personnage, de temps en temps ils s'affrontent, ils se mettent des bâtons dans les roues – mais c'est une manière pour le Kremlin de maintenir les équilibres et de contrôler l'ensemble. J'ai été voir le président, histoire de vérifier. C'était vrai. On est donc entrés dans Novatek... en payant plus cher[1] ! »

Paris, mai 2014. Le président du Grand Palais pousse un soupir de soulagement. « Tout s'est bien passé ! Ça y est, il est reparti dans son avion. Et le paiement a été effectué. Le vernissage a été un grand succès, il a reçu sa Légion d'honneur sans paraître déçu que ce soit moi

---
1. Entretien, Paris, 11 juillet 2014.

qui la lui remette et non la ministre de la Culture... Il est tout à fait fréquentable ! » Jean-Paul Cluzel sourit. L'exposition de « L'étrange cité » des époux Kabakov promet d'être un succès, et l'oligarque russe qui finance l'événement n'a subi aucun contrecoup désagréable de la crise ukrainienne[1].

Leonid Mikhelson, président et premier actionnaire de Novatek, est l'un des grands mécènes contemporains. Sa fondation V-A-C soutient la Biennale de Venise et contribue activement à financer les artistes russes[2]. Créée en 2009, elle porte le nom de sa fille unique, Victoria, étudiante en histoire de l'art à New York, qui a trouvé sa vocation en visitant Beaubourg à Paris et qui, espère-t-il, la dirigera un jour. « Souvent, des gens comme moi souhaitent que leurs enfants participent à leurs affaires. Ce n'est pas mon cas. Je sais combien c'est une vie difficile, déclare-t-il en 2013 au *Financial Times*. Les relations humaines ne sont plus les mêmes, et je ne veux pas que cela arrive à ma fille[3]. »

Sans doute se souvient-il de sa propre jeunesse.

Leonid Mikhelson est oligarque par hérédité – mais il a longtemps gardé profil bas. Né en 1955 à Kaspiïsk sur la mer Noire, élevé à Samara, il hérite de son père d'une affaire hétéroclite qui grossit au rythme des privatisations de l'ère Eltsine. Le fils sait y faire. Aujourd'hui, il contrôle le plus gros producteur privé de gaz russe, le groupe pétrochimique Sibur et une banque, Pervy

---

1. Entretien, Paris, 13 mai 2014.
2. *Financial Times*, 27 juin 2014.
3. *Financial Times*, 24 mai 2013.

LES JEUX DU GAZ ET DU PÉTROLE

Obyedinenny de Samara. À la tête de la troisième fortune de Russie, il pèse 15,6 milliards de dollars d'après le magazine *Forbes*. « Leonid n'a pas perdu la tête. Il est le seul oligarque, à ma connaissance, à avoir compris qu'on pouvait faire fortune en Russie en passant quasiment inaperçu ! » sourit Christophe de Margerie – l'un de ses dix invités à la remise de décoration parisienne[1].

Ingénieur de formation, Mikhelson a commencé sur le terrain, arpentant les champs désolés de Sibérie pour construire et surveiller les gazoducs.

« Son univers, c'est le gaz. Gazprom a voulu le faire plier, raconte Sergueï Gouriev. En 2006, il voulait leur vendre 20 % de son entreprise, mais ne parvenait pas à négocier un prix raisonnable. Il a tenu bon, mais n'aurait pas résisté longtemps si un homme, particulièrement puissant, n'était venu à son secours : Guennadi Timtchenko. Vous avez construit une très belle affaire, lui dit ce dernier, ce serait dommage de la laisser à Gazprom. Je rentre dans le capital à vos côtés, et tout va s'arranger ! À partir de là, Novatek a bénéficié d'une croissance exceptionnelle[2]. »

En octobre 2008, Novatek annonce que le fonds Volga Resources de Timtchenko achète 5,07 % du capital. Aujourd'hui sa participation atteint 23 %. Mikhelson, lui, détient 25 % de sa propre affaire.

« Avant et après cet accord, ce n'était plus le même homme ! » se souvient un manager de Gazprom[3]. « Vous

---

1. Entretien, Paris, 11 juillet 2014.
2. Entretien, Paris, 28 mai 2014.
3. *Vedomosti*, 21 janvier 2013.

savez ce que c'est que prendre des risques, confie Mikhelson. Il est plus confortable d'avoir des associés [...] Timtchenko est un associé avec lequel je travaille depuis longtemps. Nous avons de bonnes relations. Je vous dirais même : il est agréable de travailler avec cet homme[1]. »

Novatek se met à vendre son gaz à Gazprom deux fois plus cher que les autres indépendants. Le groupe obtient des contrats avec plusieurs entreprises russes, comme Inter RAO, Severstal ou encore Mosenergo, menaçant Gazprom sur ses propres marchés.

Encouragé par la libéralisation des exportations, Mikhelson se lance dans un projet majeur d'usine de liquéfaction de gaz naturel sur la péninsule de Yamal en plein Arctique. Total y participe à hauteur de 20 %. La CNPC chinoise confirme son intérêt. À terme, le gaz sera transporté par des tankers brise-glace suivant de nouvelles routes dans l'océan Arctique, vers l'Asie comme vers l'Europe[2].

En juillet 2014, Novatek est à son tour inscrit sur la liste des sanctions américaines en représailles aux agissements du Kremlin dans l'est de l'Ukraine. Total est contraint de renoncer à accroître sa part du capital, que le groupe français voulait porter à 19,4 %[3].

Jusque-là, fort de ses soutiens en haut lieu, Novatek s'est très bien porté : en cinq ans, le revenu et le capital ont été multipliés par deux. Les qualités managériales de Mikhelson et les réseaux de Timtchenko,

---

1. *Ibid.*
2. *Financial Times*, 18 décembre 2013.
3. *Les Échos*, 31 juillet 2014.

c'est la meilleure synergie possible, affirme un analyste financier[1].

« C'est un très bon deal, remarque un associé qui ne tient pas à être identifié. Timtchenko est ainsi devenu un milliardaire légal[2] ! »

---

1. *Financial Times*, 21 mars 2014.
2. *Vedomosti*, 21 janvier 2013.

13

Le premier cercle

« C'est un honneur pour moi ! » grince Guennadi Timtchenko en apprenant en mars 2014 qu'il figure personnellement sur la liste des premières sanctions de Washington face à l'annexion de la Crimée[1]. Mais on ne touche pas impunément à l'une des plus importantes sociétés de négoce d'hydrocarbures du monde. Timtchenko a-t-il été averti par le Département d'État ? Un jour avant l'annonce des sanctions, il a vendu à son vieux partenaire suédois Torbjorn Tornqvist l'ensemble de ses parts dans Gunvor – la société suisse, basée à Genève, qu'ils ont fondée et enregistrée ensemble aux îles Vierges britanniques en 1997[2]. Le montant de la transaction n'a pas été divulgué, mais se situe, d'après les spécialistes, entre 1 et 1,5 milliard de dollars. Immatriculé à Chypre depuis 2000, Gunvor commercialise aujourd'hui l'équivalent de la consommation totale de pétrole de la France – la société assure une bonne partie des exportations d'hydrocarbures russes,

---
1. Reuters, 12 avril 2014.
2. *Le Monde*, 22 mars 2014.

mais a élargi son champ d'action à l'Asie et à l'Afrique, travaillant avec quelque trente-cinq partenaires commerciaux[1].

Gunvor est un vieux prénom scandinave qui signifie « prudent dans la guerre ». Une attitude que Guennadi Timtchenko a parfaitement illustrée en traversant à son profit les bouleversements du monde russe.

L'homme a trois nationalités : arménienne, finlandaise et russe. Son parcours et son empire comportent tant de détours qu'ils témoignent à la fois de son habileté et du fonctionnement très particulier du premier cercle entourant Vladimir Poutine.

Né en 1952 à Leninakan, en Arménie, élevé en RDA et en Ukraine au gré des postes de son père militaire, il obtient un diplôme de l'institut de mécanique de Leningrad. Il évoque volontiers ses débuts difficiles, « de l'huile jusqu'aux coudes », dans une usine de turbines à la fin des années 1970, et la misère toute soviétique dans laquelle il fonde une famille – son premier bébé dormait dans une valise[2]. Comme il parle allemand, il rejoint le département commercial, puis le ministère du Commerce extérieur, puis une entreprise pétrolière publique au moment où Gorbatchev libéralise l'économie et où les premiers réseaux d'exportation vers l'Ouest sont organisés. Avec deux amis et une secrétaire qui sait taper à la machine en anglais, il fonde à Saint-Pétersbourg une première officine dotée des fameux quotas à l'exporta-

---

1. *Financial Times*, 21 mars 2014.
2. Forbes.ru, 26 octobre 2012.

tion – le moyen à l'époque de jouer sur les différences de cours du pétrole et de commencer à faire fortune.

Le récit qu'en a livré Timtchenko, dans un rare entretien à des journalistes russes, donne une idée des pratiques d'alors : « Les quotas étaient attribués à Moscou. Il y a eu des scandales, c'est vrai. Dans le bureau d'un fonctionnaire, on a retrouvé un Rembrandt, chez un autre un coffre rempli de liquidités... Mais nous ne trempions pas là-dedans... Je me souviens que Sobtchak [le maire] nous a demandé de céder un quota pour construire une bibliothèque... Dans la ville il restait de la nourriture pour deux jours et demi... Pourquoi une bibliothèque ? Mais non, il fallait lui donner son dû... Sobtchak ne pensait pas qu'aux nourritures terrestres, il construisit une bibliothèque[1] !»

C'est à ce moment-là que Guennadi Timtchenko et Vladimir Poutine font connaissance et entament une longue et fructueuse collaboration.

L'époque est riche en scandales, étouffés dans la confusion ambiante. Les gangs mafieux contrôlent les commerces en tous genres, à commencer par la principale compagnie pétrolière locale. Pourtant Timtchenko et ses amis réussissent à développer leurs activités. « On a essayé d'entrer en conflit avec nous, mais nous avons su nous dégager. Comment ? Disons que c'était possible[2]...»

Membre du parti communiste, parlant une langue étrangère, Timtchenko fait selon toute vraisemblance partie du KGB. Il s'en défend vigoureusement : « Mensonges ! Aurais-je une tête à ça ? Mais les Finlandais,

---
1. *Ibid.*
2. *Ibid.*

quand ils m'ont donné un passeport, ont tout vérifié... J'ai quand même vécu dix ans en Finlande[1] ! »

Pour préserver sa neutralité et développer son économie, le petit voisin de la Russie a toujours su faire preuve de pragmatisme et s'accommoder de certaines exigences.

À Saint-Pétersbourg, Vladimir Poutine, adjoint au maire, lui-même officier du KGB, préside la commission russo-finlandaise. Au début des années 1990, Timtchenko s'installe en Finlande, crée plusieurs sociétés de négoce pétrolier, qu'il fait enregistrer en Suisse et à Chypre, et prend la nationalité finlandaise en 1999.

Son premier million ? « Je ne m'en souviens pas. Je n'ai jamais pensé à ça. Vous savez, l'argent ne m'intéresse pas... » Il nie avoir bénéficié de l'aide de Poutine : « En 2000, quand il est devenu président, j'étais déjà le vingt-huitième contribuable le plus riche de Finlande. J'étais déjà millionnaire[2] ! »

En une quinzaine d'années, Guennadi Timtchenko va édifier un empire secret[3], entrelacs de sociétés domiciliées au Luxembourg et dans différents paradis fiscaux, allant de l'extraction au transport et au négoce des hydrocarbures, du bâtiment à la banque et aux compagnies maritimes, de l'assurance à la pêche, de l'eau minérale à l'industrie du bois, de l'aviation d'affaires à l'hôtellerie (le Club de Cavalière, près du cap Nègre au Lavandou appartient à sa femme).

---

1. *Ibid.*
2. *Ibid.*
3. *Ogonek*, 29 mars 2010.

Dans le monde des affaires à la russe, explique le journal *Vedomosti*, Timtchenko joue un rôle singulier : celui du *djiarchtchik* – intermédiaire et lobbyiste majeur pour toute relation avec le gouvernement.

« En faisant entrer Timtchenko au capital, tu résous les problèmes courants de ton entreprise et tu peux être sûr qu'avec les fonctionnaires il n'y aura plus de problème, parce qu'en Russie personne ne cherchera des ennuis à une entreprise dont l'associé est intime du président[1] ! »

Le lobbyisme que Timtchenko compare lui-même aux pratiques américaines ou européennes existe donc, mais sous une forme particulière : « Autrefois, pour garder une affaire, il fallait prendre dans le capital, de façon non officielle, des fonctionnaires et des amis proches de Poutine. Les temps ont changé : ces mêmes personnes se sont légalisées – ils deviennent des actionnaires officiels. Aujourd'hui, il faut être prêt à devenir minoritaire dans une affaire de Timtchenko ! » ironise un important entrepreneur russe[2].

Guennadi Timtchenko pèse aujourd'hui, d'après *Forbes*, plus de quatorze milliards de dollars – sans compter le montant de la vente récente de Gunvor. Comme la plupart des hommes d'affaires contemporains, le Russe aime se présenter en philanthrope – deux de ses entreprises ont fondé un fonds de soutien aux invalides, et sa fondation Neva finance le journal suisse en russe NashaGazeta.ch –, mais aussi en grand amateur d'art

---

1. Forbes.ru, 26 octobre 2012.
2. *Ibid.*

et de sport, féru de tennis et de hockey sur glace. Il vit avec sa famille à Cologny, près de Genève, et cultive la discrétion.

Ses sociétés apparaissent néanmoins dans quelques affaires retentissantes.

En 2004, dans son rapport à l'ONU, l'Américain Paul Volcker désigne Gunvor International et Gunvor Energy parmi les auteurs des détournements du programme « pétrole contre nourriture », destiné à alléger les souffrances des Irakiens après la guerre de Saddam Hussein contre le Koweit[1].

Actif dans plusieurs régions du monde, Gunvor développe ses activités en Afrique, notamment au Gabon pour l'importation d'essence[2]. Les contrats conclus en 2009 avec le Congo-Brazzaville ont nourri la polémique – le parquet fédéral suisse a ouvert une enquête sur soupçons de rétrocommissions et de blanchiment d'argent[3].

S'il est un sujet à ne pas aborder avec Guennadi Timtchenko, ce sont ses relations avec Vladimir Poutine. Pas question d'évoquer la moindre proximité entre les deux hommes, quelle que soit l'ancienneté de leurs rapports. Aussitôt, avec une insistance presque touchante, le démenti tombe et la menace de procès suit.

En 2008 il a attaqué en diffamation l'hebdomadaire britannique *The Economist* pour avoir suggéré qu'ils étaient partenaires en affaires. Un compromis sera conclu en Haute Cour de Londres, quand ses avocats

---

1. *Novaïa Gazeta*, 14-20 novembre 2005.
2. *Agefi*, 27 février 2014.
3. *Le Monde*, 3 juin 2013.

LE PREMIER CERCLE

lui expliqueront qu'il aurait à dévoiler quelques détails sur ses propres activités[1].

En 2009, il a fait condamner l'opposant Boris Nemtsov pour une brochure affirmant qu'il agissait pour le compte de Poutine.

En 2010, l'argumentaire se fissure. Dans la volumineuse publication des documents WikiLeaks, on apprend que les diplomates américains mentionnent à plusieurs reprises l'hypothèse d'un enrichissement personnel de Vladimir Poutine, alors Premier ministre, via Gunvor[2].

À chaque insinuation de ce genre, le groupe dément et fait valoir qu'il a été l'objet d'examens approfondis pour obtenir des lignes de crédit de la part des différents établissements bancaires – dont Goldman Sachs et BNP-Paribas.

En 2014, le Trésor américain se montre pourtant plus insistant. Annonçant la sanction frappant Timtchenko, le communiqué précise que « les activités de ce dernier dans le secteur de l'énergie sont directement liées à Poutine. Poutine a des investissements dans Gunvor et pourrait avoir accès aux fonds de cette société ». Gunvor publie aussitôt un démenti scandalisé – de son côté, le porte-parole du Kremlin, Dimitri Peskov, qualifie les sanctions d'« inacceptables », sans commenter spécifiquement cette allégation[3].

En 2007 déjà, un curieux personnage, Stanislav Belkovski, avait tenu au journal allemand *Die Welt*

---

1. *The Guardian*, 30 juillet 2009.
2. *The Guardian* et *Le Monde*, 1er décembre 2010.
3. Reuters, 21 mai 2014.

333

des propos fracassants : Poutine contrôlerait 4,5 % des actions de Gazprom, 37 % des actions de Sourgoutneftegaz, et 50 % de Gunvor, à travers Timtchenko[1]. Directeur du National Strategy Institute à Moscou – et par ailleurs cousin de Boris Berezovski, l'oligarque exilé à Londres –, Belkovski avait été utilisé par le Kremlin pour discréditer Khodorkovski.

Christophe de Margerie, le président-directeur général de Total, connaît bien Guennadi Timtchenko.

« Je l'ai rencontré par l'intermédiaire de Leonid Mikhelson, lorsqu'il est devenu actionnaire de Novatek. Et bien sûr Total pratique Gunvor depuis longtemps pour ses activités de trading. Dans son univers à lui, Guennadi a sa forme de sincérité. Quand il dément avec véhémence sa proximité avec le président, c'est parce qu'il considère que ses relations personnelles doivent rester personnelles... En fait, il protège le président[2]... »

En 2013, Guennadi Timtchenko a été décoré de la Légion d'honneur en récompense des services rendus à Total dans l'affaire Novatek[3]. Son intérêt pour la France est récent. Élu président du conseil économique de la chambre de commerce franco-russe, il finance des manifestations culturelles et un observatoire franco-russe qui, sous la direction d'Arnaud Dubien, publie un rapport annuel très complet[4]. Attendu à cette occasion à Paris en avril 2014, Timtchenko a préféré annuler sa visite malgré l'insistance de Margerie – il craignait, confie ce

---

1. *Die Welt*, 12 novembre 2007.
2. Entretien, Paris, 11 juillet 2014.
3. *Le Monde*, 12 juillet 2013.
4. Entretien, Paris, 28 février 2014.

dernier, d'être alpagué par les autorités françaises... à la manière russe, en somme !

Résident genevois depuis une quinzaine d'années, Timtchenko est de plus en plus souvent à Moscou. Maintenant que les études de ses enfants sont terminées, prétendent ses proches sans convaincre personne... Selon le quotidien russe *Vedomosti*, la curiosité des juges genevois au sujet de ses affaires congolaises, les soupçons de la justice américaine sur d'éventuelles manipulations des cours du pétrole ne seraient pas étrangers à ce retour au pays[1]. Le président lui-même n'encourage-t-il pas fortement les hommes d'affaires russes à faire montre de plus de patriotisme et à investir en Russie ? Le chantier gigantesque des JO de Sotchi offre de belles opportunités. À travers STG Group, son affaire de travaux publics, Timtchenko acquiert 15,75 % de SK Most – la société obtiendra un contrat de construction d'autoroutes sur le site olympique pour un montant de 1,8 milliard de dollars[2].

Timtchenko a organisé son retour sur la scène russe. Sortant de sa prudence coutumière, il a fait la couverture de *Forbes Russia* en octobre 2012 et raconté son parcours – un récit qui ne manque ni de truculence, ni de zones d'ombre. Il a dû aussi accorder ses violons avec son rival de toujours – Igor Setchine.

La presse russe daube volontiers, tout en restant prudente, sur les « deux plus vieux amis de Saint-Pétersbourg

---
1. Forbes.ru, 26 octobre 2012.
2. *Le Temps*, 9 janvier 2014.

de Vladimir Poutine ». Tant que Setchine agissait pour le compte du gouvernement et que Timtchenko vendait du pétrole à partir de la Suisse, il n'y avait pas de conflit visible entre eux, peut-on lire, même si l'entourage du premier se plaignait de voir Timtchenko devenir un « milliardaire légal » pendant que Setchine consacrait ses jours et ses nuits aux affaires publiques. Pourtant, en 2004, lors de l'éclatement du groupe Ioukos au profit de Setchine, le chiffre d'affaires de Gunvor va exploser – Rosneft lui confiant sans appel d'offres la totalité de ses exportations[1].

À l'automne 2012, quand Timtchenko annonce son retour en Russie, le conflit s'envenime. Pour la première fois, Gunvor n'obtient pas le marché d'exportation de Rosneft, ni ceux de Sourgoutneftegaz et de TNK-BP, contrôlés par Setchine. Ce dernier critique publiquement le comportement de son rival dans la filière du gaz, qu'il exporte sans réinvestir[2].

Au printemps 2014, renversement de situation. Selon *Kommersant*, Gunvor, désormais la propriété du seul partenaire suédois de Timtchenko, pourrait être rachetée par Rosneft, c'est-à-dire par Setchine. D'après le quotidien économique – qui appartient à un autre oligarque, Vladimir Potanine –, l'idée de revendre Gunvor date de 2013, mais l'annonce des sanctions américaines a précipité la décision[3].

La crise russo-ukrainienne atteint aussi les intérêts de Timtchenko sur un autre front : le projet de gazoduc

---

1. *The Economist*, 5 mai 2012.
2. *Vedomosti*, 7 novembre 2012.
3. Awp, AFP, Moscou, Genève, 21 mai 2014.

SouthStream, qui doit relier la Russie à la Bulgarie par la mer Noire en contournant l'Ukraine. Le consortium mené par sa société Stroytransgaz a été choisi pour construire le tronçon bulgare – mais elle est elle aussi sur la liste des sanctions occidentales[1]. Malgré les protestations russes, la Commission de Bruxelles – en l'occurrence le commissaire français Michel Barnier, alors en charge du marché intérieur – a décidé de geler le projet[2].

Il faut consoler Guennadi Timtchenko. Vladimir Poutine le nomme co-président du nouveau Conseil russo-chinois. Une manière de signifier aux Occidentaux qu'en humiliant l'un des siens, ils l'encouragent à le promouvoir.

Dans un entretien accordé à la chaîne de télévision Rossia au moment de la signature du contrat gazier avec Pékin, l'oligarque met en garde l'Europe : ce contrat, dit-il, « montrera aux Européens que nous avons la capacité d'agir et que la région Asie-Pacifique représente un très fort potentiel. En Europe, malheureusement, on a une compréhension médiocre de la situation... Les responsables politiques ont un comportement à très courte vue[3]. »

En août 2014, il se fait plus explicite encore : « Jamais les milieux d'affaires n'influenceront Vladimir Poutine, déclare-t-il à l'agence de presse Itar-Tass. Vladimir Vladimirovitch ne pense qu'aux intérêts de la Russie. »

---
1. AFP, 27 mai 2014.
2. Entretien, Aix-en-Provence, 6 juillet 2014.
3. Reuters, 12 avril 2014.

Point barre. Il ne peut y avoir de compromission sur cette question. Et il ne nous traverserait même pas l'esprit d'en parler... » Précisant que lui-même utilise désormais une carte de paiement chinoise plutôt qu'américaine maintenant que Visa et Mastercard entrent dans le champs des sanctions, il ajoute : « Il est naïf de penser qu'avec de telles méthodes on nous fera peur ou on nous forcera à reculer[1]. »

Le premier cercle des oligarques qui entourent le maître du Kremlin a pour épicentre Saint-Pétersbourg. C'est là, au fil du temps, que se sont forgées les amitiés et les loyautés sur des terrains très divers, y compris sur le tatami. Vladimir Poutine et Arkadi Rotenberg se sont connus à Leningrad quand ils traînaient, enfants, dans les rues du même quartier. Très fort en judo, Arkadi initie son copain, au point d'être présenté comme son entraîneur quand ce dernier accédera à des fonctions importantes à la mairie de Saint-Pétersbourg.

En 1998, Guennadi Timtchenko, propriétaire du premier restaurant japonais de la ville, fonde avec quelques amis un club de judo qui deviendra célèbre : le Iavara-Neva. La direction en est confiée à Arkadi Rotenberg, Poutine en devient président d'honneur. « Un club neuf fois champion d'Europe ! » se félicitera Timtchenko, tout en se défendant comme à l'accoutumée de la moindre proximité avec le maître du Kremlin[2].

---
1. *Le Figaro*, 4 août 2014.
2. Forbes.ru, 26 octobre 2012.

Dans ses rares propos publics, Rotenberg adoptera la même attitude. S'il rencontre parfois le président, prétend-il, ils ne parlent jamais d'affaires, uniquement de sport et surtout de hockey sur glace – une autre passion commune[1]. Arkadi préside le HK Dinamo – Timtchenko le SKA Saint-Pétersbourg[2].

Arkadi Rotenberg et son frère cadet Boris comptent aujourd'hui parmi les hommes d'affaires les plus influents de Russie. À la tête de SGM Group, ils sont présents dans la banque, les travaux publics et les tuyaux métalliques indispensables au transport du pétrole et du gaz – à ce titre ils sont les premiers fournisseurs de Gazprom dont les besoins sont illimités et les prix modulables selon les liens d'amitié. Plus on est proches, plus on fait payer cher. La fortune d'Arkadi, qui aurait été multipliée par quatre en trois ans, s'élèverait selon *Forbes* à 4,2 milliards de dollars, celle de son frère à 1,7 milliard[3].

Quand seront octroyés les contrats pour préparer Sotchi aux Jeux olympiques d'hiver, les sociétés d'Arkadi Rotenberg seront privilégiées dans différents secteurs. Routes, centrale électrique, remontées mécaniques, gazoduc – vingt et un contrats obtenus sans appel d'offres pour un montant global de 7,36 milliards de dollars selon le magazine *Forbes* – la facture la plus élevée de toutes celles que présentent les oligarques.

---

1. *Financial Times*, 12 novembre 2012.
2. *Courrier de Russie*, 26 juillet 2012.
3. *Les Échos*, 3 avril 2014.

En juillet 2014, l'avocat Alexeï Navalny, qui a fait de la lutte contre la corruption l'axe de sa campagne contre le régime, parvient à publier sur son blog des photos aériennes de deux propriétés à Joukovka, un village près de Moscou. Les deux palais, qui se font face, avec jardins à la française et murs d'enceinte, appartiendraient aux Rotenberg[1].

Dès mars 2014, Arkadi et Boris figurent en bonne place sur la liste des sanctions infligées par Washington en rétorsion de la politique russe en Ukraine. Ils n'en seront guère affectés. Leur banque pourra continuer ses transactions avec les systèmes de paiement Visa et MasterCard[2]. Leur partenariat avec le groupe français Vinci pour la construction de l'autoroute Moscou-Saint-Pétersbourg n'est pas remis en cause. La seule incertitude concernera les concerts de Miley Cyrus et Justin Timberlake à Helsinki – organisés par un promoteur américain, ils doivent avoir lieu dans un stade dont les Rotenberg sont copropriétaires avec Guennadi Timtchenko, le Hartwall Arena[3].

Fin juillet 2014, c'est au tour de Bruxelles de geler les avoirs d'Arkadi Rotenberg, frappé par la troisième salve de sanctions européennes. Il ne fera aucun commentaire.

Un autre vieil ami de Vladimir Poutine, qui a poursuivi une longue carrière militaire, notamment dans l'espionnage industriel, manifeste un flegme identique

---
1. *Notre temps,* AFP, 9 juillet 2014.
2. Reuters, 23 mars 2014.
3. *Financial Times,* 2 avril 2014.

vis-à-vis des sanctions américaines et européennes qui le visent. Sergueï Chemezov vivait à Dresde au début des années 1980 dans le même immeuble que son camarade Vladimir. Longtemps à la tête de Rosoboronexport, une agence d'exportation d'armes aux activités obscures, il est aujourd'hui le directeur général de Rostec – un organisme quasi gouvernemental qui supervise le développement des industries de haute technologie. Rostec est un partenaire privilégié de Boeing, en particulier pour ses pièces en titane. « Ces sanctions vont à l'encontre du développement bien compris de l'économie globale et endommagent les relations technologiques entre partenaires performants », déclare sobrement dans un communiqué cet homme qui passe pour un maniaque du secret[1]. Chemezov, décoré de la Légion d'honneur, est aussi le partenaire de Renault en Russie[2].

On le surnomme le « banquier personnel de Poutine ». Iouri Kovaltchouk fait partie, depuis 1996, de la coopérative créée par une petite banque de copains de Saint-Pétersbourg qui ont pu, à l'époque, s'offrir des datchas dans la même région voisine de Carélie. Ozero – « le lac », en l'occurrence le lac Komsomolski – compte parmi ses membres un certain Vladimir Poutine et six autres amis. À quelques-uns, ils vont prendre le contrôle d'une petite banque, AKB Rossia, fondée en 1990 pour héberger les fonds du parti communiste et du KGB.

Une fois Poutine au Kremlin, la banque va grossir spectaculairement en absorbant différentes activités

---

1. *The New York Times*, 30 avril 2014.
2. *Les Échos*, 23 mars 2014.

jusque-là nichées dans le giron du mastodonte Gazprom – notamment Sogaz, une compagnie d'assurances, et le plus grand fonds de pension russe, Gazfond. Timtchenko entre lui aussi au capital de Rossia. En 2007, c'est au tour de Gazprombank, la puissante filiale bancaire du groupe gazier, de se délester à son profit d'un ensemble de chaînes de télévision et de journaux – NTV, TNT, Izvestia – qui avaient appartenu en d'autres temps à des oligarques déchus. Un apport utile à la veille de la campagne électorale de 2008, pour laquelle le président sortant a besoin de munitions. En septembre 2014, on apprendra la nomination à la tête du conseil d'administration du Groupe national médiatique (NGM) d'une jolie brune de trente et un ans, a priori peu préparée à occuper ce poste puisqu'elle est championne olympique de gymnastique rythmique. Mais on prête à Alina Kabaeva, déjà députée à la Douma, une relation privilégiée avec le maître du Kremlin[1].

Voici donc Iouri Kovaltchouk, né à Leningrad en 1951 dans une famille d'historiens, ingénieur, spécialiste des semi-conducteurs, projeté dans un univers auquel rien ne le prédestinait. Resté longtemps dans l'ombre, gardant profil bas, il est aussi l'un des fondateurs de la société Corporation STRIM, chargée de la vente à l'étranger de matières premières stratégiques. Il pèserait aujourd'hui près de 2 milliards de dollars.

Devenu le véritable propriétaire de la banque Rossia, qui possède aussi divers actifs industriels[2], Kovaltchouk

---

1. *Le Monde*, 17 septembre 2014.
2. *Russki Forbes*, n° 8, 2008.

est aujourd'hui le seul oligarque à la tête d'un véritable empire médiatique – une façon pour le Kremlin de tenir journaux et télévisions sous contrôle.

Son frère Mikhaïl, lui aussi diplômé de physique, nommé en 2001 conseiller en sciences et hautes technologies au Kremlin, est à l'origine de l'un des rares camouflets subis récemment par Vladimir Poutine. « Le président voulait le nommer à la tête de l'Académie des sciences, raconte le politologue Ivan Krastev. Selon les statuts, il devait d'abord en être membre. Mais à deux reprises les académiciens ont rejeté sa candidature. Alors Poutine, vexé, a décidé de démanteler l'Académie, pourtant l'une des rares institutions respectées de Russie[1]... » Commentaire de Kovaltchouk confié au site Gazeta.ru : « L'Académie est immanquablement condamnée à périr, tout comme l'Empire romain[2]. » L'homme de l'ombre n'hésite plus à afficher la morgue que nourrit chez certains la proximité du pouvoir.

En mars 2014, Iouri Kovaltchouk et sa banque Rossia figurent sur la liste de la deuxième vague de sanctions décidées par l'administration Obama contre l'entourage de Vladimir Poutine.

Fin juillet, Bruxelles ajoute son nom à ceux des personnalités interdites de visa et de transactions dans l'espace de l'Union européenne, tout comme un autre actionnaire important de la banque, Nicolaï Chamalov[3].

---
1. Entretien, Barcelone, 1er mai 2014.
2. Gazeta.ru, 29 août 2013, rapporté par *Le Monde*, 22 mars 2014.
3. *Le Monde*, 1er août 2014.

La banque n'est que le dix-septième établissement du pays, mais elle est considérée par le Trésor américain comme « la banque personnelle des officiels russes ». Voilà ses clients interdits de transactions par cartes de crédit Visa et MasterCard, et la banque contrainte d'arrêter toutes ses opérations en devises étrangères[1].

Le Kremlin riposte en publiant sa propre liste de sanctions contre diverses personnalités américaines, dont le sénateur John McCain – lequel ne risque pas d'avoir à réaliser des opérations en roubles. « Nous allons créer notre propre système de paiement électronique ! » ajoute Vladimir Poutine, qui annonce haut et fort qu'en guise de compensation il va ouvrir un compte personnel à la banque Rossia.

Il fait lui aussi partie du club « du Lac », des actionnaires fondateurs de la même banque, des familiers de Vladimir Poutine depuis vingt-cinq ans, et il est aussi ciblé par Washington.

Vladimir Ivanovitch Iakounine appartient au premier cercle des oligarques d'État apparus au tournant des années 2000. Mais son parcours est autrement révélateur des valeurs et de l'idéologie qui rassemble les fidèles autour du maître du Kremlin.

Fils d'un aviateur garde-frontière, lui-même membre du KGB, basé en Estonie, il a longtemps fait partie des éléments d'élite du principal service de renseignement d'URSS. Membre de la première division du KGB, parmi les plus secrètes, il est envoyé en 1985 auprès de la représentation soviétique de l'ONU à New York

---

1. *The Economist*, 19 avril 2014.

– le centre nerveux de l'espionnage russe aux États-Unis. À la mort de l'URSS, il rentre à Saint-Pétersbourg et se lance dans les affaires aux côtés de Iouri Kovaltchouk, son camarade d'université.

Désormais dans l'orbite de Vladimir Poutine, Iakounine est nommé en 2005 le patron des chemins de fer – 1,3 milliard de passagers, 1,2 million de salariés, 85 500 kilomètres de voies, le plus gros réseau public au monde, l'unique mode de transport et de communications à l'échelle de la Fédération de Russie.

C'est un général à la tête d'une véritable armée – tout son personnel est en uniforme. Chaque année à Pâques il va à Jérusalem recevoir le feu sacré du patriarche orthodoxe et le ramène en grande pompe à Moscou. « Président de la Fondation André le premier appelé (Andreï Pervozvanny), raconte Marie Jégo, correspondante du *Monde* à Moscou, il organise des tournées de reliques à travers la Fédération, comme en 2011, lorsque des centaines de milliers de personnes firent jusqu'à 24 heures de queue pour embrasser la "ceinture de la Vierge Marie", transportée pour l'occasion du mont Athos, en Grèce, à Moscou puis dans treize villes de province[1]. »

Vladimir Ivanovitch se veut le grand pourfendeur de cet Occident décadent, qui promeut l'homosexualité, tolère les Pussy Riot et couronne Conchita Wurst, transsexuel barbu, au dernier concours de l'Eurovision – de « l'ethno-fascisme ! », s'exclame-t-il en mai 2014[2].

---

1. *Le Monde*, 25 novembre 2013.
2. *Financial Times*, 15 mai 2014.

« Politologue à ses heures, poursuit Marie Jégo, il est le coauteur d'un livre édifiant (*Les Nouvelles Technologies de lutte contre l'idéologie de l'État russe*, publié par Eksmo en 2010) où il révèle les "guerres de réseaux" menées selon lui par l'Occident contre la Russie. On y apprend que Jean Paul II voulait "la ruine" de l'Église orthodoxe, tandis que la propagation du virus du sida ainsi que l'apparition des mouvements de la cause homosexuelle n'étaient que le début de la "guerre démographique" programmée depuis un bunker de la CIA[1]. »

En juin 2013, la réputation du parangon des valeurs de l'orthodoxie chrétienne subit un sérieux accroc. L'opposant Alexeï Navalny publie sur Internet des photos de sa demeure – un palais à Akoulinino, près de Moscou, situé sur un terrain de 14 hectares, servi par 30 domestiques, avec un sauna de 1 400 mètres carrés, une piscine de 50 mètres de long, un espace de prière et un réfrigérateur à fourrures. Cette dernière précision fait beaucoup jaser. Valeur estimée : 57 millions d'euros. On apprend aussi que le fils Iakounine est propriétaire à Londres d'une autre résidence de luxe. Iakounine devient la caricature de la corruption des élites que Vladimir Poutine avait juré d'éradiquer.

Les rumeurs courent à Moscou sur son éviction par le Premier ministre Medvedev – quelques jours plus tard, il est confirmé dans ses fonctions par le président Poutine.

À Paris, on fait les yeux doux au patron des chemins de fer russes. Coprésident du dialogue franco-russe aux côtés du député UMP Thierry Mariani, officier

---

1. *Le Monde*, 25 novembre 2013.

de la Légion d'honneur, il représente évidemment un client majeur pour Alstom, qui lui vend ses locomotives, pour Bouygues, pour la SNCF, sur les rangs pour construire des TGV[1] – le programme de modernisation de la compagnie russe prévoit 2 500 km de lignes à grande vitesse à installer avant la Coupe du monde de football de 2018[2].

Le personnage ne manque pas de savoir-faire. « Il est le grand fournisseur de trains garnis ! » lance un de ses interlocuteurs français qui, pour avoir résisté à ses propositions, n'en veut pas moins rester anonyme. Garnis ? De toutes sortes de choses et de créatures consommables, laisse-t-il entendre...

Plus convenable, Iakounine, président du conseil d'administration du Centre de la gloire nationale créé par Vladimir Poutine, finance chaque année à Rhodes un « dialogue des civilisations » très couru. Il serait aussi l'un des bailleurs de fonds de la gigantesque cathédrale orthodoxe dont le projet, quai Branly à Paris, fait l'objet de nombreuses polémiques.

Anne-Marie Idrac, présidente de la SNCF de 2006 à 2008, est membre du conseil d'administration de la filiale voyageurs des chemins de fer russes. Elle dresse de lui un portrait haut en couleur : « C'est un personnage absolument flamboyant, très extraverti, pas du tout l'idée qu'on se fait d'un ancien membre du KGB... Il m'aime bien parce que je l'ai aidé à obtenir la présidence de l'Union internationale des chemins de fer, ce qui me paraissait légitime, et parce qu'il tenait absolument à

---

1. *Les Échos*, 23 avril 2014.
2. *Le Monde*, 25 novembre 2013.

rétablir des trains entre Moscou et Nice ! Comme au temps des tsars ! Malgré un changement à Berlin et trois jours de voyage, on y voit des clients comme il les aime – des anciens combattants, des veuves du Caucase qui tapent le carton... Dans le business, Iakounine se comporte de façon assez détachée, même s'il prend soin d'afficher des méthodes de gestion et de comptabilité à l'américaine. Il soigne son image d'homme de culture, qui fait beaucoup pour la musique à Saint-Pétersbourg, surtout la musique religieuse. Il a développé les activités caritatives de sa société au nom des valeurs chrétiennes. Il est très obsédé par les questions qui touchent au patriotisme et à la famille... Au moment du vote en France de la loi sur le mariage gay, je m'en souviens, il m'a présenté ses condoléances les plus émues ! Somme toute, un personnage assez sympathique, mais difficile à décrypter[1]... »

La crise en Ukraine va exacerber les convictions nationalistes et anti-occidentales de Iakounine. Dans un entretien au *Financial Times*, il n'hésite pas à dénoncer la main d'une « oligarchie financière globale » qui aurait orchestré la violence en Ukraine pour mieux détruire la Russie. « On connaît le scénario de la CIA qui favorise l'idée d'un gouvernement mondial dominé par les États-Unis. On l'a vu en Irak, en Afghanistan, en Yougoslavie et en Afrique du Nord. Aujourd'hui cette doctrine touche aux frontières de l'Ukraine... L'Occident a sans cesse remis en cause sa promesse de ne pas encercler la Russie en enrôlant les pays voisins

---

1. Entretien, Deauville, 30 juin 2014.

dans l'Otan... Washington continue la guerre froide et veut émasculer la Russie. Les sanctions sont d'une importance secondaire[1]. »

On ne saurait mieux résumer la pensée de Vladimir Poutine lui-même.

---

1. *Financial Times*, 7 mars 2014.

14

Le système Poutine

Le 17 juillet 2014, dans l'après-midi, un Boeing 777 de la Malaysian Airlines s'écrase à Grabovo près de Donetsk, dans l'est de l'Ukraine. Les 298 passagers ont péri. Volant dans son couloir aérien à l'altitude réglementaire, l'appareil a été abattu par un missile sol-air. Quelques heures plus tard, le vice-président américain, Joe Biden, dénonce un tir des séparatistes pro-russes – ils disposent d'armements de ce type fournis par Moscou. Le président ukrainien Petro Porochenko condamne « cet acte terroriste ». Ses services diffusent l'enregistrement de conversations entre un commandant rebelle et des officiers russes du renseignement militaire où il est question d'un avion abattu – les semaines précédentes, trois appareils transportant des troupes ukrainiennes avaient été abattus. Le chef militaire des séparatistes, un ancien du GRU, le renseignement militaire russe, s'en réjouit sur les réseaux sociaux, avant que ses messages n'en soient soigneusement effacés. Les boîtes noires de l'appareil sont récupérées par ses hommes puis remises aux enquêteurs internationaux, empêchés pendant plusieurs jours d'accéder au lieu de la tragédie.

Après un temps d'attente, Vladimir Poutine, dans un communiqué, renvoie vertement l'accusation au gouvernement de Kiev. Sans nier que le missile pourrait être de fabrication russe, il affirme que « cette tragédie n'aurait jamais eu lieu si la paix avait régné dans ce pays, si les opérations militaires n'avaient pas repris dans le sud-est de l'Ukraine[1] ». Le lendemain, Barack Obama affirme avoir les preuves que le missile a bien été tiré d'une zone contrôlée par les séparatistes, et qu'il fait partie de l'arsenal fourni par la Russie. À Moscou, les scénarios les plus fous commencent à circuler – les Ukrainiens auraient abattu l'appareil en pensant qu'il s'agissait de celui du président russe…

À coup de déclarations véhémentes, de désinformation et de rumeurs contradictoires, la guerre des mots couvre de son vacarme les débris fumants des corps et des tôles calcinés.

Huit mois après les premières manifestations de la place Maïdan et le déclenchement de la crise, jamais le conflit russo-ukrainien n'a autant ébranlé la communauté internationale – jamais depuis la fin de la guerre froide, vingt-cinq ans auparavant, le fossé entre le Kremlin et les Occidentaux n'a paru aussi profond.

La mort dans le ciel d'Ukraine des 298 passagers d'un avion de ligne a provoqué en Europe une émotion considérable. Aux Pays-Bas, dont la majorité des victimes étaient des ressortissants, en Allemagne, dans la plupart des pays européens dont les milieux d'affaires résistaient à tout durcissement à l'égard de Moscou, le climat a changé.

---

1. *Le Monde*, 18 juillet 2014.

LE SYSTÈME POUTINE

La veille de la catastrophe, Washington annonçait une nouvelle série de sanctions financières contre des proches du président russe et des établissements bancaires majeurs. La Gazprombank et la VEB n'auront plus accès aux relais de financement à long terme des marchés occidentaux. GB, contrôlée à 36 % par Gazprom, est le troisième prêteur du pays. Quant à la VEB, la banque publique de développement, elle joue un rôle central dans l'économie russe : impliquée dans tous les grands projets d'infrastructures, c'est elle qui arrive en renfort des oligarques en cas de besoin – lors de la crise financière de 2008-2009, et le renflouement de quelques grands groupes enlisés dans les JO de Sotchi[1].

De son côté l'Union européenne réagit à la destruction du vol MH17 avec une cohésion inhabituelle. Si Paris et Londres chicanent avec hypocrisie sur leurs contrats d'armement respectifs avec la Russie – Mistral d'un côté, armes à feu de l'autre –, la troisième salve de sanctions, fin juillet 2014, vise les banques publiques russes et gèle l'accès aux technologies de pointe dans différents domaines – seul le secteur du gaz n'est pas affecté, l'Europe demeurant trop dépendante de l'approvisionnement russe.

Le Japon se joint à son tour aux sanctions en publiant la liste de quarante individus et de deux groupes industriels dont les avoirs dans l'archipel sont gelés.

En guise de rétorsion, Moscou annonce son intention d'interdire les six plus grandes sociétés occidentales de conseil et d'audit. Puis, en août 2014, un boycott des importations alimentaires en provenance de l'Union Européenne, des États-Unis, du Canada, d'Australie et

---

1. *Financial Times*, 17 juillet 2014.

353

de Norvège est mis en place. Une mesure à risques pour le Kremlin – la Russie importe 35 % de sa consommation alimentaire, dont 10 % de l'Union européenne, à la satisfaction d'une classe moyenne qui y a pris goût. Mais c'est aussi l'occasion d'en appeler au patriotisme papillaire – une occasion unique, proclament les médias sous contrôle, de favoriser les productions locales[1]. Tant pis pour McDonald's, dont l'apparition place Pouchkine à Moscou en 1990 avait symbolisé l'ouverture du pays : voilà ses établissements fermés « pour raisons sanitaires ».

D'un côté la rétorsion, de l'autre la transgression : l'engrenage peut devenir fatal dans un système mondialisé où tant d'intérêts croisés sont en cause. En Europe, l'inquiétude grandit à l'idée des répercussions sur la croissance et les échanges commerciaux. La place financière de Hong Kong est assaillie par les firmes russes qui tentent de trouver une alternative au dollar américain. À Moscou, la fuite des capitaux se confirme, la Bourse souffre, l'inflation atteint 7,5 %, la récession menace, mais le président russe n'en a cure. Son taux de popularité n'a jamais été aussi élevé – 87 %, vingt deux points de mieux qu'en début d'année. À Moscou comme sur les plages de Crimée, on arbore des tee-shirts à sa gloire. « Ils leur font peur avec des sanctions ? » interroge, ironique, la légende accompagnant les visages hilares de Poutine et de Medvedev, pour une fois associés.

Dans l'est de l'Ukraine, civils, milices et mercenaires de tous bords continuent de mourir par centaines. Les réfugiés errent sans assistance. Des charniers sont

---

1. *Le Monde*, 13 août 2014.

découverts près des localités dégagées par les partisans de Kiev. Mieux encadrée, conseillée vraisemblablement par des Américains restés discrets, l'armée ukrainienne est passée à l'offensive. Les séparatistes perdent du terrain et appellent Moscou au secours. 45 000 soldats russes sont massés de l'autre côté de la frontière. Les médias continuent avec ardeur d'exalter la ferveur nationaliste. Les réseaux sociaux encouragent les volontaires à rejoindre la lutte contre « les fascistes ».

Pris à son tour dans le guêpier du Donbass, Vladimir Poutine a-t-il du mal à se déjuger vis-à-vis de son opinion publique, à raisonner les chefs autoproclamés des milices prorusses, ou trouve-t-il son intérêt à alimenter à petit feu un conflit qui affaiblit le gouvernement de Kiev, désormais arrimé à l'Union européenne par un partenariat économique ?

Tous ses proches sont maintenant frappés par les sanctions occidentales, avec gel de leurs avoirs et interdiction de se déplacer – les plus hauts fonctionnaires de son administration, mais surtout ces oligarques avec lesquels il a cimenté son pouvoir et son contrôle de l'économie russe : Igor Setchine, Guennadi Timtchenko, Alexei Miller, Iouri Kovalchouk, Arkadi Rotenberg, Vladimir Iakounine... Depuis l'annexion triomphale de la Crimée, le maître du Kremlin n'en a tenu aucun compte. Et il insiste en toutes occasions sur la solidité de ses liens avec Pékin.

« Washington et Bruxelles font une incroyable erreur d'interprétation en sanctionnant quelques oligarques proches du Kremlin. » Crinière et barbe rousses, Fiodor Loukianov, le brillant directeur de la revue russe de géopolitique, *Russia in Global Affairs*, cultive le franc-parler qui sied aux colloques occidentaux, mais ses propos reflètent bien les vues du pouvoir à Moscou. En juin 2014, à Rome, à la réunion du Conseil européen des relations internationales, il ne cache pas sa stupéfaction en écoutant ses collègues occidentaux. « Comment peut-on imaginer que les oligarques sont en mesure d'influencer Poutine et de le faire changer de politique ? Ce groupe aujourd'hui est très différent des hommes d'affaires des années 1990, ou même des oligarques ukrainiens. Certes, ce sont pour la plupart des milliardaires transnationaux, mais leur fortune n'existe qu'en fonction des sociétés qu'ils dirigent, et leur autorité est à la merci du Kremlin. La plupart de ces hommes sont des anciens du KGB. Poutine peut très bien leur dire : tu es un grand entrepreneur, d'accord, mais souviens-toi, tu es un général trois étoiles des services de sécurité, et la patrie a besoin de toi. La seule réponse possible ? Oui, chef[1] ! »

La fortune personnelle de Vladimir Poutine, imbriquée dans les affaires les plus juteuses de ce nouveau capitalisme d'État, fait l'objet d'estimations extravagantes – entre quarante et soixante-dix milliards de dollars selon certaines enquêtes américaines. Son palace au bord de la mer Noire, dont le Kremlin, contre toute évidence, dément l'existence, aurait coûté un milliard de dollars[2]. Lui qui avait déclaré à son arrivée au pouvoir « qu'il veut éliminer les oligarques en tant que classe[3] »

---

1. Entretien, Rome, 13 juin 2014.
2. *Enjeux les Échos*, février 2014 et *L'Opinion*, 5 mai 2014.
3. *Le Monde*, 8 juillet 2014.

a désormais partie liée avec les quelques hommes qui contrôlent l'essentiel de l'économie russe.

« Contrairement aux oligarques précédents, qui sont partis avec leurs avoirs, reprend Fiodor Loukianov, ceux-ci considèrent que leur fortune personnelle est un cadeau de la mère patrie... Dans notre culture collective, les entreprises publiques, même sous la coupe de ces milliardaires, sont perçues comme restant au service de tous. Il y a des scandales, bien sûr, les maisons, le train de vie – Alexeï Navalny a su très bien s'en servir dans ses campagnes anticorruption –, mais Poutine n'est pas perçu comme un otage des oligarques. Au contraire, depuis Khodorkovski, ils lui savent gré de les avoir domptés – et d'avoir évité à la Russie la situation de l'Ukraine aujourd'hui. Imaginez notre pays déchiré entre des appétits privés, comme c'est le cas à Kiev ! Voilà un formidable argument pour la propagande du Kremlin : vous voyez, là-bas tout s'est écroulé, mais les oligarques tiennent bon et ils se sont même emparés de la présidence[1] ! »

Quelques mois plus tôt, au printemps 2014, alors qu'à Kiev les manifestants de la place Maïdan n'ont pas encore rangé drapeaux et braseros, un homme à l'allure discrète, une casquette de cuir sur la tête, est venu les haranguer en russe : « J'ai vu vos boucliers de fortune avec lesquels vous avez fait face aux balles des armes automatiques, lance Mikhaïl Khodorkovski. J'ai eu envie de pleurer [...] Je veux que vous le sachiez : il existe une Russie complètement différente de celle de Poutine !

1. Entretien, Rome, 13 juin 2014.

Je crois que la Russie et l'Ukraine ont les mêmes perspectives de développement européen. Bonne chance[1] ! »

Depuis sa libération en décembre 2013, Mikhaïl Khodorkovski mène près de Zurich, en Suisse, une vie plutôt discrète : peu de déclarations et d'apparitions publiques. À la mort de sa mère à Berlin, en août 2014, il se contente sur son site de rappeler à quel point elle avait incarné toute sa vie la lutte contre l'arbitraire d'un régime policier. Mais il suit de très près les affaires russes. À Kiev, en avril 2014, sa fondation « Russie ouverte » a organisé une rencontre houleuse entre intellectuels ukrainiens et quelques personnalités russes d'opposition – ces derniers ayant fini par claquer la porte. À Moscou, on l'accuse de trahison et de velléités politiques sans lendemain.

Celui qui demeure l'oligarque le plus emblématique et la victime expiatoire du système russe ne croit pas non plus à l'efficacité de la politique occidentale. « Poutine se fout des sanctions, confie-t-il en juin 2014 à Piotr Smolar, du *Monde*. Il se moque de son entourage. Vous, vous vivez dans une société démocratique où l'entourage participe aux décisions. Dans une société totalitaire, le dictateur n'a que faire des intérêts de son entourage, surtout des personnages n'appartenant pas à l'appareil sécuritaire[2]… »

Jamais Européens et Américains n'ont aussi mal compris la Russie de Vladimir Poutine. À en croire Loukianov, dont la revue de politique étrangère apporte régulièrement des éclairages intéressants sur la vision du monde entretenue

---

1. *Moskovski Komsomolets*, cité dans *Courrier international*, 10 novembre 2014.
2. *Le Monde*, 7 juin 2014.

par le Kremlin, les Occidentaux sont prisonniers d'une illusion d'optique : « Notre Président vous obsède, vous avez tort de le diaboliser ! Analysez donc vos propres erreurs, et vous verrez que sa logique n'est pas tellement imprévisible... En Ukraine, vous autres Occidentaux, vous avez franchi la ligne rouge. Vous n'avez pas compris l'importance stratégique du pays aux yeux de Moscou. Depuis ce que vous avez appelé la fin de la guerre froide, nous ne voyons pas la réalité de la même manière. Pour nous, ce n'était pas une vraie guerre, et il n'y a pas eu vraiment de paix. Nous n'avons jamais été d'accord avec ces règles auxquelles l'Occident confère une valeur universelle. On y a cru, nous aussi, à l'époque du romantisme démocratique, avec Gorbatchev. Ça n'a pas duré. La Russie veut détruire le monopole des États-Unis sur le droit international. On a vu ce que vous avez fait au Kosovo, en Libye... Ce nouvel ordre mondial que Washington s'est arrogé le droit d'imposer au monde, ce n'est pas le nôtre. Et votre Union européenne en fait partie[1]. »

Tout au long de la crise ukrainienne, Vladimir Poutine a dérouté les Occidentaux et imposé son tempo. Faisant fi des mises en garde et des indignations verbales, il a annexé la Crimée, modifiant une frontière européenne par la force pour la première fois depuis 1945. Qui ira mourir pour l'Ukraine ? Depuis plusieurs générations maintenant, l'Europe s'est construite sur la paix et la prospérité – seules les guerres yougoslaves ont troublé cette tranquillité à la fin du siècle dernier, et l'indépendance du Kosovo reste pour le Kremlin un affront. Le président russe sait aujourd'hui les divisions des Européens, leur

---

1. Entretien, Rome, 13 juin 2014.

pusillanimité, l'affaiblissement de Washington et d'un Barack Obama avec lequel il n'a jamais fait semblant d'entretenir des relations de confiance – depuis les atermoiements du président américain au sujet de la Syrie, elles sont maintenant proches du mépris.

Au milieu de l'été, Vladimir Poutine exerce à sa façon ce droit d'ingérence humanitaire qu'il a tant combattu à l'ONU et ailleurs. Le 12 août 2014, un pope bénit à grands coups d'encensoir la file de camions qui s'ébranlent de Moscou. 280 véhicules, frappés de l'aigle à deux têtes et du drapeau russes, conduits par des hommes en uniforme beige, prennent la direction de la frontière ukrainienne. À bord, proclame le Kremlin, 2 000 tonnes de vivres et de matériel médical pour alléger les souffrances des populations victimes des combats à l'est de l'Ukraine, surtout à Louhansk, place forte des séparatistes, encerclée par l'armée. À Bruxelles, au siège de l'Otan comme de l'Union européenne, on redoute à haute voix la mascarade – une invasion militaire sous couvert d'assistance humanitaire. Le prétexte avait déjà été utilisé par Moscou en 2008, lors de l'intervention en Géorgie. En accord avec Barack Obama, le président Porochenko exige que la Croix-Rouge internationale prenne en charge les opérations, faute de quoi ses soldats interdiront le passage. Refuser de secourir les femmes, les enfants, les blessés ? L'Europe a beau déployer son propre programme d'aide, elle serait donc bien ce monstre qui ne cherche qu'à nuire au monde russe, comme l'affirme à l'envi la propagande du régime... Une trentaine de camions traverseront la frontière dans la confusion et livreront leur cargaison avant de rebrousser chemin. L'opération de bienfaisance – et de communication – a réussi.

LE SYSTÈME POUTINE

Ivan Krastev, directeur du Centre de stratégie libérale à Sofia, et l'un des plus fins experts du monde postcommuniste, en est convaincu : la myopie de l'Europe est encore plus préoccupante que le nombrilisme de Washington : « Poutine stratège tel un joueur d'échecs, Poutine souple comme un judoka, Poutine intuitif à la façon d'un musicien de jazz ! Que n'entend-on pas chez les apprentis kremlinologues qui tentent d'anticiper la politique du Kremlin ! À l'ouest de l'Europe, vous n'avez toujours pas compris le pouvoir révolutionnaire que représente pour Moscou notre processus d'intégration européenne. Le drapeau étoilé sur la place Maïdan ! À Kiev, le berceau de la Russie orthodoxe, tout près de ces monuments staliniens qui bizarrement ajoutent à son charme désuet ! Des manifestants qui parviennent, après des semaines de lutte, malgré le froid, la mort, la torture, à chasser le pouvoir en place ! C'est pour Poutine une vision d'effroi. Une menace insupportable. L'Europe n'a de cesse de nier sa capacité de transformation démocratique. Au contraire, la Russie de Poutine se veut un pouvoir révolutionnaire s'exerçant à rebours – un pouvoir révisionniste. Son objectif est de rétablir l'ordre ancien, quitte à le réinventer à sa main[1]. »

Ancienne secrétaire d'État du président Obama, et probable candidate à sa succession, Hillary Clinton, en pleine promotion d'un livre de Mémoires, considère depuis longtemps que Vladimir Poutine est un homme dangereux : « Sa vision à long terme pour le continent est de

---
1. Entretien, Rome, 13 juin 2014.

rétablir le contrôle de Moscou tout au long des frontières allant de la Baltique à l'Asie Mineure. Il raisonne comme si on était encore au XIXe ou même au XXe siècle. Il est incapable de transformer son propre pays en État moderne – il ne conçoit la grandeur de la Russie qu'en fonction de sa capacité de menacer l'Europe et les États-Unis[1]. »

Ivan Krastev souligne l'importance de ces perceptions décalées qu'entretiennent l'Est et l'Ouest depuis la fin de l'Union soviétique : « Pendant longtemps, nous avons dit aux Russes : vous aussi, vous êtes les vainqueurs ! Eux se sont sentis les perdants de l'histoire. Nous avons pris leurs faiblesses pour des signes de post-modernité. Au Kremlin, Vladimir Poutine a changé à la fois la symbolique et la réalité du pouvoir. L'Ukraine le sert : c'est pour lui l'occasion de signifier aux Américains et aux Européens qu'il rejette leurs règles. Il veut consolider à sa façon l'espace post-soviétique, donner une réalité à cette Eurasie qui, pour le moment, ne regroupe que la Biélorussie et le Kazakhstan, et à laquelle il rêvait ajouter l'Ukraine[2]. »

Vladimir Poutine perpétue une conception du pouvoir que nos démocraties ont depuis longtemps gommée. Du tsar Nicolas Ier – dont un portrait orne son bureau du Kremlin – à Alexandre Douguine, le chantre enfiévré de l'Eurasisme, le président russe appuie son pouvoir sur un même socle idéologique : autocratie, orthodoxie, principe national, suprématie morale et musclée de la mère patrie, domination de son espace naturel. Nicolas Ier

---

1. Entretien, Paris, 8 juillet 2014, et sur France Culture, 9 juillet 2014.
2. Entretien, Rome, 13 juin 2014.

eut beau perdre la bataille de Crimée et mourir devant Sébastopol en 1855, les nationalistes russes voient en lui l'incarnation d'un génie national qui n'a que faire de la modernisation, du cosmopolitisme, de la libération des idées et des mœurs, et qui fonde sur l'ordre, la police et la censure la supériorité du système russe[1].

Pour Douguine, fils d'un officier du KGB, cofondateur avec Edouard Limonov, en 1993, du parti national-bolchevik avant de créer son propre parti Eurasia, l'Occident, là où le soleil se couche, représente le déclin tandis que l'Eurasie est le pays des dieux et de la renaissance, puisque c'est là où le soleil se lève. Professeur à l'université d'État de Moscou, Douguine en a été licencié pour activisme outrancier, mais il garde ses entrées au Kremlin – on retrouve dans le discours officiel les traces de plus en plus fréquentes de sa pensée, teintée de messianisme et volontiers paranoïaque.

Entretenant à son tour la thèse de la particularité russe, forgée tout au long du XIXe siècle, depuis les Slavophiles jusqu'à Alexandre Blok en passant par Dostoïevski, Douguine le proclame : la Russie n'est pas un pays, c'est une civilisation[2]. Il prône « l'avènement d'une nouvelle révolution russe, fasciste, sans frontière comme nos terres et rouge comme notre sang[3] ». Le langage de Vladimir Poutine traduit la même inspiration, parlant de « ce code génétique russe très souple, très résistant, notre avantage concurrentiel » et de « cet homme du

---

1. *Le Monde*, 13 mai 2014.
2. « Rossija v globalnoj politike » dans *Courrier international*, 17 juillet 2014.
3. *Alternatives internationales*, juin 2014.

monde russe, mû par un objectif moral supérieur[1] »... Dans ce discours aux accents messianiques résonnent à la fois dans la mémoire de ses compatriotes l'Idée russe de l'époque tsariste et le vocabulaire de la propagande soviétique – une synthèse qui fait sa force.

Moscou ou la nouvelle Rome : en écho aux thèmes récurrents des mouvements réactionnaires, Vladimir Poutine veut donc apparaître comme le seul véritable gardien de la culture européenne et des valeurs chrétiennes, le défenseur des « fondations spirituelles et morales de la civilisation – la famille traditionnelle, la vraie vie humaine, y compris religieuse », comme il l'a promis à son Parlement en décembre 2013.

Face à l'Occident décadent et sa horde d'homosexuels dégénérés, face au sécularisme honni et à la tolérance sans bornes, voici donc les nouveaux croisés, et d'abord ces journalistes décorés au Kremlin en avril 2014 pour « leur couverture objective des événements en Crimée ». Le chantre de la nouvelle pensée honnête s'appelle Dimitri Kisselev, récemment promu à la tête de Rossia Sevodnia, une holding d'État regroupant toute l'information publique. Très populaire – son programme télévisé réunit chaque dimanche plus de dix millions de fidèles – il met en garde contre les dons d'organe des homosexuels, les origines juives de certaines personnalités, la tumeur cancéreuse que représenterait l'Otan et rêve de voir les États-Unis réduits à l'état de cendres radioactives. Interdit de visa, Kisselev est le seul journaliste figurant sur la liste des sanctions de l'Union européenne[2].

---

1. *Le Monde*, 19 juillet 2014.
2. *Le Figaro*, 23 avril 2014.

À Moscou, la censure resserre son étau sur tous les journaux et les réseaux sociaux. Pour brider Internet – décrit par le président ruse comme « un projet spécial de la CIA » –, de nouvelles lois sont promulguées, qui contraignent les usagers réguliers à se faire enregistrer auprès des autorités et à utiliser des serveurs nationaux. Les rares médias indépendants, comme Dojd, une web-télé, sont quotidiennement harcelés.

Il faut aussi convaincre au-delà des frontières naturelles de l'Empire. Pour le président russe, l'Europe n'est jamais que le ventre mou de l'alliance occidentale. Il la voit en proie à des forces de désintégration que la crise économique et sociale accélère et qu'il peut encourager, en passant d'abord par l'extrême droite.

On le voit donc féliciter Victor Orban, le très nationaliste premier ministre hongrois qui soutient sa politique ukrainienne, saluer le mouvement néo-nazi Jobik et, en signe de satisfaction, baisser le prix du gaz à destination de Budapest. Marine Le Pen est reçue en grande pompe à Moscou en avril 2014 par le président de la Douma et applaudie par son conseiller, qui n'est autre qu'Alexandre Douguine. Du Front national au Vlaams Belang belge, à la Ligue du Nord italienne et au Parti de la liberté autrichien, tous les partis d'extrême droite européens ont envoyé leurs observateurs pour applaudir au référendum de Crimée validant à 95,5 % l'annexion russe.[1] En Europe – et en France en particulier –, on voit surgir des officines comme « l'Institut de la démocratie et de la coopération » qui, sous couvert de colloques et

---

1. *The Economist*, 19 avril 2014.

de recherches divers, ont pour objectif de répandre les messages de Moscou.[1]

En juillet 2014, un oligarque du nom de Konstantin Malofeev apparaît sur la liste des sanctions européennes : ce patron d'un fonds d'investissements, Marshall Capital Partners, était en mai 2014, à Vienne, l'organisateur et l'hôte de la réunion des formations d'extrême droite européennes. C'est lui encore qui signe avec Philippe de Villiers un accord pour produire en Crimée un spectacle historique inspiré du Puy du Fou. Mécène exalté d'une fondation à la gloire de saint Basile le Grand, il finance par ailleurs sur fonds privés les meneurs des séparatistes ukrainiens : Alexandre Borodaï, Premier ministre autoproclamé de la « République populaire de Donetsk », et Igor Strelkov, son « ministre » de la Défense – l'un et l'autre citoyens russes, passés par les services secrets et les guerres de Tchétchénie[2].

À la fin du mois d'août 2014, le commandement des forces séparatistes change de mains. Elles ont perdu trop de terrain face à l'armée ukrainienne, qui menace Donetsk et encercle Louhansk. Sans plus s'embarrasser de faux-semblants tout en continuant à nier les faits, Moscou fait entrer des troupes en Ukraine. Officiellement, il n'y a pas de guerre en Ukraine, mais nos fils y meurent ! dénoncent à bas bruit les associations de mères de soldats, qu'on n'entendait plus depuis les guerres tchétchènes[3].

Un troisième front est ouvert au sud-est de la frontière à Marioupol, sur la mer d'Azov, à proximité de

---

1. *Slate*, 15 septembre 2013 et 14 avril 2014.
2. *Le Nouvel Observateur*, 24 juillet 2014.
3. *Le Monde*, 3 septembre 2014.

la Crimée. Le jour de l'indépendance, à Kiev, la foule applaudit la parade militaire, mais à Donetsk les rebelles font défiler leurs prisonniers en caleçon sous les huées des passants. Les rapports de force s'inversent. Vladimir Poutine va jusqu'à évoquer publiquement « un statut étatique » pour cette *Novorossiya* à l'est de l'Ukraine. Défait militairement, le président Porochenko est contraint de signer avec son homologue russe un cessez-le-feu dont ce dernier a défini les termes. Au sommet de l'Otan, début septembre, les vingt-huit membres de l'Alliance atlantique affichent une cohésion de façade sans s'accorder véritablement sur la nature et le degré de la menace que représenterait à nouveau la Russie. Au grand dam des pays Baltes, pas question dans les communiqués de faire état d'une « invasion » de l'Ukraine. « Incursion », « agression », « assaut » ? Les précautions sémantiques en disent long sur l'embarras des Occidentaux face à un interlocuteur qu'ils persistent à considérer comme un partenaire. Six mois après l'annexion de la Crimée, Vladimir Poutine, lui, a atteint ses objectifs : il tient le Donbass, le poumon industriel de l'Ukraine, et le régime né des espoirs de la place Maïdan est politiquement affaibli avant les élections législatives prévues en octobre. Le 16 septembre 2014, le Parlement ukrainien vote une loi garantissant un statut spécial aux zones tenues par les rebelles et une amnistie en leur faveur[1].

« Pour Poutine, le résultat est optimal, analyse Fiodor Loukianov. Kiev est ramené à la raison : Porochenko n'a plus d'autre choix que de concéder une très large autonomie aux régions de l'Est. C'est pour Moscou la

---
1. *Le Monde*, 17 septembre 2014.

garantie que ses intérêts seront préservés, qu'il ne sera jamais question pour l'Ukraine de rejoindre l'Otan et que même les accords avec l'Union européenne seront sujets à caution[1]. »

En porte-à-faux avec ses alliés et son propre discours de fermeté, Paris a finalement suspendu la livraison du premier porte-hélicoptère Mistral – même si quatre cents marins russes poursuivent leur formation à Saint-Nazaire. Bruxelles menace d'appliquer de nouvelles mesures de rétorsion dans les secteurs de l'énergie et de la défense en cas de rupture du cessez-le-feu, vite ébréché. « Encore une fois, de nouvelles sanctions ne changeront rien à la détermination du Kremlin vis-à-vis de l'Ukraine, poursuit Loukianov. Au contraire. Évidemment, si le véritable objectif de Washington et de Bruxelles, à travers ces sanctions, est d'affaiblir le système Poutine, voire de le renverser, c'est une autre histoire... mais, croyez-moi, c'est scruter la boule de cristal à beaucoup plus long terme[2] ! »

Parce qu'elle détermine les nouvelles frontières du monde russe et galvanise son opinion publique, l'épreuve ukrainienne de 2014 représente pour Vladimir Poutine une double opportunité et un double défi : quelles que soient l'aggravation de la situation économique et les risques de dépendance liés au pivot vers Pékin, il lui faut démontrer la cohérence de sa vision et la cohésion de la verticale du pouvoir.

Au sommet du système, où les clans poursuivent leurs jeux d'influence, le maître du Kremlin apparaît plus

---

1. Entretien, Paris, 5 septembre 2014.
2. *Ibid.*

que jamais comme l'arbitre implacable. Il a limogé l'un de ses conseillers les plus proches, Vladislav Sourkov, pour ne pas avoir anticipé les mouvements de protestation de 2012 ; il a évincé Alexeï Koudrine, pourtant un ancien de la mairie de Saint-Pétersbourg, économiste respecté, longtemps ministre des Finances, qui a trop ostensiblement affiché son manque de considération envers Dimitri Medvedev et qui dénonce désormais une confrontation stérile avec l'Occident. En septembre 2014, un oligarque, Vladimir Evtouchenko, le patron du groupe de télécom Sistema, est arrêté en plein Moscou et assigné à résidence : soupçonné officiellement de blanchiment, il aurait eu le tort de s'opposer à Igor Setchine, le président de Rosneft, en achetant les actions d'une société pétrolière que ce dernier convoite. Le milieu des affaires est sous le choc : pour l'exemple, un nouveau Khodorkovski[1] ? Tous les coups, toutes les pièces de l'échiquier sont utiles au maître du jeu, qui cloisonne avec soin les territoires du pouvoir. Les rivalités entre les oligarques « à épaulettes », les *siloviki*, sont gérées secteur par secteur – aucun d'entre eux ne dispose d'une influence transversale, sauf peut-être Iakounine, le patron des chemins de fer, à la confluence entre l'idéologie, la religion orthodoxe et les réseaux économiques.

La ferveur nationaliste et le contrôle accru des médias marginalisent plus que jamais une opposition quasiment privée d'expression politique. Les Russes sont fiers de leur maître.

---

1. Euronews, 17 septembre 2014.

Tout au long de son histoire, le peuple n'a-t-il pas prouvé son extraordinaire résilience, et sa capacité à s'accommoder des embardées du destin collectif ?

Au IVe siècle avant notre ère, dans sa classification des différentes formes de gouvernement, Aristote définissait l'oligarchie comme le pouvoir d'un petit nombre d'hommes veillant à leurs seuls intérêts. Vladimir Poutine a construit un système où l'oligarchie est domptée au service d'un seul[1].

Le nouvel homme russe, cet être au sens moral supérieur dont il célèbre les vertus, ne peut plus avoir qu'un visage : le sien.

---

1. Aristote, *La Politique*, livre 3, chapitre 7.

Remerciements

Mes remerciements les plus vifs vont à Lorraine de Meaux, dont les connaissances de la culture et de la langue russes m'ont été indispensables pour pénétrer le monde des oligarques.

Malcy Ozannat a exercé sa curiosité et son exigence coutumières quand est venu le moment de lire ce manuscrit. Elle mérite une fois de plus ma gratitude.

Je remercie pour le temps et la confiance qu'ils m'ont accordés :
Vladimir Achkourov, Robert Amsterdam, Anne Applebaum, Marie-Hélène Bérard, Bill Browder, Eric Chol, Hillary Clinton, Vincent Danjoux, Iouli Doubov, Robert Faure, James Friel, Emmanuel Gaillard, Natalia Gevorkyan, Serguei Gouriev, Anne-Marie Idrac, Ivan Krastev, Fiodor Loukianov, Christophe de Margerie, Adam Michnik, Maria Ordjonikidzé, Jeffrey Sachs, Constantin Sigov, Alison Smale, George Soros, Hervé Temime, Lech Walesa.

Table

1. L'apothéose 11
2. Action de grâce 21
3. Un parcours exemplaire 51
   Mikhail Khodorkosvki
4. Gagnants et perdants 85
   Boris Berezovski
5. Les bannis et les morts 125
   Badri Patarkatsichvili, Vladimir Goussinski
6. Un jeune homme timide 151
   Roman Abramovitch
7. Londongrad 173
   La Batourina
   Tatiana Eltsine
   Alexandre Lebedev
8. La guerre de l'aluminium 205
   Oleg Deripaska
   Les frères Tchernoï

9. Affaires de couples 223
   Vladimir Poutine – Dimitri Medvedev
   Alicher Ousmanov – Iouri Milner
   Len Blavatnik – Viktor Vekselberg
   Mikhaïl Fridman

10. Histoires de ruptures 259
    Dimitri Rybolovlev
    Sergueï Pougatchev
    Vladimir Potanine
    Mikhaïl Prokhorov

11. Frères ennemis d'Ukraine 287
    Petro Porochenko
    Ioulia Timotchenko
    Dmitro Firtach
    Victor Pintchouk
    Rinat Akhmetov
    Igor Kolomoïski

12. Les jeux du gaz et du pétrole 301
    Alexeï Miller
    Leonid Mikhelson
    Igor Setchine

13. Le premier cercle 327
    Guennadi Timtchenko
    Les frères Rotenberg
    Iouri Kovaltchouk
    Vladimir Iakounine

14. Le système Poutine 351

Remerciements 355

Cet ouvrage a été imprimé
en octobre 2014 par

CPI

FIRMIN-DIDOT

27650 Mesnil-sur-l'Estrée
N° d'édition : 54055/01
N° d'impression : 124150
Dépôt légal : octobre 2014

Imprimé en France

Composition et mise en pages
Nord Compo à Villeneuve-d'Ascq